JLPT 일본어능력시험에 나오는 한자

― 2017년 개정 학습한자 学習漢字를 중심으로 ―

최 민 기

머리말

　본서는 일본 문화나 일본어에 관심을 가지기 시작한 소위 일본어 초심자부터 일본어학을 전공하고자 준비하는 전문가까지, 다방면으로 일본어 한자에 더욱 쉽게 다가갈 수 있도록 전공하고 있는 학생의 관점에서 고찰 후 작성되었다.

　일본어를 학습하는 데 있어, 혹은 일본과 관련된 모든 분야에 접어들게 된다면 JLPT 일본어능력시험에 관심을 가질 수 있다. 또한 JLPT 시험에 있어 한자(漢字)는 피할 수 없는 요소임에 그 누구도 부정할 수 없을 것이다. 하지만 2009 개정 교육과정의 도입 이후로 초중고교 현장에서의 한자 및 한문교육의 비중은 점차 줄어들기만 하였고, 이에 따라 문·이과 상관없이 한자라는 요소가 두려움의 대상으로 전락하고 있지는 않은가 필자는 걱정한다.

　일본어를 학습하고자 한다면, 최소한 일본에 자주 방문하고 일본과 관련한 다양한 분야를 전공하고 있다면, JLPT에 나오는 한자는 알아야 하지 않을까 하여 JLPT의 등급별 시험을 분석한 결과, 일본이 의무교육으로 지정한 2,136자의 常用漢字(상용한자) 중에서, 文部科学省(문부과학성)이 소학교 현장에서 교육하도록 2017년에 새롭게 개정 및 고시하여 2020년부터 적용하고 있는 学習漢字(학습한자) 1,026자가 대부분 포함되어 있음을 확인하였다.

　시중에는 일본어 한자와 관련한 다양한 연구서 및 교재가 출판되고 있다. 하지만 본서는 문법에 있어 어려움을 느끼는 자·타동사의 구분과 일본어능력시험 JLPT의 등급별에 대응하는 각 학습한자의 구분을 명확히 하여 실질적으로 학습자들이 본인의 수준에 맞게 학습 내용을 선택할 수 있도록 정리해보았다. 일본어 한어의 제반 사항 및 자·타동사와 관련한 문법 사항은 필자의 지도교수였던 인하대학교 이성규 명예교수의 여러 선행 연구를 참조하였다. 이러한 시도는 일본어 한자의 익히기와 더불어 올바른 일본어 사용에도 큰 도움이 될 것으로 기대된다.

　본서 작성을 위한 어학적인 고찰에 있어, 인하대학교 민병찬 교수와 박강훈 교수, 그리고 이성규 명예교수 등 여러 스승에게 조언을 구할 수 있었다. 세심한 지적 및 지도에 깊이 감사의 인사를 올린다.

　추후에는 상용한자 2,136자 중 학습한자 1,026자를 제외한 나머지 한자들과 JLPT의 상관관계에 관해 후속 연구서를 편찬하고자 한다.

　필자 역시 현재 일본어학을 전공하고 있는 사람으로서, 더 많은 일본어 학습자들이 쉽게 한자라는 요소에 다가가며 일본어에 흥미를 잃지 않았으면 하는 바람이 있고, 일본어 학습을 시작해보려고 하지만 방법을 몰라 망설이는 자들에게는 본서가 좋은 동기부여가 되었으면 한다.

2023년 08월
최 민 기

目次

1부 일본어 학습에서의 漢字 | 5

1. 일본어와 한자 | 6
2. 한자의 특성 | 7
3. JLPT와 학습한자(교육한자) | 11
4. 일본의 지명과 한자 | 13

2부 일본 학습한자 1,026자 | 17

1. 기초 한자 82자 (JLPT N5 수준) | 19
2. 초급 한자 159자 (JLPT N4 수준) | 34
3. 초중급 한자 326자 (JLPT N3 수준) | 61
4. 중급 한자 258자 (JLPT N2 수준) | 116
5. 고급 한자 195자 (JLPT N1 수준) | 161
6. JLPT에 자주 출제되지 않는 등급 외 한자 6자 | 194

3부 일본 학습한자 익히기 | 195

일본 학습한자 일람 | 209

■ 참고문헌 | 213

1부

일본어 학습에서의 漢字

본 1부에서는 일본어 학습과 한자와의 관계에 관해 알아본다. 본서는 일본어학을 연구하는 목적도 있으나, 실질적으로는 일본 혹은 JLPT에서 쓰이고 있는 한자 학습의 도입편으로 구성하였기에 한자의 일본어학적 고찰과 관련해서는 한자를 학습하는데 부담이 적고 유리하게 활용할 수 있는 내용으로써 가볍게 정리하였다.

1. 일본어와 한자

일본어는 크게 히라가나(ひらがな)와 가타카나(カタカナ), 그리고 한자(漢字)라는 3개의 문자를 통해 문(文: 문장)을 나타내고 있다. 한글이라는 단일 문자를 통해 문을 구성하는 한국어와 달리 문자를 여러 개 사용하여 문장을 만들어 내고 있다는 것이다. 그렇기에 각각의 문자가 나타내는 기능은 대체로 구분되어 있다고 할 수 있다.

    1a) 桜が咲いた。
    1b) さくらがさいた。

다음 예문을 보자면, 1a)과 같이 쓰는 것이 일반적인 일본어 문의 표기법이라 할 수 있다. 일본어를 쭉 학습해온 자들이야 1b)의 예문을 보더라도 의미를 해석할 수 있지만 일본어를 잘 모르는 자들은 의미를 해석하기에 어렵다. 곧 일본어의 문장에 있어서 한자는 각 품사의 성질을 나타내는 요소라 할 수 있다.

    2a) 東京都千代田区丸の内一丁目
    2b) とうきょうとちよだくまるのうちいっちょうめ

도쿄역(東京駅) 주소를 2a)와 같이 표현한다. 2a)의 예문과 같이 일본어에 있어 한자는 고유명사의 의미 부여에 사용된다. 만약 일본어에 있어 한자를 사용하지 않는다면 2b)와 같은 문장이 될 것이며, 이는 의미의 해석에 있어 매우 불리하다 할 수 있다. 실질적으로 일본은 지명에 있어 대부분 한자를 사용하고 있기에, 일본 여행을 즐긴다면 목적지 및 교통수단의 성격 역시 한자로 작성되어 있음을 알 수 있을 것이다.

    3a) 雨・飴
    3b) あめ・あめ

일본어는 수많은 동음이의어(同音異義語)의 의미 구별에도 한자를 사용한다. 내리는 비라는 뜻을 가지는 雨와 사탕이라는 뜻을 지니는 飴를 모두 [あめ]로 발음하나, 실제 대화에서는 음의 높낮이로 두 단어의 뜻을 구분할 수 있어도 이렇게 글로 쓰여 있을 때는 한자가 없는 한 의미 구별이 쉽지 않음을 알 수 있다.

한자가 일본어의 어휘 체계에서 점하는 비중은 5할 이상으로 상당히 크다는 이성규(2003)의 지적이 있다. 요즘 여러 분야에서 서양에서의 단어를 그대로 받아들여 가타카나로 표기하는 외래어(外来語)가 증가하고 있지만, 그래도 지금까지 현대 일본어에서 쓰이고 있는 한자 및 한어는 상당한 수에 이른다. 결국에는 일본어를 학습하는 데 있어, 한자는 필수 요소이며 한자의 의미 습득이 곧 일본어 학습에 유리하다는 것을 알 수 있다.

2. 한자의 특성

한자는 고대 중국에서 발원하여 동아시아 문화권에 속하는 중국, 한국, 일본, (북)베트남 일대에서 사용하고 있다. 특히 일본어와 한국어는 한자에서 의미가 발원한 단어들이 다수 존재하며 한자의 이해가 곧 어휘력으로 연결된다고 하더라도 과언이 아닐 것이다.

한자는 본래 어떠한 그림이나 물건을 본떠서 그린 상형문자(象形文字)[1]이다. 이러한 상형문자는 그림의 수로서 추가적인 의미를 만들어 내기에는 한계가 있기에 '지사(指事)[2], 회의(會意)[3], 형성(形聲)[4], 전주(轉注)[5], 가차(假借)[6]'와 같이 글자를 이어 붙여서 그 의미를 새롭게 만들어가기도 한다. 혹여나 한자를 학습하는 데 있어 이러한 원리 등을 이해하기 힘들다면, 천자문(千字文)과 같은 학습지를 적극적으로 활용하여 한자의 개념을 파악하는 것이 어찌 보면 일본어 학습에 유리할 수도 있다.

한자에는 부수(部首)라는 것이 존재한다. 표준국어대사전에서는 부수를 '한자의 사전에서 글자를 찾는 길잡이 역할을 하는 공통되는 글자의 한 부분.'이라 정의하고 있다.

    4a) 花・草・芋

    4b) 紙・縄・紐

---

[1] 상형자란 '달 월(月), 날 일(日), 문 문(門)' 등 실질적으로 그림을 본떠 만든 본자(本字)를 말한다.
[2] 지사자는 '두 이(二), 윗 상(上), 아래 하(下)' 등 점이나 선 등과 같이 추상적인 개념을 그린 글자를 말한다.
[3] 회의자란 '수풀 림(林), 숲 삼(森), 불꽃 염(炎)'과 같이 상형자나 지사자 등을 합쳐서 새로운 뜻을 만들어 내는 글자를 말한다.
[4] 형성자란 '바다 해(海), 매화 매(梅), 성품 성(性)'등 사물의 특징과 소리를 나타내는 부분이 각각 조합되어 의미를 파생시켜 나가는 글자를 말한다. 한자의 8할 이상 정도가 형성자라고 할 수 있다.
[5] 전주자는 예로 악할 악(惡)이라는 글자에 있어 미워할 오(증오:憎惡)로도 사용하듯, 전화된 의미에 관해 기존의 글자를 활용하여 새롭게 재활용하는 글자를 말한다.
[6] 가차자란 '독일(独逸), 프랑스(불란서:仏蘭西), 비구니(比丘尼)'와 같이 어떤 뜻을 나타내는 한자가 없을 때, 그 단어의 발음에 부합하는 다른 한자를 원래의 뜻과는 관계없이 빌려 쓰는 글자를 말한다.

4a)는 각각 '꽃', '풀', '토란'이라는 뜻을 가지는 단어다. 각 한자를 보면 풀이라는 뜻을 지는 '艹(くさかんむり)'의 부수가 공통으로 있음을 알 수 있다. 4b) 역시 각각 '종이', '새끼줄', '끈'이라는 뜻을 가지는 단어이며 역시 '糸(いと)'라는 부수가 공통으로 있다. 이처럼 부수의 조합을 안다면 그 한자의 의미 파악에 있어 도움이 될 수 있으며, 혹여나 모르는 한자가 나오더라도 대략적인 의미의 유추가 가능하기에 부수 역시 같이 학습해보는 것을 권장한다.

일본어의 한자는 대부분 중국으로부터 빌려서 사용하는, 즉, 차용되어 있다. 전래한 시기에 따라, '오음(呉音)', '한음(漢音)' 그리고 '당음(唐音)' 등으로 분류된다.[7] 한자가 어려운 이유, 특히나 일본어의 한자가 어렵다고 한다면 바로 이처럼 한자의 읽는 방법이 여러 가지라는 점일 것이다. 이렇게 여러 음을 혼합하여 사용하며 일본어에서는 새롭게 유래된 단어도 한자의 차용을 통해 조어, 즉 새롭게 단어를 만들어가고 있다.[8] 결국에는 현대 일본어에서도 여전히 한자가 일본어에서 얼마나 큰 영향을 미치고 있는지를 알 수 있다.

5a) 水 (물)

5b) 水泳 (수영)

일본어를 보다 보면, 5)의 예문과 같이 물 수(水) 자의 한자가 사용된 것을 알 수 있지만, 5a)와 5b)에서의 각각 읽기가 다른 경우를 종종 볼 수 있었을 것이다. 5a)는 '물'이라는 뜻으로 읽었고 5b)는 '수'라는 음으로 읽은 것을 알 수 있다. 우리와는 다르게 일본어는 한자를 뜻으로 읽는 방법(훈독:訓読み)과 소리 나는 대로 읽는 방법(음독:音読み)으로 나뉘어 있다는 것이다.[9] 일본어 한자의 한자 1자당 다양한 읽기가 존재하는 이유이다. 한자는 표어문자(表語文字)라고 불리는 성격을 지니고 있어, 소리의 그 자체를 분석적으로 나타내

---

7) 이성규(2003)에서는, '오음'은 이른 시기에 이입된 한자음으로 불교 관계의 말에 많고, '한음'은 후일 정식으로 채택된, 표준적인 음, 즉 '정음(正音)'이라는 의식이 있어, 오음에서 한음으로 바뀐 단어가 적지 않다고 지적한다. '당음/송음/당송음'은 같은 중국어 기원이라고 해도 주로 선종 계통의 중에 의해 전해 내려온 송원 시대의 발음에 근거한 새로운 한자음이기에 일본 한자음의 중심을 이루는 것은 '오음'과 '한음'이고, '당음'은 체계적인 영향을 미치지 않았다고도 주장한다. 즉, '오음'과 '한음', '당음'의 차용 시기가 각각 중국의 오(呉), 한(漢) 그리고 당(唐)의 왕조가 존재했던 시기와 반드시 일치하는 것은 아니라고 할 수 있다.

8) 이성규(2003)에서는, 한자를 구성단위로 해서 중국어형을 응용하면, 계속해서 새로운 단어를 창출할 수가 있으며, 일본이 외래어를 적극적으로 수용할 때, 한자의 조어 방법에 착안하여, 그 역어(訳語)를 한자에 의존한 결과, 현대어의 어휘 체계에서 한어가 차지하는 비율은 약 50% 정도까지 증대되었다고 지적한다.

9) 이성규(2003)에서는, 메이지(明治)유신 이후 서구 문화를 적극적으로 수용하기 시작했을 때, 그 당시까지 일본어에서는 생각할 수도 없었던 새로운 개념을 한자 또는 그 결합체인 한어로 받아들였다고 지적한다. 만일, 서구 문화의 수용과정에서 새로운 개념을 고유어인 '和語'로 수용하려고 하면 한 단어로 파악하는 것이 불가능하며, 두 개 이상의 단어를 쓰지 않을 수 없으며, 이는 필연적으로 음절 수의 증가에 연결된다는 것이다. 이를 한자를 이용함으로써, 고유어 두 단어에 상당하는 개념을 한자 2자로 나타낼 수 있었고, 일본의 경우, 문화라는 뜻을 지니는 '文化'와 같이 한자어 1자의 음절이 1 또는 2이기 때문에 짧은 음절 수로도 '음독(音読み)'할 수가 있어, 고유어를 사용했을 때의 불편함을 없앨 수가 있었다고 이유를 설명한다.

고 있지 않기 때문에, 한자 본래의 발음과는 별도로 여러 가지 읽기를 추가시키기 쉬운 것이 일본어의 특징이라 할 수 있다. 결국에 일본에서는 한자가 가지고 있는 의미와 소리를 모두 다 이용했다고 할 수 있다. 한자가 나타내는 음적인 측면에 한정시켜 말하면, 훈독은 소위 일본어로서의 가치를 의미하고, 음독은 한자와 함께 받아들인 한자 자신의 중국어로서의 가치인 셈이다.

6a) 市役所に行くと、身分証が要る(自動:자동사)。(시청에 간다면, 신분증이 필요하다.)
6b) アーチェリー選手が10点の的を射た(他動:타동사)。(양궁 선수가 10점 과녁을 맞혔다.)

일본어에서의 한자는 용언, 특히 동사의 의미 구별에도 많이 쓰이고 있다. 6)의 예문과 같이, 같은 [いる]라는 음소를 가져도 '要る(필요하다:5단 활용 자동사)'와 '射る(쏘다, 맞추다:상1단 활용 타동사)'와 같이 한자의 기능을 통해 해당 동사의 성격을 알 수 있게 된다.10) 단순히 히라가나로 적혀 있다면 이 동사가 어떤 뜻을 지니고 있는지 쉽게 유추하기가 어렵다. 그렇기에 본서는 교육한자의 학습을 우선시 하나, 한자를 통한 용언의 학습 시에 자연스러운 일본어 사용을 위하여 해당 한자를 사용한 동사의 자타(自他) 구분을 명확히 하였다. 특히 일본어에서는 형태가 같지만, 자동사와 타동사적인 성질을 모두 보유하여 전부 활용이 가능한 '자・타 양용동사(自・他 両用動詞)'가 존재하므로, 한자 학습과 양용동사의 학습을 동시에 진행한다면 일거양득(一挙両得)의 일본어 학습이 가능할 것으로 예상된다.

7a) 상황이 **악화(惡化)**되었다.
7b) 状況が**悪化**した。

일본어는 한국어와 비슷하게 한자로 구성된 단어를 동사화하기도 한다. 7)의 예문을 보자면, 악화라는 단어는 한자로 구성된 한어(漢語)이다. 7a) 한국어 예문에서는 「~되다」를 취하는 자동사로, 7b) 일본어 예문에서는 「~する」를 취하는 자동사로 활용되고 있다. 이를 한어의 동사화라고 한다. 한어가 동사화되어 실질적으로 다양한 문에 사용되고 있으므로 이러한 점은 우리가 일본어를 학습하는데 한자를 유심히 봐야 하는 이유가 되기도 할 것이다. 이성규(2019)는 주로 사용되는 한어의 동사화 예시를 하위와 같이 정리하였다.

---

10) 주로, 일본어에서 목적격조사 「~を」를 취하는 동사를 '타동사(他動詞)'라 하고, 그 밖의 것을 '자동사(自動詞)'라 한다. 이성규(2019)에서는, 자・타동사의 구별은 원래 영문법에서 자주 행해졌던 것으로, '직접목적어(direct object)'를 취하는 것이 '타동사'이고, 그 밖의 것은 '자동사'가 된다고 설명한다. 그런데 「~を」 목적격이 타동사와 같이 쓰이면 동작의 목적이나 대상을 나타내지만, '渡る・降りる・飛ぶ'와 같이 이동을 나타내는 자동사는 조사로 「~を」를 사용하기도 한다고도 지적한다.

〈표 1〉 주로 사용되는 일본어 한어 동사(漢語動詞)

자타 구분 및 개요	한어 동사 예시
자·타 양용동사 自他 両用動詞	延長する(연장되다 / 연장하다) 解決する(해결되다 / 해결하다) 完成する(완성되다 / 완성하다) 決定する(결정되다 / 결정하다) 短縮する(단축되다 / 단축하다) 停止する(정지하다 / 정지시키다)
자동사 自動詞 「~이(가) ~하다(되다)」	違反する(위반하다) 応援する(응원하다) 応募する(응모하다) 外出する(외출하다) 休学する(휴학하다) 生活する(생활하다) 多様化する (다양화되다) 遅刻する(지각하다) 沸騰する(비등하다)
타동사 他動詞 「~을(를) ~(하도록)하다」	圧縮する(압축하다) 暗記する(암기하다) 維持する(유지하다) 開発する(개발하다) 合理化する(합리화하다) 質問する(질문하다) 整理する(정리하다) 適応する(적용하다) 努力する(노력하다)
한국어 어휘 체계에 없는 일본어 한어 동사	意見する(의견을 내다, 잔소리하다) 影響する(영향을 미치다) 遠慮する(사양하다) 工夫する(궁리하다) 傾斜する(경사지다, 기울어지다) 邪魔する(방해하다, 방문하다)

한자를 주로 사용하는 국가는 중국과 대만, 홍콩을 포함한 중화권, 한국, 그리고 일본 등 동아시아권이다. 하지만 이들 국가에서 사용하는 한자가 역사적인 이유로 모두 동일하다고는 할 수 없다.

   8a) 검찰(檢察) - 한국, 대만, 홍콩 등 번체자(繁體字)
   8b) 検察 - 일본의 신자체(新字体)
   8c) 检察 - 중국의 간체자(简体字)

 8)의 예시와 같이, 검찰에서의 검사할 검(檢)자가 동아시아권에서도 조금씩 다르게 쓰고 있는 것을 알 수 있다. 특히 8b)와 같이 일본어에서의 한자는 한국 및 중국, 대만 일대에서 사용하는 한자와도 다르다. 글씨체, 즉 자체(字体)에 있어 일본은 복잡한 획수를 간략하게 한 '신자체(新字体)'가 쓰이고 있으며 이 '신자체'를 일본식 약자라고 이해해서는 안 된다는 것이 이성규(2003)의 지적이다. 즉, 현재 일본에서는 본 글자인 '정자(正字)'와 줄여서 쓴 '약자(略字)'의 구별은 없고 '신자체'만이 쓰이고 있다. 그렇기에 한자 교육에 익숙한 우리일지라도 일본어로서의 한자 교육은 별도로 필요하다고 할 수 있다.

한자는 본디 중국에서부터 발원되었으나, 일본이 자체적으로 만든 일본 고유한자, 즉 국자(国字) 또한 존재한다. 일본 고유한자의 대부분은 회의(會意)자를 모방하여 만들어졌는데, 대부분이 훈독을 나타내게 된다. 일본 고유한자에는 동식물과 관련된 한자가 많은데 나라(奈良)시대에 이미 사용되기 시작하여 그 후 시대마다 생성과 소멸 그리고 정착되는 단계를 반복하게 되었다. 현재 교육한자 내에서 사용되고 있는 일본 고유한자(국자)는 '일할 동(働), 화전 전(畑), 상수리나무 회(栃)' 등이 있다.

한자의 종류, 즉 자종(字種)의 경우, 현대의 표기는 기존의 근대와 달리 제2차 세계 대전 이후, 한자 사용의 규범으로 한자의 종류와 글씨체, 음독과 훈독을 제시한 당용한자(当用漢字) 1,850자가 제정되었고 '당용한자표(当用漢字表)'에 의해 한자 사용을 제한하는 것에서 출발했다. 그리고 1981년 당용한자를 개정하여 '상용한자(常用漢字)' 1,945자가 제정되었다. 현재에는 2010년에 재차 상용한자를 개정하여 2,136자가 되었다.

한자의 음독과 훈독의 경우도 제한이 가해졌다.[11] 즉, 어려운 한자 대신에 같은 소리를 내는 쉬운 한자를 선택한 결과, 일본어의 한자음과 한국어의 한자음 사이에 차이가 생기게 되었다. 이러한 점 역시 일본어를 학습하는 데 있어 한자를 별도로 학습하여야 할 이유가 될 수 있다.

전반적으로 상위와 같이, 한자 및 한어가 일본어에서 어떠한 역할을 하고 얼마나 사용되고 있는지를 파악하였으므로 한자 학습의 필요성 제고에 필요한 내용이 되었으리라 예상된다.

상위 '2. 한자의 특성'의 제반 내용은 이성규(2003)의 『日本語 語彙Ⅰ - 日本語 実用文法의 展開 Ⅱ-』내용을 참조하였다.

3. JLPT와 학습한자(교육한자)

일본어 학습자라면 일본어능력시험 JLPT에 관해 관심이 많을 것이다. JLPT란 공익재단법인 일본국제교육지원협회와 독립행정법인 국제교류기금이 주최하는 일본어를 모국어로 하지 않는 사람의 일본어 능력을 인정하는 일본어 검정시험이라 국제교류기금은 설명하고 있다. JLPT는 대학교 졸업 인증 및 각종 자격의 기준으로 활용되고 있기에 일본어 학습자는 JLPT가 하나의 목표가 될 것이다.

본서는 일본인들이 의무교육 기간에 학습하는 상용한자 2,136자 중 입문편으로 하여, 일본 문부과학성(文部科学省)이 우리의 초등학교에 해당하는 소학교(小学校) 6년 안에 학습하여야 한다고 지정한 '学習漢字(학습한자)' 1,026자를 다루었다. 학년별 수준에 따라 배워야 할 한자가 세부적으로 지정된 '学年別漢字配当表(학년별한자배당표)' 역시 참조하였다. 이러한 점 때문에 学習漢字(학습한자)를 教育漢字(교육한자), 또는 配当漢字(배당한자)라고도 한다.

---

11) 이성규(2003)에서는, '당용한자'의 한자 음독과 훈독의 범위를 정한 것이 '当用漢字音訓表(당용한자음훈표)'이고, 이것은 후일 '常用漢字音訓表(상용한자음훈표)'로 개정되었으며 '当用漢字音訓表'에 없는 한자를 처리하는 방법의 하나로 '같은 소리를 내는 한자에 의한 대체'가 제시되었다고 지적한다.

〈표 2〉 일본어능력시험 JLPT의 등급별 수준 (일본국제교류기금 JLPT 사무국 제공)

등급	수 준
N1	독해 - 논리적으로 약간 복잡하고 추상도가 높은 문장 등을 읽고, 문장의 구성과 내용을 이해할 수 있으면, 다양한 화재의 글을 읽고, 이야기의 흐름이나 상세한 표현 의도를 이해할 수 있다. 청해 - 자연스러운 속도의 체계적 내용의 회화나 뉴스, 강의를 듣고, 내용의 흐름 및 등장인물의 관계나 내용의 논리 구성 등을 상세히 이해하거나, 요지를 파악할 수 있다.
N2	독해 - 신문이나 잡지의 기사나 해설 평이한 평론 등, 논지가 명쾌한 문장을 읽고 문장의 내용을 이해할 수 있으며, 일반적인 화제에 관한 글을 읽고, 이야기의 흐름이나 표현 의도를 이해할 수 있다. 청해 - 자연스러운 속도의 체계적 내용의 회화나 뉴스를 듣고, 내용의 흐름 및 등장인물의 관계를 이해하거나, 요지를 파악할 수 있다.
N3	독해 - 일상적인 화제에 구체적인 내용을 나타내는 문장을 읽고 이해할 수 있으며, 신문의 기사 제목 등에서 정보의 개요를 파악할 수 있다. 일상적인 장면에서 난도가 약간 높은 문장을 바꿔 제시하며 요지를 이해할 수 있다. 청해 - 자연스러운 속도의 체계적 내용의 회화를 듣고, 이야기의 구체적인 내용을 등장인물의 관계 등과 함께 거의 이해할 수 있다.
N4	독해 - 기본적인 어휘나 한자로 쓰인, 일상생활에서 흔하게 일어나는 화제의 문장을 읽고 이해할 수 있다. 청해 - 일상적인 장면에서 다소 느린 속도의 회화라면 거의 내용을 이해할 수 있다.
N5	독해 - 히라가나 가타카나, 일상생활에서 사용되는 기본적인 한자로 쓰인 정형화된 어구나, 문장을 읽고 이해할 수 있다. 청해 - 일상생활에서 자주 접하는 장면에서 느리고 짧은 회화로부터 필요한 정보를 얻어낼 수 있다.

특히 후술할 '4. 일본의 지명과 한자'에서와 같이, 일본의 지명과 관련된 한자 20자를 학습한자에 추가하여야 한다는 일본 내의 목소리가 커지게 되면서 2017년에 20자를 추가한다는 고시를 발령하여, 2020년부터 학교현장에서 본서와 같은 학습한자 1,026자가 현재 일본 소학교 일대에서 교육되고 있다. JLPT 역시 일본어능력을 측정하는 시험이기 때문에, 대부분의 학습한자는 JLPT의 시험 범위가 되고 있다.

9a) 月(つき)(달) : 상용한자 내 학습한자 소학교 1학년 - JLPT N5 기초 수준

9b) 村(むら)(마을) : 상용한자 내 학습한자 소학교 1학년 - JLPT N2 중급 수준

하지만, 일본의 초등학생을 대상으로 하는 교육과 일본어를 모국어로 하지 않는 사람을 대상으로 하는 교육에는 다소 차이가 있을 것이다. 실제로 9a)의 예시와 같이 소학교 1학년 수준의 한자가 JLPT N5에 바로 대응하기도 하지만, 9b)처럼 중급에 해당하는 N2에 해당하는 경우도 있다. 표 2의 내용처럼 JLPT의 등급별 수준과 소학교 학년별 수준이 상응한다고는 할 수 없다.

시중에서의 여러 학습한자를 다룬 연구서 및 교재와 달리, 본서는 JLPT에서 출제되는 일본어 한자와 학습한자 간의 상관관계에 집중했다. 상위 문단과 같이, 소학교 학년별 수준과 JLPT 등급별 수준과의 한자가 일치하지 않으므로, 학습자는 이 두 정보 중 하나를 선택하여 효과적으로 한자를 학습할 수 있을 것이다. 물론 일본어 학습자 중에서 추후 일본 내에서 생활하기를 희망하는 자는 의무교육을 받은 우리가 조국에서 생활할 때 불편함이 없듯, 일본 내 의무교육에 해당하는 본 학습한자 1,026자를 필수적으로 외워두는 것을 권장한다. 실제로 JLPT에서 가장 높은 등급인 N1의 경우에 있어 출제 빈도가 낮은 6개의 한자를 제외한 대부분의 학습한자가 JLPT 시험 범위에 포함됨을 알 수 있었다. 일본어를 배우기 시작한 학습자의 경우라도, 처음 JLPT를 접하면 N4나 N3를 주로 응시하듯, 각자 필요한 등급별 수준의 한자를 선택적으로 학습하여 보다 효과적인 일본어 학습이 가능할 것으로 예상된다.

4. 일본의 지명과 한자

〈그림 1〉 일본의 도도부현(都道府県)

출처 : https://japan-map.com/nihonchizu-hakuchizu-todofuken

일본은 대체로 지명을 한자로 구성하고 이를 훈독 혹은 음독하여 부르고 있다. 일본은 최상위의 행정구역 체계로 총 47개의 도도부현(都道府県)을 설치하고 있으며, 산하에 우리의 시군구에 해당하는 시정촌(市町村)을 두고 있다. 한국의 특별시와 광역시, 일반도와 특별자치도와 같은 광역자치단체에 해당하는 체계이다. '都(도)'는 우리의 특별시에 상당하며, '道(도)'는 특별자치도, '府(부)'와 '県(현)'은 일반도와 비슷한 개념을 지닌다. 각각 1개(도), 1개(도), 2개(부) 그리고 43개(현)씩 존재하기에 일본에서는 이러한 도도부현을 '一都·一道·二府·四十三県'이라 표현한다.

〈표 3〉 한자로 구성된 일본의 지명

동서 분류	지방(地方)		도도부현(都道府県)	주요 국제공항(主要国際空港) 및 IATA 코드
東日本 동일본 지역	北海道 홋카이도지방		北海道 홋카이도	新千歳空港 (→CTS) 삿포로/신치토세 函館空港 (→HKD) 하코다테
	東北 도호쿠 지방	北東北 기타토호쿠	青森県 아오모리현	
			岩手県 이와테현	
			秋田県 아키타현	秋田空港 (→AXT) 아키타
		南東北 미나미토호쿠	宮城県 미야기현	仙台空港 (→SDJ) 센다이
			山形県 야마가타현	
			福島県 후쿠시마현	
	関東 간토 지방	北関東 기타칸토	茨城県 이바라키현	
			栃木県 도치기현	
			群馬県 군마현	
		南関東 미나미칸토	埼玉県 사이타마현	
			千葉県 지바현	成田空港 (→NRT) 도쿄/나리타
			東京都 도쿄도	羽田空港 (→HND) 도쿄/하네다
			神奈川県 가나가와현	
	中部 주부 지방	甲信越 고신에츠	新潟県 니가타현	新潟空港 (→KIJ) 니가타
			長野県 나가노현	
			山梨県 야마나시현	
		北陸 호쿠리쿠	富山県 도야마현	
			石川県 이시카와현	小松空港 (→KMQ) 고마쓰
			福井県 후쿠이현	
		東海 도카이	静岡県 시즈오카현	富士山静岡空港 (→FSZ) 시즈오카
			愛知県 아이치현	中部国際空港 (→NGO) 나고야/주부
			岐阜県 기후현	

동서 분류	지방(地方)		도도부현(都道府県)	주요 국제공항(主要国際空港) 및 IATA 코드
西日本 서일본 지역	関西 간사이 지방		滋賀県 시가현	
			三重県 미에현	
			京都府 교토부	
			奈良県 나라현	
			大阪府 오사카부	関西国際空港 (✈KIX) 오사카/간사이
			和歌山県 와카야마현	
			兵庫県 효고현	
	中国 주고쿠 지방	山陰 산인	鳥取県 돗토리현	
			島根県 시마네현	
		山陽 산요	岡山県 오카야마현	岡山桃太郎空港 (✈OKJ) 오카야마
			広島県 히로시마현	
			山口県 야마구치현	
	四国 시코쿠 지방	瀬戸内 세토우치	香川県 가가와현	
			愛媛県 에히메현	松山空港 (✈MYJ) 마쓰야마
		南四国 미나미시코쿠	徳島県 도쿠시마현	
			高知県 고치현	
	九州·沖縄 규슈·오키나와 지방	北部九州 북부큐슈	福岡県 후쿠오카현	福岡空港 (✈FUK) 후쿠오카
			熊本県 구마모토현	
			佐賀県 사가현	
			大分県 오이타현	大分空港 (✈OIT) 오이타
			長崎県 나가사키현	長崎空港 (✈NGS) 나가사키
		南部九州 남부큐슈	宮崎県 미야자키현	
			鹿児島県 가고시마현	
		沖縄 오키나와	沖縄県 오키나와현	那覇空港 (✈OKA) 오키나와/나하

2부

일본 학습한자 1,026자

본 2부에서는 현재 일본 소학교 현장에서 교육되고 있는 학습한자(学習漢字) 1,026자와 JLPT의 상관관계에 관해 살펴본다. 일본 한자의 특성인 음독과 훈독, 그리고 읽는 방법이 특이한 특수음, 그리고 예문을 통해 해당 한자를 학습할 수 있다. JLPT의 등급별 수준에 따라 기초부터 고급까지 단계별로 구성하였으며 학습한자에는 포함되나 JLPT에 출제되는 빈도가 낮은 한자의 경우에는 등급 외 한자로 별도 구성하였다.

【범례】

漢字(일부 한국의 번체자 병기) 한국 독음
[JLPT 레벨별 수준] / [학년별 수준] / 부수 안내
음독 해당 한자의 '음독'을 **カタカナ**로 표시
훈독 해당 한자의 '훈독'을 **ひらがな**로 표시 단, 훈독 중 동사가 있을 경우 자동사(vi)에는 自動, 타동사(vt)는 他動, 자·타 양용동사에는 自·他 両用 보조 표시 참조
읽는 방법이 독특한 '특수음'은 *기울기체로 표현*
예) 해당 한자를 사용하는 일본어 예문

일본에서 쓰이고 있는 한자는 훈독에 있어서, 굉장히 다양한 읽기가 존재한다. 특히「生」와「下」,「上」과 같은 한자들은 훈독 읽기 방법이 다른 한자들에 비해서 몇 배 이상이 된다. 이 또한 일본어의 특징이므로 학습자는 훈독의 특징을 잘 살려가며 한자를 학습한다면 자연스러운 일본어 사용과 JLPT 대응에 도움이 될 것이다.

또한 1부에서도 언급하였듯이 한자는 상형문자의 성격을 띠고 있기에, 2부의 내용을 숙지하며 한자 쓰기 노트를 준비하여 한 자씩 써 보는 것을 권장한다. 한자는 본래 세로쓰기 문자였으므로, 세로로 쓴다면 이해가 더욱 빠를 것이다. 필자 역시 우측의 <그림 2>와 마찬가지로 한자를 학습할 때 세로쓰기와 음독, 훈독을 직접 손으로 쓰며 복기하였다. 더하여 한자의 부수를 살펴본다면, 비슷한 의미를 지니는 한자들의 부수와 관련한 규칙성을 찾을 수 있어 매우 흥미로울 것이다.

<그림 2> 필자가 직접 쓴 일본 한자 학습 예시

1. 기초 한자 82자 (JLPT N5 수준)

一 한 일	右 오른 우
[JLPT N5(기초)] [小1] 부수 : 一	[JLPT N5(기초)] [小1] 부수 : 口
음독 **イチ** 一同 일동 一度 한번 一部 일부 **イツ** 統一 통일 一般 일반	음독 **ウ** 右岸 우안, 오른쪽 강변 右折 우회전 **ユウ** 左右 좌우 右筆 서기
훈독 **ひと** 一雨 한바탕 비가 내림 一息 단숨 **ひとつ** 一つ 한 개	훈독 **みぎ** 右側 우측 右手 오른손
一昨日 그저께 一日 초하루, 1일 一人 한 명	右手 (말고삐를 잡는 손이라 하여) 오른손, 오른쪽
예) **統一**を宿命と思う。 　　**통일**을 숙명으로 생각한다.	예) この先、成田空港方面へ**右折**です。 　　이 앞에, 나리타공항 방면으로 **우회전**입니다.
雨 비 우	円 둥글 원
[JLPT N5(기초)] [小1] 부수 : 雨	[JLPT N5(기초)] [小1] 부수 : 冂
음독 **ウ** 雨天 우천 雨期 우기 豪雨 호우	음독 **エン** 円陣 원형으로 친 진형 千円 천 엔
훈독 **あま** 雨間 비가 잠깐 멎음 雨戸 덧문 **あめ** 雨 비 雨勝ち 비가 잦음, 궂은 날씨	훈독 **まる** 円い 둥글다 円顔 둥근 얼굴
五月雨 음력 5월경에 내리는 장마 梅雨 장마	円やか 둥근 모양, 순한 맛
예) 明後日は**雨**になりそうだ。 　　모레는 **비**가 온다고 한다.	예) 博多駅までおよそ**六千円**です。 　　하카타역(후쿠오카현)까지 약 **6천 엔**입니다.

下 아래 하	火 불 화
[JLPT N5(기초)] [小1] 부수 : 一	[JLPT N5(기초)] [小1] 부수 : 火
음독 **カ** 下記 하기(밑에 쓰인 글) 地下 지하 　　 **ゲ** 上下 상하 下旬 하순	음독 **カ** 火山 화산 火事 화재 噴火 분화
훈독 **した** 下 아래 下書き 초고, 원고 　　 **しも** 下 아래 川下 하류 　　 **もと** 下 아래, 밑 足下 발밑 　　 **さげる** 下げる 내리다(他動) 　　 **さがる** 下がる 내려가다(自動) 　　 **くだる** 下る 비 따위가 내리다, 내려가다(自動) 　　 **くだす** 下す 내리다, 강등하다(他動) 　　 **くださる** 下さる 주시다(他動) 　　 **おろす** 下ろす 내리다, 내려뜨리다(他動) 　　 **おりる** 下りる (이슬 따위가) 내리다(他動)	훈독 **ひ** 火 불 火口 화구 火付き 불이 붙는 정도 　　 **ほ** 火影 등불, 불빛 　　　　 火照る 몸 따위가 달아오르다(自動)
下手 서투름, 어중간함	
예) 地下室に下りる際、足下にご注意下さい。 　　 지하실로 **내려가실** 때, 발밑을 조심하시기 **바랍니다**.	예) 食べ物に火を通して。 　　 음식에다가 **불**을 지펴.

学(學) 배울 학	気(氣) 기운 기
[JLPT N5(기초)] [小1] 부수 : 子	[JLPT N5(기초)] [小1] 부수 : 气
음독 **ガク** 学校 학교 学位 학위 数学 수학	음독 **キ** 気圧 기압 気分 기분 元気 기력, 건강한 모양 　　 **ケ** 火の気 따듯한 기운, 불씨 寒気 한기
훈독 **まなぶ** 学ぶ 배우다(自動) 学舎 학교	
	曖気 (おくび) 트림
예) 学びというのは生涯終わらないことである。 　　 **배움**이라 함은 생애에 끝나지 않는 것이다.	예) 気が向いたらやろうとしています。 　　 하려는 **기분**이 들면 하려고 했습니다.

九 아홉 구	休 쉴 휴
[JLPT N5(기초)] [小1] 부수 : 乙	[JLPT N5(기초)] [小1] 부수 : 亻
음독 **キュウ** 九百 구백 九牛の一毛 구우일모 　　 **ク** 九月 구월	음독 **キュウ** 休憩 휴게 休日 휴일 運休 운휴
훈독 **ここの** 九重 구중, 궁궐 九日 아흐레, 구일 　　 **ここのつ** 九つ 아홉 개	훈독 **やすむ** 休む 쉬다(自・他 両用) 休み 방학 　　 **やすまる** 休まる 편안해지다(自動) 　　 **やすめる** 休める 쉬게 하다(他動) 気休め 위안의 말
九十九髪 늙은 여자, 늙은 여자의 백발	休らう 쉬다, 망설이다
예) 九月から秋が始まるというのは、もう昔話だ。 　　 **구월**부터 가을이 시작된다는 것은 이제 옛날이야기다.	예) 山手線は、ホームドアの設置のため、本日運休となります。 　　 야마노테선은, 스크린도어 설치로 금일 **운휴**에 들어갑니다.

金 쇠 금 / 성씨 김	月 달 월
[JLPT N5(기초)] [小1] 부수 : 金	[JLPT N5(기초)] [小1] 부수 : 月
음독 **キン** 金貨 금화 金 금 税金 세금 　　**コン** 金色 금색 黄金 황금 金堂 금당	음독 **ゲツ** 月食 월식 月末 월말 満月 보름달 　　**ガツ** 生年月日 생년월일 正月 정월 四月 사월
훈독 **かね** お金 돈 金持ち 부자 針金 철사 　　**かな** 金型 금형 金沢 가나자와시(이시카와현)	훈독 **つき** 月 달 月影 달빛 月見 달구경
	海月 해파리
예) 税金は毎年増加傾向であります。 　세금은 매년 증가 추세에 있습니다.	예) 月に一回、海外に出張があります。 　달마다 한 번, 해외에 출장이 있습니다.
見 볼 견	五 다섯 오
[JLPT N5(기초)] [小1] 부수 : 見	[JLPT N5(기초)] [小1] 부수 : 二
음독 **ケン** 見解 견해 意見 의견 発見 발견	음독 **ゴ** 五感 오감 五行 오행 五輪 오륜(올림픽)
훈독 **みる** 見る 보다(他動) 下見 예비 조사, 미리 읽음 　　**みえる** 見える 보이다(自動) 　　**みせる** 見せる 보이다, 보도록 하다(他動)	훈독 **いつ** 五日 오일 　　**いつつ** 五つ 다섯 개
	五月 음력 오월 五月雨 음력 오월경 장마
예) 彼女を見た瞬間、運命だと思いました。 　그녀를 본 순간, 운명이라 생각했습니다.	예) 東京五輪は、新型コロナウイルス感染症の影響で延期することになった。 　도쿄올림픽은 코로나19의 영향으로 연기하게 되었다.
校 학교 교	左 왼 좌
[JLPT N5(기초)] [小1] 부수 : 木	[JLPT N5(기초)] [小1] 부수 : 工
음독 **コウ** 校長 교장 転校 전학 母校 모교	음독 **サ** 左腕 좌완 左折 좌회전 左翼 좌익
	훈독 **ひだり** 左 왼쪽 左側 좌측 左利き 왼손잡이
校倉 각재(角材)를 올려 지은 창고	弓手 (활을 쥐는 손이라 하여) 왼손 左見右見 두리번두리번
예) 僕の母校が40年ぶりに夏の甲子園で優勝しました。 　제 모교가 40년 만에 일본 전국 고교야구 선수권 대회에서 우승했어요.	예) まもなく品川駅に到着いたします、お出口は左側です。 　잠시 후 시나가와역에 도착합니다, 내리는 문은 **왼쪽**입니다.

三 석 삼	山 뫼 산
[JLPT N5(기초)] [小1] 부수 : 一	[JLPT N5(기초)] [小1] 부수 : 山
음독 サン 三千 삼천 三角 삼각 三権分立 삼권분립	음독 サン 山頂 정상 富士山 후지산 山陽 산요지방
훈독 み 三日 삼일 三日月 초사흘 달, 초승달 みつ 三つ葉 세 잎 三菱 미쓰비시 재벌 みっつ 三つ 세 개	훈독 やま 山 산 山葡萄 머루 山彦 메아리
三味線 샤미센(일본 전통 현악기)	山梔子 치자나무 山葵 와사비
예) 憲法には三権分立の内容が明示されている。 헌법에는 **삼권분립**의 내용이 명시되어 있다.	예) 山に登るのは、健康に良いです。 **산**을 오르는 것은 건강에 좋습니다.
子 아들 자	四 넉 사
[JLPT N5(기초)] [小1] 부수 : 子	[JLPT N5(기초)] [小1] 부수 : 口
음독 シ 子息 자식 孟子 맹자 電子 전자 ス 椅子 의자 金子 화폐 様子 모양, 상태	음독 シ 四月 사월 四季 사계 四国 시코쿠 지방
훈독 こ 子 아이 子犬 강아지 子会社 자회사	훈독 よ 四年 사년 四人 네 명 四次元 사차원 よつ 四つ切り 4절지 よっつ 四つ 네 개 よん 四駆 사륜구동 四継 400미터 육상 릴레이
茄子 가지	四阿 정자
예) サムスン電子の子会社員のストライキが続いている。 삼성**전자 자회사** 사원의 파업이 이어지고 있다.	예) 韓国と日本は四季がある地域です。 한국과 일본은 **사계**가 있는 지역입니다.
七 일곱 칠	車 수레 차・거
[JLPT N5(기초)] [小1] 부수 : 一	[JLPT N5(기초)] [小1] 부수 : 車
음독 シチ 七曜星 북두칠성 七曜表 달력	음독 シャ 車両 차량 発車 발차 風車 풍차
훈독 なな 七不思議 7대 불가사의 七十路 70세 なの 七日 초이레, 칠일 ななつ 七つ 일곱 개	훈독 くるま 車 자동차 車椅子 휠체어 自転車 자전거
七夕 칠석	海盤車(ひとで) 불가사리
예) 七つの材料がある上、真のキムチが誕生します。 **일곱 가지**의 재료가 있기에, 진정한 김치가 탄생합니다.	예) 夜には、自転車があまり見えなくなるので危険です。 밤에는 **자전거**가 잘 안 보이게 되므로 위험합니다.

出 날 출	女 계집 녀
[JLPT N5(기초)] [小1] 부수 : 凵	[JLPT N5(기초)] [小1] 부수 : 女
음독 **シュツ** 出荷 출하 出現 출현 輸出 수출 　　**スイ** 出師 출사표, 출병 出納 출납	음독 **ジョ** 女優 여성 배우 魔女 마녀 　　**ニョ** 女性 여성 老若男女 남녀노소 　　**ニョウ** 女房 마누라
훈독 **でる** 出る 나가다, 나오다(自動) 日の出 일출 　　**だす** 出す 내다, 꺼내다(他動) 出し入れ 출납	훈독 **おんな** 女 여자(낮잡아 부르는 말) 　　　　　 女らしい 여성스럽다 　　**おな** 女子 여자(옛스러운 말) 　　**め** 女神 여신 夫婦 부부
出雲 시마네현 이즈모시	海女 해녀 女将 여관 등의 여주인
예) ロシア・ウクライナ紛争の影響で、半導体の**輸出**が減少した。 　 러시아 우크라이나 분쟁의 영향으로, 반도체 **수출**이 감소했다.	예) 昨夜の踏み切りでの事故で、20代の**女性**の死亡が確認されました。 　 어젯밤 건널목 사고로, 20대 **여성**이 사망하였습니다.

小 작을 소	上 윗 상
[JLPT N5(기초)] [小1] 부수 : 小	[JLPT N5(기초)] [小1] 부수 : 一
음독 **ショウ** 小児 소아 少量 소량 小説 소설	음독 **ジョウ** 上空 상공 史上 사상(역사상) 　　**ショウ** 上下 상하 身上 신상
훈독 **お** 小川 작은 강 小舟 작은 배 　　**こ** 小銭 잔돈 小雨 가랑비 　　**ちいさい** 小さい 작다 小さな 작은	훈독 **うえ** 上 위, 위쪽 年上 연상 　　**うわ** 上着 상의 上役 직장 등의 상사 　　**かみ** 上下 위아래, 허리 부분 上半期 상반기 　　**あげる** 上げる 올리다, 얹다(他動) 売り上げ 매출 　　**あがる** 上がる 오르다, 상륙하다(自動) 　　**のぼる** 上る 오르다, 상경하다(自動) 上り 상행 　　**のぼせる** 上せる 올리다, 거슬러 올리다(他動) 　　**のぼす** 上す(=上せる) 올리다, 오르게 하다(他動)
小豆 팥 小夜の寝覚め 밤 중에 잠이 깸	上手い 솜씨가 뛰어나다 上総 가즈사국(현재의 치바현)
예) 日本の**小説**を原文で読むためには、漢字の勉強は欠かせない。 　 일본 **소설**을 원문으로 읽기 위해서는 한자의 공부가 불가결하다.	예) 顔だけは、**年上**とは想像できなかったの。 　 얼굴만으론 **연상**이라고는 생각조차 못했어.

人 사람 인	水 물 수
[JLPT N5(기초)] [小1] 부수: 人	[JLPT N5(기초)] [小1] 부수: 水
음독 ジン 人権 인권 美人 미인 韓国人 한국인 ニン 人数 인원 芸人 연예인 保証人 보증인	음독 スイ 水圧 수압 水道 수도 香水 향수
훈독 ひと 人 사람 人一倍 남들보다 더 恋人 연인	훈독 みず 水 물 水色 옥색(하늘색) 水際 물가, 검역 대책
一人 한 명 大人 어른 素人 초심자, 아마추어	水夫 뱃사람 水黽 소금쟁이 水母 해파리
예) 道に人が見えません。 　　길에 **사람**이 안 보입니다.	예) **水際**対策の影響で、羽田空港の国際線ビルの運営が当面の間、中止となった。 　　**검역** 대책의 영향으로, 하네다공항 국제선청사의 운영이 당분간 중지되었다.
生 날 생	千 일천 천
[JLPT N5(기초)] [小1] 부수: 生	[JLPT N5(기초)] [小1] 부수: 十
음독 セイ 生存 생존 生産 생산 余生 여생 ショウ 生涯 생애 生老病死 생로병사	음독 セン 千円 천엔 千差万別 천차만별
훈독 いきる 生きる 살다, 생존하다(自動) いかす 生かす 살리다(他動) いける 生ける 살리다, 살리게 하다(他動) うまれる 生まれる 태어나다, 새로 생기다(自動) うむ 生む 낳다, 만들어 내다(他動) はえる 生える (풀 따위가) 나다(自動) はやす 生やす 자라게 하다, 기르다(他動) なま 生 본래 그대로, 가공되지 않음	훈독 ち 千草 여러 가지 풀 千代 천년, 영원
弥生 야요이 시대	
예) 経験を生かして、この危機を乗り越えてください。 　　경험을 **살려**, 이 위기를 극복해나가시기 바랍니다.	예) 千代に八千代に。 　　**천년만년** 오래도록.

川 내 천	先 먼저 선
[JLPT N5(기초)] [小1] 부수 : 川	[JLPT N5(기초)] [小1] 부수 : 儿
음독 **セン** 河川 하천	음독 **セン** 先生 선생님　先方 상대편, 상대방
훈독 **かわ** 川 강　川上 상류	훈독 **さき** 赤先 앞, 전방 先立つ 앞서다, 앞장서다(自動)
예) 最近、近所の川でカワウソが見えています。 　　최근 근처 **강**에서 수달이 보입니다.	예) この先、揺れますのでご注意ください。 　　잠시 **후**, 흔들림에 주의하십시오.

早 이를 조	大 큰 대
[JLPT N5(기초)] [小1] 부수 : 日	[JLPT N5(기초)] [小1] 부수 : 大
음독 **ソウ** 早朝 조조　早々に 빨리 　　　**サッ** 早速 재빨리, 즉시　早急 조급, 몹시 급함	음독 **ダイ** 大小 대소　大胆 대담 　　　**タイ** 大衆 대중　大した 대단한, 엄청난
훈독 **はやい** 早い 이르다, 早口 말이 빠름 　　　**はやまる** 早まる 빨라지다, 서두르다(自動) 　　　**はやめる** 早める 예정을 앞당기다(他動)	훈독 **おお** 大型 대형　大阪 오사카 지방 　　　**おおきい** 大きい 크다　大きさ 크기 　　　**おおいに** 大いに 대단히, 크게
早乙女 처녀　早苗 볏모	大人 어른　大和 일본의 또 다른 이름
예) 日本語の早口言葉はおもしろい。 　　일본어의 **잰말놀이**는 재밌다.	예) 李先生と崔君は、大型免許を持っている。 　　이선생님과 최군은 **대형**면허를 가지고 있다.

男 사내 남	中 가운데 중
[JLPT N5(기초)] [小1] 부수 : 田	[JLPT N5(기초)] [小1] 부수 :丨
음독 **ダン** 男子 남자 男女 남녀 　　　**ナン** 長男 장남 美男 미남	음독 **チュウ** 中型 중형 夢中 꿈속, 몰두함 　　　**ジュウ** ～中 ～하는 중
훈독 **おとこ** 男 사내 男らしい 남자답다	훈독 **なか** 中 안, 속 真ん中 한가운데
예) 男女の差というのは、そんなに簡単ではない。 　　**남녀**의 차이라는 것은 그리 간단치 않다.	예) 今日中までに提出してください。 　　**오늘까지**는 제출해 주십시오.
天 하늘 천	土 흙 토
[JLPT N5(기초)] [小1] 부수 : 大	[JLPT N5(기초)] [小1] 부수 : 土
음독 **テン** 天然 천연 雨天 우천	음독 **ド** 土日 주말 国土 국토 　　　**ト** 土地 토지
훈독 **あめ** 天 하늘 天地 천지, 전 세계 　　　**あま** 天照す大御神 해의 여신 　　　　　 天下る 강림하다(自動)	훈독 **つち** 土 땅 壁土 벽토
	土産 특산물
예) 今日の試合は、雨天中止です。 　　금일 경기는 **우천**으로 인해 취소되었습니다.	예) 30年ぶりに、韓国の土を踏む。 　　30년 만에, 한국 **땅**을 밟는다.
二 두 이	日 날 일
[JLPT N5(기초)] [小1] 부수 : 二	[JLPT N5(기초)] [小1] 부수 : 日
음독 **ニ** 二時 두 시 二次方程式 이차방정식	음독 **ニチ** 日光 닛코 지역 日常 일상 日米 미일 　　　**ジツ** 先日 요전날 平日 평일
훈독 **ふた** 二重 쌍꺼풀 　　　**ふたつ** 二つ 두 개	훈독 **ひ** 日 해, 태양, 날 日の出 일출 　　　**か** 四日 나흘 十日 열흘 大晦日 섣달 그믐
二十歳 스무 살 二十日 20일 二日 이틀	明日 내일 今日 오늘
예) 二回目にチェックしましょう。 　　**두 번째**에 체크 해보지요.	예) 平日は、20時まで営業と致します。 　　**평일**에는 20시까지 영업합니다.

入 들 입	年 해 년
[JLPT N5(기초)] [小1] 부수 : 入	[JLPT N5(기초)] [小1] 부수 : 干
음독 ニュウ 入院 입원 出入国 출입국	음독 ネン 年末 연말 新年 신년, 새해
훈독 いる 入る 들다, 들어가다(自動) いれる 入れる 넣다, 들게 하다(他動) はいる 入る 들다, 들어오(가)다(自動)	훈독 とし 年 해 年下 연하 閏年 윤년
예) これを入れたら、美味しくなるけどね。 이걸 넣으면 맛있어지는데.	예) 今年の売り上げはもうダメだ。 올해 매출은 더 이상 끝이다.
白 흰 백	八 여덟 팔
[JLPT N5(기초)] [小1] 부수 : 白	[JLPT N5(기초)] [小1] 부수 : 八
음독 ハク 白菜 배추 紅白 홍백 潔白 결백 ビャク 黒白 흑백	음독 ハチ 八時 여덟 시 八方 팔방
훈독 しろ 白 흰색 真っ白 새하얀 しら 白壁 흰 벽, 두부 白む 희어지다, 흥이 깨지다(自動) しろい 白い 하얗다	훈독 や 八百屋 채소가게 八百長 짜고 치는 승부 やつ 八つ当たり 엉뚱한 화풀이 やっつ 八つ 여덟 개
	八日 여드레
예) 白菜の値上げで、キムチも値上げになった。 배추 값의 상승으로 김치 역시 값이 올랐다.	예) 八方美人という言葉は、韓国と日本との意味の差がある。 팔방미인이라는 말은, 한국과 일본의 의미 차이가 있다.
百 일백 백	木 나무 목
[JLPT N5(기초)] [小1] 부수 : 白	[JLPT N5(기초)] [小1] 부수 : 木
음독 ヒャク 百円 백엔 百貨店 백화점	음독 ボク 木石 목석 巨木 거목, 큰 나무 モク 木工 목공 木材 목재
	훈독 き 木 나무 並木 가로수 こ 木の葉 나뭇잎
	木綿 무명, 면직물
예) 金利の値上げで、百円ショップでは毎日賑やかだ。 금리의 인상으로, 백엔샵에는 매일 사람들로 북적인다.	예) 山火事で、ここら辺の木が全部燃えてしまった。 산불로, 이 주변의 나무가 다 타버렸다.

2부 일본 학습한자 1,026자 27

本 근본 본	名 이름 명
[JLPT N5(기초)] [小1] 부수 : 木	[JLPT N5(기초)] [小1] 부수 : 口
음독 **ホン** 本 책 本日 금일 資本 자본 本音 본마음	음독 **メイ** 名神線 메이신 고속도로 有名 유명 **ミョウ** 名字 성씨 大名 다이묘(무사시대)
훈독 **もと** 本 근원, 뿌리 根本 뿌리	훈독 **な** 名前 이름 名札 명찰 仮名 가나
예) 本を読むのが好きです。 　　책 읽는 것을 좋아합니다.	예) その人の名前なんだっけ。 　　그 사람 이름이 뭐였지?

六 여섯 육	何 어찌 하
[JLPT N5(기초)] [小1] 부수 : 八	[JLPT N5(기초)] [小2] 부수 : 亻
음독 **ロク** 六時 여섯 시 六法 육법(헌법, 민법, 형법, 상법, 형사소송법, 민사소송법 등 6대 기본법)	음독 **カ** 幾何学 기하학
훈독 **む** 六指 놀이의 한 종류 **むつ** 六つ切り 6등분, 사진의 크기 단위 **むっつ** 六つ 여섯 개 **むい** 六日 엿새	훈독 **なに** 何 무엇, 어떤 何者 누구 **なん** 何回 몇 번 何点 몇 점
	何時 언제 幾何 얼마, 어느 정도
예) 六日から梅雨だそうです。 　　6일부터 장마인 것 같습니다.	예) 今年で何歳でしょうか。 　　올해로 나이가 어떻게 되세요?

外 바깥 외	間 사이 간
[JLPT N5(기초)] [小2] 부수 : 夕	[JLPT N5(기초)] [小2] 부수 : 門
음독 **ガイ** 外出 외출 海外 해외 論外 논외 **ゲ** 外宮 외궁 外典 외전	음독 **カン** 間者 간첩 区間 구간 **ケン** 人間 인간 眉間 미간
훈독 **そと** 外 밖 外側 외측 **ほか** 外 ~외 **はずす** 外す 떼다, 떼어 내다(他動) **はずれる** 外れる 빠지다, 벗겨지다(自動)	훈독 **あいだ** 間 사이 間柄 인간 및 가족 관계 **ま** 間 사이, 간격 間違う 틀리다(自·他 両用)
外様 방계 外国 외국	
예) ゲームに夢中し、外が暗くなったのも気づかなかった。 　　게임에 몰두한 나머지, 밖이 어두워진 것도 몰랐다.	예) この間、ちょっと休憩をとりました。 　　당분간, 조금 쉬었습니다.

午 낮 오	後 뒤 후
[JLPT N5(기초)] [小2] 부수 : 十	[JLPT N5(기초)] [小2] 부수 : 彳
음독 **ゴ** 午前 오전　正午 정오	음독 **ゴ** 前後 전후　午後 오후 　　**コウ** 後悔 후회　後輩 후배
	훈독 **のち** 後 뒤, 후, 장래, 사후 　　**うしろ** 後ろ 뒤, 등 　　**あと** 後 후, 뒤　後始末 뒤처리, 마무리 　　**おくれる** 後れる 뒤떨어지다, 기가 죽다(自動)
	明後日 모레
예) 本初子午線はイギリスにある。 본초**자오선**은 영국에 있다.	예) ミンギ君は流行に後れているね。 민기 군은 유행에 **뒤지고** 있네.

語 말씀 어	工 장인 공
[JLPT N5(기초)] [小2] 부수 : 言	[JLPT N5(기초)] [小2] 부수 : 工
음독 **ゴ** 語学 어학　韓国語 한국어	음독 **コウ** 工学 공학　工場 공장 　　**ク** 工夫 공부, 궁리　大工 목수
훈독 **かたる** 語る 말하다(他動)　物語 이야기 　　**かたらう** 語らう 언약하다, 서로 이야기하다(他動)	
私語 소곤거리는 말	
예) ミンソンを語らって福岡に行くつもりだ。 민성이를 **꾀어서** 후쿠오카에 갈 생각이다.	예) 仁荷大学は工学部が有名な大学である。 인하대학교는 **공과대학**이 유명한 대학이다.

行 다닐 행 / 항렬 항	高 높을 고
[JLPT N5(기초)] [小2] 부수 : 行	[JLPT N5(기초)] [小2] 부수 : 高
음독 **コウ** 行軍 행군　行進 행진 　　**ギョウ** 行幸 행차　行政 행정 　　**アン** 行火 각로(화로)　行宮 행궁	음독 **コウ** 高級 고급　高麗人参 고려인삼
훈독 **いく** 行く 움직여 가다, 해 가다(自動) 　　**ゆく** 行く 가다, 떠나다(自動)　行方 행방 　　**おこなう** 行う 행하다(他動)	훈독 **たかい** 高い 높다　高台 고지대 　　**たか** 円高 엔고 현상　高 정도, 분량 　　**たかまる** 高まる 높아지다(自動) 　　**たかめる** 高める 높이다(他動)
流行 유행	高麗 고려, 고구려
예) 新型コロナウイルスで中止となっていた卒業式を3年ぶりで行います。 코로나19로 중지되었던 졸업식을 3년 만에 **거행합니다**.	예) 原発の再起動にめぐり、住民の反発が高まっています。 원전의 재기동을 둘러싸고 주민의 반발이 **높아지고** 있습니다.

国(國) 나라 국	今 이제 금
[JLPT N5(기초)] [小2] 부수 : 口	[JLPT N5(기초)] [小2] 부수 : 人
음독 **コク** 国際 국제 国境 국경 共和国 공화국	음독 **コン** 今後 차후, 앞으로 今日 금일, 요즘 **キン** 今上 금상(현재의 임금)
훈독 **くに** 国 나라, 지역 島国 섬나라	훈독 **いま** 今 지금 只今 현재
	今朝 오늘 아침
예) 炭素ゼロのために、国々が力を合わせるときだ。 탄소 제로를 위해, **여러 나라**가 힘을 합칠 때다.	예) 今現在の時刻は、23時50分です。 **지금** 현재 시각, 23시 50분입니다.
時 때 시	書 글 서
[JLPT N5(기초)] [小2] 부수 : 日	[JLPT N5(기초)] [小2] 부수 : 日
음독 **ジ** 時間 시간 定時 정시	음독 **ショ** 書紀 서기 書類 서류 辞書 사전
훈독 **とき** 時 시간, 때 時々 때때로	훈독 **かく** 書く 쓰다(他動)
時雨 오락가락하는 비	
예) 海辺で遊ぶときは潮時をよく覚えておくこと。 해변에서 놀 때는 **만조 및 간조 시각**을 잘 기억해둘 것.	예) 自分の漢字の名前さえ書けない人が増えた。 자신의 한자 이름조차 **못 쓰는** 사람이 늘었다.
食 먹을 식	西 서녘 서
[JLPT N5(기초)] [小2] 부수 : 食	[JLPT N5(기초)] [小2] 부수 : 西
음독 **ショク** 食欲 식욕 飲食店 음식점 **ジキ** 餌食 먹이, 희생물 断食 단식	음독 **セイ** 西部 서부 西洋 서양 西暦 서력 **サイ** 西国 서쪽 지방, 규슈 일대 東西 동서
훈독 **くう** 食う 먹다, 생활하다(他動) **くらう** 食らう 먹다, 마시다, 받다(他動) **たべる** 食べる (음식을)먹다(他動)	훈독 **にし** 西 서쪽 西側 서측
片食 편식	西瓜 수박
예) 子息に鉄拳を食らうのだけはしたくない。 자식에게 꿀밤을 **때리는** 것만큼은 하기 싫다.	예) 関西には大阪と京都、奈良などの有名な観光地が集まっている。 **간사이**에는 오사카와 교토, 나라와 같은 유명한 관광지가 몰려 있다.

前 앞 전	長 길 장
[JLPT N5(기초)] [小2] 부수 : 刂	[JLPT N5(기초)] [小2] 부수 : 長
음독 **ゼン** 前部 앞 부분 以前 이전	음독 **チョウ** 長所 장점 校長 교장 長官 장관
훈독 **まえ** 前 앞, 전 前向き 적극적인 名前 이름	훈독 **ながい** 長い 길다 長さ 길이
예) 前向きの人が回りにいないわ. 적극적인 사람이 주변에 없어.	예) 長さ40キロの下水パイプが設置された. 길이 40킬로미터의 하수 파이프가 설치되었다.

電 번개 전	東 동녘 동
[JLPT N5(기초)] [小2] 부수 : 雨	[JLPT N5(기초)] [小2] 부수 : 木
음독 **デン** 電圧 전압 停電 정전 電報 전보	음독 **トウ** 東南アジア 동남아 東京 동경
	훈독 **ひがし** 東 동쪽 東側 동측
	あずま 関東 관동 지방
예) 電気自動車の義務販売法律が国会から議決された. 전기자동차 의무판매법률이 국회에서 의결되었다.	예) 東京駅の東口改札で集合となっております. 도쿄(동경)역 동쪽 출구 개찰구에서 집합하는 것으로 되어 있습니다.

読(讀) 읽을 독	南 남녘 남
[JLPT N5(기초)] [小2] 부수 : 言	[JLPT N5(기초)] [小2] 부수 : 十
음독 **ドク** 読解 독해 読書 독서 難読 난독 **トク** 読本 국어 교과서, 해설서 **トウ** 読点 쉼표(구두점)	음독 **ナン** 南北 남북 南極 남극 西南 서남 **ナ** 南無阿弥陀仏 나무아미타불
훈독 **よむ** 読む 읽다(他動) 読売新聞 요미우리신문	훈독 **みなみ** 南 남쪽 南向き 남향
吏読 한국의 이두	南風 마파람, 남풍
예) 新聞を読むのが勉強にもいいし、観点も広げる. 신문을 읽는 것이 공부에도 도움이 되고, 관점을 넓혀갈 수 있다.	예) なんか南からきた気がするんだが. 뭔가 남쪽에서 온 것 같은 기분이 드는데.

半(半) 절반 반	父 아비 부
[JLPT N5(기초)] [小2] 부수 : 十	[JLPT N5(기초)] [小2] 부수 : 父
음독 ハン 半分 반틈 半額 반액 後半 후반	음독 フ 父系 부계 義父 의부
훈독 なかば 半ば 절반, 중앙	훈독 ちち 父 아비 父親 아버님
	お父さん 아버지
예) 彼の話を半信半疑で聞いた. 그의 이야기를 **반신반의**하며 들었다.	예) 父とそっくりだな. **아버지**랑 쏙 빼닮았구나.
分 나눌 분	聞 들을 문
[JLPT N5(기초)] [小2] 부수 : 刀	[JLPT N5(기초)] [小2] 부수 : 耳
음독 ブン 分解 분해 分散 분산 水分 수분 フン 分別 분별 分針 분침 ブ 大分 상당히, 어지간히 九分九厘 99퍼센트	음독 ブン 新聞 신문 百聞 백문 モン 聴聞会 청문회 前代未聞 전대미문
훈독 わける 分ける 나누다, 가르다(他動) わかれる 分かれる 갈라지다, 구별되다(自動) わかる 分かる 알다, 이해하다(自動) わかつ 分かつ 나누다, 구분하다(他動)	훈독 きく 聞く 듣다(他動) 聞き取る 알아듣다(他動) きこえる 聞こえる 들리다, 이해하다(自動)
大分県 오이타현	
예) お互いに責任を分かち合う. 서로 책임을 **분담하다**.	예) 英語の聞き取り時間には, 飛行機の離着陸が禁止されます. 영어 **듣기** 시간에는, 비행기 이착륙이 금지됩니다.
米 쌀 미	母 어미 모
[JLPT N5(기초)] [小2] 부수 : 米	[JLPT N5(기초)] [小2] 부수 : 母
음독 ベイ 米価 쌀값 米国 미국 マイ 新米 신인 白米 백미	음독 ボ 母乳 모유 母音 모음 祖母 할머니
훈독 こめ 米 쌀 米粒 쌀알	훈독 はは 母 어미 母親 어머님
亜米利加 아메리카, 미국	お母さん 어머니
예) 酒を選ぶときは,「純米」マークがあれば失敗はしません. 술을 고를 때에는 **순수한 쌀**로 만들었다는 마크가 있다면 실패는 안 합니다.	예) 聖母病院はカトリック教会が直営している. **성모**병원은 가톨릭교회가 직접 운영하고 있다.

北 북녘 북 / 달아날 배	毎(每) 매양 매
[JLPT N5(기초)] [소2] 부수 : 匕	[JLPT N5(기초)] [소2] 부수 : 母
음독 **ホク** 北方領土 북방영토 北進 북진 敗北 패배	음독 **マイ** 毎度 매번 毎日 매일 毎年 매년
훈독 **きた** 北 북쪽 北風 북풍 北関東 북관동	훈독 **かた** 方 방향, 쪽, 어느 분 話し方 말하는 방식
台北 타이베이	日毎 매일, 날마다
예) 千葉県北部に震度5強の強い揺れを感じました。 치바현 **북부 지방**에 진도 5강의 강한 흔들림을 감지했습니다.	예) 毎度、ありがとうございます。 **매번** 감사드립니다.

万(萬) 일만 만	友 벗 우
[JLPT N5(기초)] [소2] 부수 : 一	[JLPT N5(기초)] [소2] 부수 : 又
음독 **マン** 万が一 만일 万葉集 만엽집(和歌) **バン** 万歳 만세 万博 만국 박람회	음독 **コウ** 友情 우정 友好 우호 級友 급우
	훈독 **とも** 友 벗 友達 친구
예) これ、一万円だけどめっちゃ安くない。 이거 **일만 엔**인데 엄청 싸지 않아?	예) 友達と釜山へ遊びに行きます。 **친구**와 부산에 놀러 갑니다.

来(來) 올 래	話 말씀 화
[JLPT N5(기초)] [소2] 부수 : 木	[JLPT N5(기초)] [소2] 부수 : 言
음독 **ライ** 来賓 내빈 従来 본래 往来 왕래	음독 **ワ** 話題 화제 会話 회화 寓話 우화
훈독 **くる** 来る 오(가)다, 다가오다, 생기다(自動) **きたる** 来る 오다, 이르다(自動) / 오는, 이번 **きたす** 来す 오게 하다, 초래하다(他動)	훈독 **はなす** 話す 이야기하다, 말하다(他動) **はなし** 話し 이야기 昔話 옛날이야기
예) 寝ても覚めても待っていた手紙が来た。 오매불망 기다려온 편지가 **왔다**.	예) 進学について先生と話そうとしています。 진학과 관련하여 선생님과 **상의하려** 합니다.

2. 초급 한자 159자 (JLPT N4 수준)

音 소리 음	花 꽃 화
[JLPT N4(초급)] [小1] 부수 : 音	[JLPT N4(초급)] [小1] 부수 : ++
음독 **オン** 音読 음독 音楽 음악 音符 음표 　　**イン** 子音 자음 疎音 소음 母音 모음	음독 **カ** 花粉症 꽃가루 알러지 開花 개화 　　**ゲ** 供花 헌화
훈독 **おと** 音 소리 物音 어떠한 소리 　　**ね** 音 소리 本音 본심	훈독 **はな** 花 꽃 花弁 꽃잎 初花 봄에 처음 피는 꽃
観音 관세음	無花果 무화과
예) 最近、韓国の音楽は世界で人気がある。 　　최근 한국의 **음악**은 세계에서 인기가 있다.	예) 桜の花弁がひらひらと落ちている。 　　벚**꽃잎**이 살랑살랑 떨어지고 있다.
空 빌 공	犬 개 견
[JLPT N4(초급)] [小1] 부수 : 穴	[JLPT N4(초급)] [小1] 부수 : 犬
음독 **クウ** 空気 공기 空港 공항 航空 항공	음독 **ケン** 犬歯 송곳니 愛犬 애견 猛犬 맹견
훈독 **そら** 空 하늘 空涙 거짓 눈물 青空 파란 하늘 　　**あく** 空く 비다(自動) 空き地 공터 　　**あける** 空ける 비우다(他動) 　　**から** 空 허공 空手 가라테 空咳 헛기침	훈독 **いぬ** 犬 개 犬侍 비겁한 무사 柴犬 시바견
예) 20年あとには、この空き地に大韓航空本社ビル 　　が建てられる予定です。 　　20년 뒤에는, 이 **공터**에 대한항공 본사 빌딩이 세워 　　질 예정입니다.	예) 犬を飼いたいですが、犬の毛にアレルギー反応 　　歴があるので。 　　**개**를 키우고 싶습니다만, **개털**에 알러지 반응을 보인 　　적이 있어서요.

口 입 구

[JLPT N4(초급)] [小1] 부수 : 口

음독 **コウ** 口腔 구강　口語 구어　人口 인구
　　 ク 口授 구전 교습, 口伝 구전

훈독 **くち** 口 입　非常口 비상구　改札口 개찰구

猪口 잔 모양의 작은 접시

예) 韓国の**人口**は、2020年以来から減少傾向です。
　　 한국의 **인구**는 2020년 이후로 감소 경향을 보입니다.

字 글자 자

[JLPT N4(초급)] [小1] 부수 : 子

음독 **ジ** 字 글자, 필적　字幕 자막　漢字 한자

훈독 **あざ** 字 정촌(町村) 단위에서의 구획 / 우리의 里

仮名 가나(일본 고유 문자)　真名 한자의 또 다른 표현

예) **字**がきれいですね。
　　 글씨가 예쁘네요.

手 손 수

[JLPT N4(초급)] [小1] 부수 : 手

음독 **シュ** 拍手 박수　手話 수화　手段 수단

훈독 **て** 手 손　手入れ 고침, 단속
　　　　 人手不足 일손 부족
　　 た 手弱女 우아하고 아름다운 여인　手綱 고삐

上手 능숙함, 훌륭함　手水 세숫물, 변소

예) **手話**を学ぶのは、必ず役にたつのだろう。
　　 수화를 배우는 것은 반드시 도움이 될 것이다.

正 바를 정

[JLPT N4(초급)] [小1] 부수 : 止

음독 **セイ** 正当 정당　正門 정문　公正 공정
　　 ショウ 正直 정직　正午 정오　実正 실정, 진실

훈독 **ただしい** 正しい 옳다, 바르다
　　 ただす 正す 바로잡다, 명분 등을 밝히다(他動)
　　 まさ 正に 바로, 틀림없이　正目 눈앞, 목전

예) 北朝鮮は、相次ぐ弾道ミサイル発射に関して、
　　 正当な自衛権行使だと主張している。
　　 북한은 계속되는 탄도미사일 발사와 관련하여 **정당**
　　 한 자위권 행사라고 주장하고 있다.

青 푸를 청

[JLPT N4(초급)] [小1] 부수 : 青

음독 **セイ** 高麗青磁 고려청자　青春 청춘　公正 공정
　　 ショウ 緑青 녹청　紺青 감청

훈독 **あお** 青 푸른색, 청색
　　 あおい 青い 파랗다, 창백하다

真っ青 새파란

예) **青**い空を見ていると、気持よくなる。
　　 파란 하늘을 보고 있으면, 기분이 좋아진다.

夕 저녁 석

[JLPT N4(초급)] [小1] 부수 : 夕

음독 **セキ** 朝夕 조석　夕陽 석양

훈독 **ゆう** 夕刊 석간　夕食 저녁 식사

七夕 칠석

예) **夕食**はいつもラーメンです。
　　 저녁 식사는 항상 라면입니다.

赤 붉을 적	足 발 족
[JLPT N4(초급)] [小1] 부수 : 夕	[JLPT N4(초급)] [小1] 부수 : 足
음독 セキ 赤心 적심 赤化統一 적화통일 　　 シャク 赤銅 적동	음독 ソク 足跡 족적, 발자취 補足 부족한 부분을 채움
훈독 あか 赤 빨강 赤字 적자 　　 あかい 赤い 붉다, 빨갛다	훈독 あし 足 발, 다리 足下 발끝, 발밑 　　 たりる 足りる 족하다, 충분하다(自動) 　　 たる 舌足らず 표현이 충분치 못함, 혀가 짧음 　　 たす 足す 더하다, 보태다(他動)
真っ赤 새빨간	足袋 일본식 버선
예) 韓国電力の赤字は年々増加している。 　　 한국전력의 **적자**는 매년 증가하고 있다.	예) 降りる際には、足下にご注意ください。 　　 내릴 때는 **발끝**을 조심하여 주시기 바랍니다.
町 밭두둑 정	田 밭 전
[JLPT N4(초급)] [小1] 부수 : 田	[JLPT N4(초급)] [小1] 부수 : 田
음독 チュウ 町 일본 행정구역 단위 　　　　　 町人 상인(무사시대)	음독 デン 水田 수전 油田 유전
훈독 まち 町 큰 규모의 마을 町外れ 시외, 변두리	훈독 た 田 밭 田植え 모내기
	田舎 시골
예) 江戸時代の町人から、資本主義がなにかを見るのができる。 　　 에도시대의 **상인**들로부터, 자본주의가 무엇인지를 볼 수 있다.	예) 黒海の油田を巡り、トルコとロシアとの紛争が相次いでいる。 　　 흑해의 **유전**을 둘러싸고, 튀르키예와 러시아 간의 분쟁이 잇달아 일어나고 있다.
文 글월 문	目 눈 목
[JLPT N4(초급)] [小1] 부수 : 文	[JLPT N4(초급)] [小1] 부수 : 目
음독 ブン 文書 문서 文章 문장 　　 モン 縄文 새끼줄 무늬, 조몬시대 天文学 천문학	음독 モク 目的 목적 黙示録 묵시록(계시록) 　　 ボク 面目 면목
훈독 ふみ 文 서한 恋文 연애편지	훈독 め 目 눈 目立つ 두드러지다, 특출나다(自動) 　　 ま 目の当たり 눈앞, 목전
文字 문자	
예) 遠距離なら、恋文が一番大事だ。 　　 장거리라면, **연애편지**가 가장 중요하다.	예) 今の時代って、目立つ必要はあるのかな。 　　 지금 시대에 **특출나게** 뭘 할 필요가 있을까.

立 설 립	力 힘 력
[JLPT N4(초급)] [小1] 부수 : 立	[JLPT N4(초급)] [小1] 부수 : 力
음독 リツ 立憲 입헌 設立 설립 市立 시립 リュウ 建立 건립	음독 リョク 圧力 압력 武力 무력 リキ 力士 스모 선수 馬力 마력
훈독 たつ 立つ 서다(自動) 立場 입장 たてる 立てる 세우다(他動)	훈독 ちから 力 힘 馬鹿力 뚝심
예) この図書館を立てるのは、昔からの夢でした。 이 도서관을 **세우는** 것은 옛날부터의 꿈이었습니다.	예) わが国が力のない国だって、認めざるを得ないが悔しい。 우리나라가 **힘**없는 나라라니, 인정할 수밖에 없지만 분하다.

夏 여름 하	家 집 가
[JLPT N4(초급)] [小2] 부수 : 夂	[JLPT N4(초급)] [小2] 부수 : 宀
음독 カ 春夏秋冬 춘하추동 初夏 초하 ゲ 夏至 하지	음독 カ 家庭 가정 作家 작가 ケ 本家 본가 宮家 왕가
훈독 なつ 夏 여름 真夏 한여름	훈독 いえ 家 집 家主 집주인 や 家賃 집세 貸家 셋집
夏越 음력 유월 그믐날	家鴨 집오리
예) 最近は夏じゃないけど蚊が見える。 최근에는 **여름**이 아닌데도 모기가 보인다.	예) 家賃が高いから、ソウルに住むのはただの夢です。 **집세**가 비싸서, 서울서 사는 것은 단지 꿈입니다.

歌 노래 가	画(畫) 그림 화
[JLPT N4(초급)] [小2] 부수 : 欠	[JLPT N4(초급)] [小2] 부수 : 田
음독 カ 歌手 가수 短歌 단가(和歌)	음독 ガ 画集 화집 映画 영화 カク 画一 획일 計画 계획
훈독 うた 歌 노래 うたう 歌う 노래 부르다 / 지저귀다(自・他 両用)	
예) ホンギュン君は歌が上手だ。 홍균 군은 **노래**를 잘한다.	예) 中国で使われる漢字って、結構画数を減らしたんですね。 중국에서 사용하는 한자, 꽤 **획수**를 줄여놨지요.

会(會) 모일 회	海(海) 바다 해
[JLPT N4(초급)] [小2] 부수: 人	[JLPT N4(초급)] [小2] 부수: 氵
음독 **カイ** 会話 회화 会計 회계 　　**エ** 会釈 가볍게 인사함 法会 법회	음독 **カイ** 海岸 해안 東シナ海 동중국해
훈독 **あう** 会う 만나다(自動) 立ち会う 입회하다(自動)	훈독 **うみ** 海 바다 海辺 해변
会津 후쿠시마 일대 直会 음복	熱海 아타미 지방 海女 해녀
예) 彼女に会うため、ビザまでとりました。 　　그녀를 **만나기** 위해, 비자까지 받았습니다.	예) 海岸線に並び、線路が並んでいる。 　　**해안선**을 따라, 선로가 늘여져 있다.
楽(樂) 즐길 락 / 노래 악 / 좋아할 요	帰(歸) 돌아갈 귀
[JLPT N4(초급)] [小2] 부수: 木	[JLPT N4(초급)] [小2] 부수: 巾
음독 **ガク** 楽器 악기 音楽 음악 　　**ラク** 楽園 낙원 娯楽 오락	음독 **キ** 帰宅困難者 귀가 난민 復帰 복귀
훈독 **たのしい** 楽しい 즐겁다 楽しさ 즐거움 　　**たのしむ** 楽しむ 즐기다, 좋아하다(他動)	훈독 **かえる** 帰る 돌아가(오)다(自動) 帰り 귀로 　　**かえす** 帰す 돌려보내다(他動)
神楽 제사 무악, 歌舞伎의 악기	不如帰 두견새
예) 沖縄旅行、すっごく楽しみです。 　　오키나와 여행, 너무나도 **기대**됩니다.	예) 北朝鮮に拉致された人の帰還問題を交渉の 　　カードに使う。 　　납북자의 **귀환**문제를 협상의 카드로 삼다.
牛 소 우	魚 물고기 어
[JLPT N4(초급)] [小2] 부수: 牛	[JLPT N4(초급)] [小2] 부수: 魚
음독 **ギュウ** 牛乳 우유 和牛 와규	음독 **ギョ** 魚介類 어패류 金魚 금붕어
훈독 **うし** 牛 소	훈독 **うお** 魚 물고기 魚河岸 어시장 　　**さかな** 魚 물고기 魚屋 생선가게
牛蒡 우엉	雑魚 잡어
예) 本へ行くと、かならず和牛のすき焼きを食べます。 　　일본에 가면, 반드시 **와규** 스키야키를 먹습니다.	예) 魚が苦手なので、日本へ行くとちょっと大変だ。 　　**생선**을 잘 못 먹어서, 일본에 가면 조금 고생한다.

京 서울 경	強 굳셀 강
[JLPT N4(초급)] [小2] 부수 : 亠	[JLPT N4(초급)] [小2] 부수 : 弓
음독 **ギュウ** 帝京 황제가 거주하는 서울 東京 동경 **ケイ** 京城 경성(옛 서울)	음독 **キョウ** 強化 강화 強豪 강호 **ゴウ** 強力 강력 強姦 강간
	훈독 **つよい** 強い 강하다 強がる 강한 체하다(自動) **つよまる** 強まる 강해지다, 세지다(自動) **つよめる** 強める 강하게 하다(他動) **しいる** 強いる 강요하다, 강제하다(他動)
北京 북경 南京 남경	強請る 조르다, 공갈하다(他動)
예) 東京は昔、武蔵という国だった。 도쿄(동경)은 이전에 무사시국이었다.	예) 強力な韓米同盟を中核する、韓日米の連携を期待する。 **강력**한 한미동맹을 중심으로 하는, 한미일 연대를 기대한다.

教(敎) 가르칠 교	近 가까울 근
[JLPT N4(초급)] [小2] 부수 : 攵	[JLPT N4(초급)] [小2] 부수 : 辶
음독 **キョウ** 教育 교육 宗教 종교	음독 **キン** 近所 근처 近代 근대 接近 접근
훈독 **おしえる** 教える 가르치다, 알리다(他動) **おそわる** 教わる 배우다, 가르침을 받다(他動)	훈독 **ちかい** 近い 가깝다 近道 지름길, 샛길
	近江 시가현 일대
예) 教育が真の未来といえるのではないか。 **교육**이 진정한 미래라 말할 수 있지 않겠는가.	예) 近いところにコンビニありますか。 **가까운** 곳에 편의점 있습니까?

兄 형 형	計 셀 계
[JLPT N4(초급)] [小2] 부수 : 儿	[JLPT N4(초급)] [小2] 부수 : 言
음독 **ケイ** 兄事 형으로 섬김 義兄 의형 **キョウ** 兄弟 형제	음독 **ケイ** 計算 계산 計画 계획
훈독 **あに** 兄 형, 오빠 兄貴 형님	훈독 **はかる** 計る 의논하다, 세다(他動) **はからう** 計らう 적절히 주선하다, 상의하다(他動)
従兄 사촌 형제 お兄さん 형	
예) 食べようとしていた私のパン、兄に食べられちゃった。 먹으려고 했던 내 빵, **오빠**가 먹어버렸다.	예) ご両親に計るのだと思いますけど。 부모님과 **의논**할 건이라 생각하는데요.

元 으뜸 원	言 말씀 언
[JLPT N4(초급)] [小2] 부수 : 儿	[JLPT N4(초급)] [小2] 부수 : 言
음독 **ゲン** 元素 원소 元気 원기 多元 다원 　　**ガン** 元祖 원조 元日 설날	음독 **ゲン** 言行 언행 宣言 선언 　　**ゴン** 伝言 전언 無言 무언
훈독 **もと** 元 본래, 근원 家元 본가, 종가	훈독 **いう** 言う 말하다 / 소리가 나다(自・他 両用) 　　**こと** 言葉 말, 단어 一言 일언, 한마디
예) 元内閣総理大臣の安部氏の死亡が確認されました。 　**전** 내각총리대신이었던 아베 씨의 사망이 확인되었습니다.	예) 先生、どうか一言お願いします。 　선생님, **한 말씀** 부탁드리겠습니다.

古 옛 고	公 공평할 공
[JLPT N4(초급)] [小2] 부수 : 口	[JLPT N4(초급)] [小2] 부수 : 八
음독 **コ** 古典 고전 太古 아주 먼 옛날	음독 **コウ** 公務員 공무원 公園 공원
훈독 **ふるい** 古い 오래되다 古里 고향 　　**ふるす** 使い古す 오래 써 낡게 하다(他動)	훈독 **おおやけ** 公 공, 정부, 공공의
反古 못 쓰는 종이, 쓸모없는 물건이나 일	公家 조정, 무사 시대 벼슬아치
예) 古い歴史を持っているのが一番の資産です。 　**오랜** 역사를 지닌 것이 가장 큰 자산입니다.	예) 公務執行妨害の容疑で逮捕となった。 　**공무**집행방해 혐의로 체포되었다.

広(廣) 넓을 광	考 생각할・살필 고
[JLPT N4(초급)] [小2] 부수 : 广	[JLPT N4(초급)] [小2] 부수 : 耂
음독 **コウ** 広域市 광역시 広大 광대	음독 **コウ** 考慮 고려 思考 사고
훈독 **ひろい** 広い 넓다 広場 광장 幅広 폭 　　**ひろまる** 広まる 넓어지다, 보급되다(自動) 　　**ひろめる** 広める 넓히다, 퍼지게 하다(他動) 　　**ひろがる** 広がる 넓어지다, 만연되다(自動) 　　**ひろげる** 広げる 펼치다, 넓히다(他動)	훈독 **かんがえる** 考える 생각(고안)하다(他動) 　　　　　　考え 생각
広東 광동 지역	
예) 変な噂が広がる。 　이상한 소문이 **퍼지다**.	예) 考える時間もありません。 　**생각할** 시간도 없습니다.

黒(黒) 검을 흑	作 지을 작
[JLPT N4(초급)] [小2] 부수 : 黒	[JLPT N4(초급)] [小2] 부수 : 亻
음독 **コク** 黒板 칠판 漆黒 칠흑	음독 **サク** 作者 작가 作成 작성 **サ** 作業 작업 操作 조작
훈독 **くろ** 黒 검정 黒字 흑자 **くろい** 黒い 검다 腹黒い 속이 검다, 음험하다	훈독 **つくる** 作る 만들다(他動)
黒子 사마귀, 점	
예) 水際対策で、数年間維持していたホテルの**黒字**がゼロになった。 방역 대책으로, 수년간 유지해온 호텔 **흑자**가 0이 되었다.	예) できればはやく、子供を**作り**たいです。 되도록 빨리, 아이를 **만들고** 싶어요.

止 그칠 지	姉 손윗누이 자
[JLPT N4(초급)] [小2] 부수 : 止	[JLPT N4(초급)] [小2] 부수 : 女
음독 **シ** 止血 지혈 禁止 금지	음독 **シ** 姉妹 자매 長姉 맏누이
훈독 **とまる** 止る 멈추다, 그치다(自動) **とめる** 止める 멈추다, 세우다(他動)	훈독 **あね** 姉 언니, 누나 姉上 누님
	お姉さん 언니, 누나
예) 止れの指示を違反すると白バイさんに会うよ。 **일시정지** 지시를 위반하면 교통경찰을 날 거야.	예) **姉妹**が仲いいですね。 **자매**가 사이가 좋군요.

思 생각 사	紙 종이 지
[JLPT N4(초급)] [小2] 부수 : 心	[JLPT N4(초급)] [小2] 부수 : 糸
음독 **シ** 思想 사상 意思 의사	음독 **シ** 紙幣 지폐 用紙 용지
훈독 **おもう** 思う 생각하다, 예상하다(他動)	훈독 **かみ** 紙 종이 手紙 편지
	紙鳶 연
예) 思わしい結果が得られない。 **뜻하는** 결과를 얻지 못하다.	예) キャッシュレス決済の普及で、**紙幣**の使用率が激減した。 비현금 결제의 보급으로, **지폐** 사용률이 격감했다.

自 스스로 자	室 집 실
[JLPT N4(초급)] [小2] 부수 : 自	[JLPT N4(초급)] [小2] 부수 : 宀
음독 ジ 自衛隊 자위대 自由 자유 シ 自然 자연	음독 シツ 室外 실외 待合室 대합실
훈독 みずから 自ら 몸소, 스스로, 자신	훈독 むろ 室 온실 氷室 빙고
自棄 자포자기	
예) 地球の自転速度はどんどん落ちている。 지구의 **자전** 속도는 점점 떨어지고 있다.	예) 室內温度の管理は健康に繋がるものだ。 **실내** 온도의 관리는 건강과 직결되어 있다.

社(社) 모일 사	秋 가을 추
[JLPT N4(초급)] [小2] 부수 : ネ	[JLPT N4(초급)] [小2] 부수 : 禾
음독 シャ 社会 사회 会社 회사 神社 신사	음독 シュウ 秋分 추분 秋季 추계
훈독 やしろ 社 신사	훈독 あき 秋 가을 秋雨 가을비
	秋刀魚 꽁치
예) 朝日新聞の社説を勉強すると、日本語の実力向上にも役に立つ。 아사히 신문 **사설**을 공부한다면, 일본어 실력향상에도 도움이 된다.	예) いよいよ天高く馬肥ゆる季節である秋になった。 드디어 천고마비의 계절인 **가을**이 되었다.

週 돌 주	春 봄 춘
[JLPT N4(초급)] [小2] 부수 : 辶	[JLPT N4(초급)] [小2] 부수 : 日
음독 シュウ 週刊 주간 週末 주말	음독 シュン 春分 춘분 青春 청춘
	훈독 はる 春 봄 春雨 봄비
	春日 후쿠오카현 카스가시
예) 来週、期末テストだった。 **다음 주**가 기말시험이었어.	예) 春雨で、桜の花びらが全部落ちてしまった。 **봄비**로, 벚꽃잎이 모두 떨어져 버렸다.

少 적을 소	場 마당 장
[JLPT N4(초급)] [소2] 부수 : 小	[JLPT N4(초급)] [소2] 부수 : 土
음독 **ショウ** 少々 조금, 잠시 　希少 희소	음독 **ジョウ** 場内 장내 　入場 입장
훈독 **すくない** 少ない 적다 　　**すこし** 少し 조금, 적게	훈독 **ば** 場 장소, 경험 　場所 장소, 자리
少女 소녀	
예) 少年漫画の人気が、ウェブコミックの影響で冷めている。 **소년**만화의 인기가, 웹툰의 영향으로 식고 있다.	예) 北朝鮮の相次ぐ挑発で株式市場が乱高下している。 북한의 연속적인 도발로 주식**시장**이 요동치고 있다.

色 빛 색	心 마음 심
[JLPT N4(초급)] [소2] 부수 : 色	[JLPT N4(초급)] [소2] 부수 : 心
음독 **ショク** 染色 염색 　顔色 안색 　　**シキ** 金色 금색 　色即是空 색즉시공	음독 **シン** 心臓 심장 　関心 관심
훈독 **いろ** 色 색깔 　茶色 갈색 　音色 음색	훈독 **こころ** 心 마음 　心得る 알다, 납득하다(他動)
예) 彼女の音色は美しい。 그녀의 **음색**은 아름답다.	예) 民心に近づくことが政治家の宿命である。 **민심**을 가까이하는 것이 정치가의 숙명이다.

新 새로울 신	親 친할 친
[JLPT N4(초급)] [소2] 부수 : 斤	[JLPT N4(초급)] [소2] 부수 : 見
음독 **シン** 新刊 신간 　最新 최신	음독 **シン** 親権 친권 　両親 부모
훈독 **あたらしい** 新しい 새롭다 　　**あらた** 新た 새로움, 생생함 　　**にい** 新妻 새댁 　新潟 니가타현	훈독 **おや** 親 부모 　親子 부모자식 　　**したしい** 親しい 친하다, 가깝다 　　**したしむ** 親しむ 친하게 하다, 익숙하다(自動)
新羅 신라	親父 아버지
예) 新規感染者の数は前の週を上回っています。 **신규** 감염자 수는 전주 대비에 상향 추세입니다.	예) 引退したから、これから自然に親しむことで頑張りたいと思います。 은퇴했으니까, 이제부턴 자연을 **즐기기** 위해 노력해 나갈 것입니다.

図(圖) 그림 도	切 끊을 절
[JLPT N4(초급)] [小2] 부수 : 囗	[JLPT N4(초급)] [小2] 부수 : 刀
음독 **ズ** 図案 도안　図示 표시　地図 지도 　　　**ト** 図書館 도서관　意図 의도	음독 **セツ** 切開 절개　切断 절단 　　　**サイ** 合切 남김없이
훈독 **はかる** 図る 생각하다, 노리다(他動)	훈독 **きる** 切る 치다, 베다, 끊다(他動) 　　　**きれる** 切れる 끊어지다, 무너지다(自動)
図体 덩치, 몸집	切符 표
예) 独立を図るため、上海で大韓民国臨時政府を立てた。 　　독립을 **도모하기** 위해, 상해에 대한민국임시정부를 세웠다.	예) その携帯は切れています。 　　그 휴대폰은 다 **떨어졌**습니다.
走 달릴 주	体(體) 몸 체
[JLPT N4(초급)] [小2] 부수 : 走	[JLPT N4(초급)] [小2] 부수 : 亻
음독 **ソウ** 走行 주행　逆走 역주행	음독 **タイ** 体育 체육　身体 신체 　　　**テイ** 体裁 체제　風体 풍체, 겉모습
훈독 **はしる** 走る 달리다, 달아나다(自動)	훈독 **からだ** 体 몸, 육체
師走 섣달(음력 12월)	
예) バイクの暴走の取り締まりはなかなか難しい。 　　오토바이의 **폭주** 단속은 좀처럼 쉽지 않다.	예) 体を大切にすること。 　　자신의 **몸**을 가장 중요시할 것.
台(臺) 집 대	地 땅 지
[JLPT N4(초급)] [小2] 부수 : 口	[JLPT N4(초급)] [小2] 부수 : 土
음독 **ダイ** 台地 대지　灯台 등대 　　　**タイ** 台風 태풍　台湾 타이완(대만)	음독 **チ** 地下鉄 지하철　陸地 육지 　　　**ジ** 地面 지면　地元 고장, 근거지
台詞 대사	
예) うちにはBMWの車が3台あります。 　　저희 집에는 BMW가 3**대** 있습니다.	예) この地図アプリを利用すれば、チェヨンちゃんの家がどこなのかわかる。 　　이 **지도** 앱을 이용한다면, 채연이의 집이 어디인지 알 수 있다.

知 알 지	茶 차 다·차
[JLPT N4(초급)] [小2] 부수 : 矢	[JLPT N4(초급)] [小2] 부수 : ++
음독 チ 知識 지식 感知 감지	음독 チャ お茶 차 茶色 갈색 サ 茶道 다도 喫茶店 다방
훈독 しる 知る 알다(自動) 知り合い 지인	
예) 知っているのを早く述べ。 　　**알고** 있는 걸 빨리 말해.	예) ウジェ君、サークル入りは茶道部はいかがでしょうか。 　　우재씨, 동아리 가입은 **다도**부는 어떠세요?

昼(晝) 낮 주	鳥 새 조
[JLPT N4(초급)] [小2] 부수 : 日	[JLPT N4(초급)] [小2] 부수 : 鳥
음독 チュウ 昼夜 주야 昼食 중식	음독 チョウ 鳥獣 날짐승 一石二鳥 일석이조
훈독 ひる 昼 낮 昼寝 낮잠	훈독 とり 鳥 새 鳥居 신사의 기둥 문 小鳥 작은 새
	飛鳥 아스카 시대
예) 学校現場で昼寝の時間について議論している。 　　학교현장에서 **낮잠** 시간과 관련하여 의논하고 있다.	예) 鳥フルは毎年流行ってる。 　　**조류**인플루엔자는 매년 유행한다.

朝 아침 조	通 통할 통
[JLPT N4(초급)] [小2] 부수 : 月	[JLPT N4(초급)] [小2] 부수 : 辶
음독 チョウ 朝食 조식 朝廷 조정(왕권)	음독 ツウ 通行 통행 普通 보통 ツ 通夜 철야
훈독 あさ 朝 아침 朝御飯 아침밥	훈독 とおる 通る 통하다, 뚫리다(自動) とおす 通す 통하게 하다, 길을 뚫다(他動) かよう 通う 다니다, 왕래하다(自動)
今朝 오늘 아침	
예) 朝には、毎日牛乳を飲みます。 　　**아침**에는 매일 우유를 마십니다.	예) 税関が通すわけがないじゃん。 　　세관이 **통과**시킬 리가 없잖아.

弟 아우 제	店 가게 점
[JLPT N4(초급)] [小2] 부수 : 弓	[JLPT N4(초급)] [小2] 부수 : 广
음독 **テイ** 弟妹 남녀동생 義弟 의동생 　　**ダイ** 兄弟 형제 　　**デ** 弟子 제자	음독 **テン** 店員 점원 開店 개점 本店 본점
훈독 **おとうと** 弟 남동생	훈독 **みせ** 店 가게 店先 점두, 가게 앞
	裏店 뒷골목 중심의 초라한 셋집
예) 兄弟が一緒にメダルを取った。 　　형제가 같이 메달을 획득했다.	예) 商店街のカレー屋さんいってみる。 　　상점가에 있는 카레집 가볼래?

冬 겨울 동	答 대답할 답
[JLPT N4(초급)] [小2] 부수 : 冫	[JLPT N4(초급)] [小2] 부수 : 答
음독 **トウ** 冬季 동계 冬至 동지 立冬 입동	음독 **トウ** 答案 답안 正答 정답 回答 회답
훈독 **ふゆ** 冬 겨울 初冬 초겨울	훈독 **こたえる** 答える 대답하다(自動) 　　**こたえ** 答え 대답, 답안
예) もうすぐ立冬なのに、ガス代の値上げでもうはや心配だ。 　　조금 있으면 입동인데, 가스비 인상으로 벌써부터 걱정이다.	예) 検事の質問に答えてください。 　　검사의 질문에 답해주시기 바랍니다.

同 같을 동	道 길 도
[JLPT N4(초급)] [小2] 부수 : 口	[JLPT N4(초급)] [小2] 부수 : 辶
음독 **ドウ** 同一 동일 同時 동시 賛同 찬동	음독 **ドウ** 道路 도로 歩道 인도(보도) 報道 보도 　　**トウ** 神道 신도
훈독 **おなじ** 同じ 같음 同じ年 동년배, 동갑	훈독 **みち** 道 길 片道 편도, 일방 道順 순서
同胞 동포, 같은 배에서 태어난 형제	道産子 홋카이도 출신의 사람 혹은 말
예) どう見ても同じ年にみえない。 　　어찌 봐도 같은 나이로 안 보인다.	예) 鉄道会社に就職したいです。 　　철도회사에 취직하고 싶습니다.

肉 고기 육	売(賣) 팔 매
[JLPT N4(초급)] [小2] 부수 : 肉	[JLPT N4(초급)] [小2] 부수 : 士
음독 **ニク** 肉 고기 筋肉 근육 牛肉 소고기	음독 **バイ** 売却 매각 売春 매춘 発売 발매
	훈독 **うる** 売る 팔다, 배반하다(他動) **うれる** 売れる 팔리다, 인기가 있다(自動)
肉叢 살덩이 肉刺 물집	売女 매춘부 売僧 승려를 낮추는 말, 거짓말
예) 豚肉が一番美味しく感じます。 **돼지고기**가 가장 맛있게 느껴집니다.	예) 通信販売のおかげで、スーパーに行かずに過ごしています。 인터넷 **판매** 덕분에, 슈퍼에 가지 않고 살고 있습니다.

買 살 매	風 바람 풍
[JLPT N4(초급)] [小2] 부수 : 貝	[JLPT N4(초급)] [小2] 부수 : 風
음독 **バイ** 買収 매수 売買 매매	음독 **フウ** 風車 풍차 風速 풍속 爆風 폭풍 **フ** 風情 운치, 모양 中風 중풍
훈독 **かう** 買う 사다, 자초하다(他動) 買い物 쇼핑	훈독 **かぜ** 風 바람 神風 신풍, 결사 행동 **かざ** 風上 바람이 불어오는 쪽, 위쪽
	風邪 감기
예) 僕の夢は、ポルシェを買うのです。 제 꿈은, 포르쉐를 **사는** 것입니다.	예) 電気代の節約のため、最近無風エアコンが人気だ。 전기세 절약을 위해, 최근 **무풍**에어컨이 인기다.

歩(步) 걸음 보	方 모 방
[JLPT N4(초급)] [小2] 부수 : 止	[JLPT N4(초급)] [小2] 부수 : 方
음독 **ホ** 横断歩道 횡단보도 進歩 진보 **ブ** 歩合 비율, 수수료 **フ** 歩 장기의 졸(卒)	음독 **ホウ** 方法 방법 方位 방위 双方 쌍방
훈독 **あるく** 歩く 걷다, 때를 지내다(自動) **あゆむ** 歩む 걷다, 전진하다(自動)	훈독 **かた** 方 방향, 쪽, 어느 분 話し方 말하는 방식
	貴方 당신
예) ごはんを食べた後、一時間位歩いています。 밥 먹고 나면, 한 시간 정도 **걷고** 있습니다.	예) 地方自治体の同時選挙が本日行った。 **지방**자치단체의 동시 선거가 오늘 행해졌다.

妹 손아랫누이 매	明 밝을 명
[JLPT N4(초급)] [小2] 부수 : 女	[JLPT N4(초급)] [小2] 부수 : 日
음독 マイ 姉妹 자매 令妹 영매(남의 여동생의 높임말)	음독 メイ 明月 명월, 밝은 달 明確 명확 ミョウ 明星 명성 光明 광명, 밝은 빛
훈독 いもうと 妹 여동생	훈독 あかり 明かり 환한 빛, 결백한 증거 あかるい 明るい 밝다, 명랑하다 あかるむ 明るむ 밝아지다(自動) あからむ 明らむ 훤해지다(自動) あきらか 明らか 밝음, 분명함 あける 明ける 날이 밝다, 새해가 되다(自動) あく 明く 열리다, 시작하다(自動) あくる 明くる 다음의, 이듬의 あかす 明かす 밝히다, 털어놓다, 증명하다(他動)
	明日 내일 明 명나라
예) ジヒェちゃんは、いつも妹さんと仲良さそうで羨ましい。 지혜는 언제나 **여동생**하고 사이가 좋아보여 부럽다.	예) 事件の真相が明らかになった。 사건의 진상이 **분명**해졌다.
夜 밤 야	野 들 야
[JLPT N4(초급)] [小2] 부수 : 夕	[JLPT N4(초급)] [小2] 부수 : 里
음독 ヤ 夜行バス 심야 버스 夜勤 야근 今夜 오늘 밤	음독 ヤ 野外 야외 荒野 황야 平野 평야
훈독 よ 夜 밤 夜中 한밤중 よる 夜 밤 夜昼 밤낮으로	훈독 の 野 들 野原 들판 野放し 방목, 방임
昨夜 어젯밤	下野 현 도치기현 시모즈케시
예) 夜食はラーメンをよく食べます。 야식은 **라면**을 주로 먹습니다.	예) 野球は、内野と外野として分かれています。 **야구**는 내야와 외야로 구분되어 있습니다.
用 쓸 용	曜 빛날 요
[JLPT N4(초급)] [小2] 부수 : 用	[JLPT N4(초급)] [小2] 부수 : 日
음독 ヨウ 用語 용어 用法 용법 採用 채용	음독 ヨウ 曜日 요일 黒曜石 흑요석 七曜星 북두칠성
훈독 もちいる 用いる 쓰다, 사용하다, 배려하다(他動)	
예) 金を用いたローレックスの時計が真の時計ともいえます。 금을 **사용한** 롤렉스 시계가 진정한 시계라 할 수 있습니다.	예) 木曜日の授業は、休講にしたいですが。 **목요일** 수업을 휴강하고자 합니다만.

理 다스릴 리	悪(惡) 악할 악 / 미워할 오
[JLPT N4(초급)] [小2] 부수 : 王	[JLPT N4(초급)] [小3] 부수 : 心
음독 リ 理性 이성 理由 이유 整理 정리	음독 アク 悪質 악질 悪臭 악취 凶悪 흉악 オ 悪寒 오한 憎悪 증오
	훈독 わるい 悪い 나쁘다 悪口 욕 悪者 악인
肌理 나뭇결, 살결, 감촉	悪戯 못된 장난
예) 理事長の職を辞することにいたします。 이사장직을 그만두려 합니다.	예) その悪口は一体どこで学んだの。 그 욕은 도대체 어디서 배운거야?

安 편안할 안	医(醫) 의원 의
[JLPT N4(초급)] [小3] 부수 : 宀	[JLPT N4(초급)] [小3] 부수 : 匚
음독 アン 安心 안심 安全 안전 不安 불안	음독 イ 医学 의학 医者 의사 名医 명의
훈독 やすい 安い 값이 싸다 円安 엔화 절하	
安芸 현 히로시마현 서부 일대	
예) 中国では、警察を「公安」という。 중국에서는 경찰을 공안이라고 한다.	예) 新型コロナウイルス感染症の影響で、ほとんどの医療機関が麻痺状態である。 코로나19의 영향으로, 대부분의 의료 기관이 마비상태다.

意 뜻 의	院 집 원
[JLPT N4(초급)] [小3] 부수 : 心	[JLPT N4(초급)] [小3] 부수 : 阝
음독 イ 意見 의견 意思 의사 決意案 결의안	음독 イン 院長 원장 学院 학원 参議院 참의원
예) 両首脳は、次回ソウルで会談を行うことに合意した。 양 정상은, 다음에 서울에서 회담을 개최하기로 합의했다.	예) 衆議院選挙で、自民・共明与党の過半数確報に失敗したということです。 중의원 선거에서, 자민/공명 여당의 과반수 확보에 실패했다고 합니다.

運 옮길 운	駅(驛) 역참 역
[JLPT N4(초급)] [小3] 부수 : 辶	[JLPT N4(초급)] [小3] 부수 : 馬
음독 **ウン** 運航 운항 運輸 운수 海運 해운	음독 **エキ** 駅弁 역 구내 도시락 駅逓 메이시 시대 우편
훈독 **はこぶ** 運ぶ 옮기다, 운반하다, 추진하다(他動)	
예) 日本の新幹線は、韓国のKTXより**運賃**が高い。 일본의 신칸센은, 한국의 KTX보다 **운임**이 비싸다.	예) 新横浜**駅**から、熱海行きのバスに乗り換える。 신요코하마**역**에서, 아타미행 버스로 갈아탈 수 있다.

界 지경 계	開 열 개
[JLPT N4(초급)] [小3] 부수 : 田	[JLPT N4(초급)] [小3] 부수 : 門
음독 **カイ** 界隈 근처, 부근 境界 경계 臨界 임계	음독 **カイ** 開花 개화 開放 개방 全開 전개
	훈독 **ひらく** 開く 열리다 / 열다(自・他 両用) 　　**ひらける** 開ける 열리다, 트이다(自動) 　　**あく** 開く 열리다, 영업하다(自動) 　　**あける** 開ける 열다, 사이를 두다(他動)
界 경계, 갈림길	
예) **世界**共通語は英語だ。 **세계**공통어는 영어다.	예) 「開く」と「開ける」、「開く」は自他間の差と詳しい意味を理解しないと間違える可能性がある。 '열다'와 '열리다', '펼치며 열다'는 자타 간의 차이와 상세한 의미를 이해하지 않는다면 틀릴 가능성이 있다.

漢(漢) 한나라 한	起 일어날 기
[JLPT N4(초급)] [小3] 부수 : 氵	[JLPT N4(초급)] [小3] 부수 : 走
음독 **カン** 漢字 한자 漢方 한방 漢語 한어	음독 **キ** 起床 기상 起立 기립 決起 궐기
	훈독 **おきる** 起きる 일어나다, 바로서다(自動) 　　**おこる** 起こる 일어나다, 발생하다(自動) 　　**おこす** 起こす 일으키다, 일을 벌이다(他動)
예) **痴漢**は犯罪です、近くの乗務員までお知らせください。 **치한**은 범죄입니다, 근처 승무원에게 말씀해주시기 바랍니다.	예) **起きた**のに、また寝ちゃって遅刻した。 **일어났**는데, 다시 자버려서 지각했다.

究 궁구할 구	急 서두를 급
[JLPT N4(초급)] [小3] 부수 : 穴	[JLPT N4(초급)] [小3] 부수 : 心
음독 **キュウ** 究明 구명 究理 궁리 探究 탐구	음독 **キュウ** 起床 기상 急行 급행 急死 급사 至急 지급, 매우 급함
훈독 **きわめる** 究める 연구하다, 끝까지 밝히다(他動)	훈독 **いそぐ** 急ぐ 서두르다(自・他 両用)
究竟 필경, 결국, 안성맞춤인	
예) 研究者になりたいが、お金がなくて大学院に入れない。 연구자가 되고 싶지만, 돈이 없어 대학원에 못 들어간다.	예) 朱安駅には、急行と特急電車が停車する。 주안역에는 급행과 특급 전동열차가 정차한다.

宮 집 궁	去 갈 거
[JLPT N4(초급)] [小3] 부수 : 宀	[JLPT N4(초급)] [小3] 부수 : ム
음독 **キュウ** 宮中 궁중 宮殿 궁전 後宮 후궁 **グウ** 宮司 신사의 제사장 行宮 행궁 神宮 신궁 **ク** 宮内庁 궁내청(일본 황실 담당 내각)	음독 **キョ** 去就 거취 死去 서거 除去 제거 去年 작년 **コ** 過去 과거
훈독 **みや** 宮 신사, 황족 宮家 친황 등 황족	훈독 **さる** 去る 떠나다 / 멀리하다(自・他 両用)
宮城県 미야기현	去年 작년
예) 明治神宮球場では、ヤクルトの優勝が決まる試合が行っている。 메이지진구 구장에서는, 야쿠르트의 우승이 결정되는 시합이 행해지고 있다.	예) 耐震審査で不合格だったため、撤去命令が出された。 내진 심사에서 불합격이었기에, 철거명령이 떨어졌다.

業 일 업	研(硏) 갈 연
[JLPT N4(초급)] [小3] 부수 : 木	[JLPT N4(초급)] [小3] 부수 : 石
음독 **ギョウ** 業界 업계 業績 업적 授業 수업 **ゴウ** 業腹 매우 화가 받침 業報 업보	음독 **ケン** 研磨 연마 研究 연구 学研災 학생 교육 연구 재해 상해 보험
훈독 **わざ** 業 행위, 일 業物 잘 드는 칼	훈독 **とぐ** 研ぐ (칼 등을) 갈다, 광을 내다(他動)
生業 생업, 생계	研く 닦다, 깨끗이 하다(他動)
예) 残業が多すぎて、寝れないです。 잔업이 너무 많아서, 잘 수가 없습니다.	예) 米を研いだこともないの。 쌀 씻어 본 적도 없어?

仕 섬길 사	死 죽을 사
[JLPT N4(초급)] [小3] 부수 : 亻	[JLPT N4(초급)] [小3] 부수 : 歹
음독 シ 仕事 일 仕官 벼슬아치가 됨 　　　仕組み 구조, 짜임새 　　ジ 仕丁 율령제 당시의 서기 　　　給仕 잔심부름 하는 사람	음독 シ 死因 사인 死亡 사망 二死 이사(2아웃)
훈독 つかえる 仕える 시중들다, 섬기다(自動)	훈독 しぬ 死ぬ 죽다(自動) 　　　死に絶える 멸족하다, 멸종하다(自動)
예) 私は10年間、皇居に仕えている。 　　나는 10년간 황거에 **출사하고** 있다.	예) もう目が死んでいる。 　　벌써 눈에 **생기가 없다**.

使 부릴 사	始 비로소 시
[JLPT N4(초급)] [小3] 부수 : 亻	[JLPT N4(초급)] [小3] 부수 : 女
음독 シ 使役 사역 使用 사용 特使 특사	음독 シ 始終 시종 年始 연시 開始 개시
훈독 つかう 使う 쓰다, 사용하다(他動)	훈독 はじまる 始まる 시작되다(自動) 　　　始まり 시작, 기원 　　はじめる 始める 시작하다(他動) 始め 시작, 개시
예) お金を無駄に使い、もう回復ができなくなった。 　　돈을 함부로 **써서**, 이제 회복이 불가능해졌다.	예) 漢字の勉強を始める。 　　한자 공부를 **시작하다**.

指 손가락 지	主 주인 주
[JLPT N4(초급)] [小3] 부수 : 扌	[JLPT N4(초급)] [小3] 부수 : 丶
음독 シ 指圧 지압 指紋 지문 十指 열 손가락	음독 シュ 主人 주인 主語 주어 喪主 상주(장례) 　　ス 法主 법주, 종정 座主 총무원장
훈독 ゆび 指 손가락 指輪 반지 親指 엄지손가락 　　さす 指す 가리키다, 지적하다, 향하다(他動)	훈독 ぬし 主 주인, 남편 世代主 세대 地主 지주 　　おも 主 주된, 주요한 主立つ 주되다(自動)
예) 時計の針が46分を指した瞬間、揺れが始まった。 　　시곗바늘이 46분을 **가리킨** 순간, 흔들림이 시작되었다.	예) 安全を主にして設計する。 　　안전을 **주되게** 하여 설계하다.

終 마칠 종

[JLPT N4(초급)] [小3] 부수 : 糸

음독 シュウ 終始 시종 終電 전철의 막차 最終 최종

훈독 おわる 終わる 끝나다 / 마치다(自・他 両用)
　　 おえる 終える 끝마치다(他動)

終日 하루 종일 *終夜* 밤새도록

예) いよいよ学期が終る。
　　 드디어 학기가 **끝나다**.

習 익힐 습

[JLPT N4(초급)] [小3] 부수 : 羽

음독 シュウ 習慣 습관 習性 습성 練習 연습

훈독 ならう 習う 익히다, 배우다(他動)
　　 みならう 見習う 본받다(他動)

近習 군주를 가까이서 섬기는 신하

예) 漢字を習うのが、国語能力にも役立つ。
　　 한자를 **배우는** 것이 국어 능력에도 도움이 된다.

集 모을 집

[JLPT N4(초급)] [小3] 부수 : 隹

음독 シュウ 集荷 집하 集会 집회 募集 모집

훈독 あつまる 集まる 모이다, 집중하다(自動)
　　 あつめる 集める 모으다, 집중시키다(他動)
　　 つどう 集う 모이다. 회합하다(自動)

예) 月に3回ぐらいは集まって遊ぶ。
　　 달에 3번 정도 **모여서** 논다.

住 살 주

[JLPT N4(초급)] [小3] 부수 : 亻

음독 ジュウ 住所 주소 住宅 주택 永住権 영주권

훈독 すむ 住む 살다(自動)
　　 すまう 住まう 살고 있다, 살다(自動)

近習 군주를 가까이서 섬기는 신하

예) 住民税も滞納した人の家にガサ入れを実施する。
　　 주민세도 체납한 사람의 집에 가택 수색을 실시하다.

重 무거울 중

[JLPT N4(초급)] [小3] 부수 : 里

음독 ジュウ 住所重量 중량 重大 중대 二重 이중
　　 チョウ 重複 중복 尊重 존중 貴重 귀중

훈독 え 二重 이중, 쌍꺼풀 八重歯 덧니
　　 おもい 重い 무겁다, 무게가 나가다
　　 口重い 입이 무겁다
　　 かさなる 重なる 겹치다, 거듭되다(自動)
　　 かさねる 重ねる 쌓아 올리다. 거듭하다(他動)

예) 津波と原発、重なる災難。
　　 쓰나미와 원전, **거듭되는** 재난.

真(眞) 참 진

[JLPT N4(초급)] [小3] 부수 : 目

음독 シン 真偽 진위 真空 진공 写真 사진

훈독 ま 真 정말, 진실의 真面目 성실함
　　 真ん中 한가운데

예) 何時も真心をこめて、仕事をしよう。
　　 항상 **정성**을 다하여 일을 하자.

世 인간 세	送 보낼 송
[JLPT N4(초급)] [小3] 부수: 一	[JLPT N4(초급)] [小3] 부수: 辶
음독 セイ 世紀 세기 時世 시세 乱世 난세 　　セ 世代 세대 世間 세간 出世 출세	음독 ソウ 送金 송금 送料 배송료 歓送 환송
훈독 よ 世 세상, 사회 世論 여론 世の中 세상, 세간	훈독 おくる 送る 보내다(他動) 　　　　 見送る 배웅하다, 송별하다(他動)
예) 選挙が近づくと、世論調査の迷惑電話がめっちゃ来る。 　　선거가 다가오면, 여론조사 스팸 전화가 엄청 온다.	예) お金送ったから、確認してみて。 　　돈 송금했으니까 확인해 봐.
族 겨레 족	待 기다릴 대
[JLPT N4(초급)] [小3] 부수: 方	[JLPT N4(초급)] [小3] 부수: 彳
음독 ゾク 族滅 멸족 家族 가족 民族 민족	음독 タイ 待機 대기 待避 대피 期待 기대
	훈독 まつ 待つ 기다리다, 바라다(他動)
예) 判決をめぐり、遺族は反発した。 　　판결을 둘러싸고 유족은 반발했다.	예) 一週間だけ待ってくださいませんか。 　　한 주만 기다려 주실 수 있나요?
代 대신 대	題 제목 제
[JLPT N4(초급)] [小3] 부수: 彳	[JLPT N4(초급)] [小3] 부수: 頁
음독 ダイ 代理 대리 代行 대행 現代 현대 　　タイ 物質代謝 물질대사 交代 교대	음독 ダイ 題名 제명(제목) 問題 문제 難題 난제
훈독 かわる 代る 대신하다, 대표하다(自動) 　　　かえる 代える 대리토록 하다(他動) 　　　よ 代 치세 千代 천년, 영구 　　　しろ 代 재료, 몫 形代 신주, 위패	
月代 에도시대의 남자의 머리 모양 중 하나	月代 에도시대의 남자의 머리 모양 중 하나
예) 代金の支払いはカードにする。 　　대금의 지불은 카드로 한다.	예) 出題委員は試験が終わるまで外に出られない。 　　출제 위원은 시험이 끝날 때까지 밖에 못 나간다.

着 입을 착	転(轉) 구를 전
[JLPT N4(초급)] [小3] 부수 : 羊	[JLPT N4(초급)] [小3] 부수 : 車
음독 **チャク** 着用 착용 着信 착신 先着 선착 　　　**ジャク** 愛着 애착 執着 집착 頓着 개의, 신경 씀	음독 **テン** 転出 전출 転換 전환 回転 회전
훈독 **きる** 着る 입다(他動) 着物 옷, 기모노 　　　**きせる** 着せる 입히다, 도금하다(他動) 　　　**つく** 着く 닿다, 도착하다(自動) 　　　**つける** 着ける 붙이다, 대다(他動)	훈독 **ころがる** 転がる 구르다, 자빠지다(自動) 　　　**ころげる** 転げる 구르다, 쓰러지다(自動) 　　　**ころがす** 転がす 굴리다, 넘어뜨리다(他動) 　　　**ころぶ** 転ぶ 쓰러지다, 전향하다(自動)
	転寝 쪽잠, 선잠
예) 2時には、ソウルに**着**く。 　　2시에는 서울에 **도착**한다.	예) ビール瓶を**転**がした。 　　맥주병을 **쓰러뜨렸다**.

度 법도 도	動 움직일 동
[JLPT N4(초급)] [小3] 부수 : 广	[JLPT N4(초급)] [小3] 부수 : 力
음독 **ド** 度胸 담력, 배짱 制度 제도 限度 한도 　　　**ト** 法度 법도 　　　**タク** 支度 채비, 준비 忖度 미루어 헤아림	음독 **ドウ** 動物 동물 動作 동작 活動 활동
훈독 **たび** 度 때, 때마다, 횟수 　　　度重なる 거듭되다(自動)	훈독 **うごく** 動く 움직이다, 작동하다(自動) 　　　**うごかす** 動かす 움직이게 하다(他動)
예) **度々**失敗しても、また**挑戦**する。 　　**번번이** 실패하지만, 다시 도전한다.	예) 週末には**動**くのも面倒くさい。 　　주말에는 **움직이는** 것도 귀찮다.

発(發) 필 발	病 병 병
[JLPT N4(초급)] [小3] 부수 : 癶	[JLPT N4(초급)] [小3] 부수 : 疒
음독 **ハツ** 発明 발명 発射 발사 突発 돌발 　　　**ホツ** 発議 발의 発作 발작 発端 발단	음독 **ビョウ** 病院 병원 病気 병 疫病 전염병, 역병 　　　**ヘイ** 疾病 질병
	훈독 **やむ** 病む 병들다, 앓다, 걱정하다(自・他 両用) 　　　**やまい** 病 병, 고질
	病葉 병든 잎
예) まもなく、13番線のはやぶさ30号、新函館北斗行 　　きが**発車**いたします。 　　잠시 후 13번 타는 곳에 하야부사 30호 신하코다테 　　호쿠토역 행 열차가 **출발**합니다.	예) 彼は期末テストを苦に**病**んでいた。 　　그는 기말시험을 몹시 **걱정하고** 있었다.

品 물건 품	服 옷 복
[JLPT N4(초급)] [小3] 부수 : 口	[JLPT N4(초급)] [小3] 부수 : 月
음독 ヒン 品種 품종 品目 품목 作品 작품	음독 フク 服装 복장 服用 복용 私服 사복
훈독 しな 品 물건, 물품 品切 품절 品川 도쿄도 시나가와구	
예) この商品は百万円になります。 이 상품은 백만 엔입니다.	예) 和服を着てみたいです。 일본 전통 옷을 입어보고 싶습니다.

物 물건 물	勉(勉) 힘쓸 면
[JLPT N4(초급)] [小3] 부수 : 牛	[JLPT N4(초급)] [小3] 부수 : 力
음독 ブツ 物質 물질 物体 물체 植物 식물 モツ 貨物 화물 食物 식품 荷物 짐	음독 ベン 勉強 공부 勉学 면학 勤勉 근면
훈독 もの 物 것, 물건 菓物 과일 物語 이야기	
物怪 의외로	
예) その人物が犯人だとは思わなかった。 그 인물이 범인이라고는 생각 못 했다.	예) 自分は勉強が一番易しいですけど。 저는 공부가 가장 쉽습니다만.

味 맛 미	問 물을 문
[JLPT N4(초급)] [小3] 부수 : 口	[JLPT N4(초급)] [小3] 부수 : 口
음독 ミ 味覚 미각 意味 의미 興味 흥미	음독 モン 問題 문제 問答 문답 訪問 방문
훈독 あじ 味 맛 味見 맛을 봄 塩味 소금으로 맛을 냄 あじわう 味あう 맛보다, 체험하다(他動)	훈독 とう 問う 묻다, 질문하다(他動) とい 問い 물음, 질문, 설문 とん 問屋 도매상
三味線 샤미센(일본 전통 현악기)	
예) 新型コロナウイルス感染症では、味覚を失う症状もありそうだ。 코로나19에는 미각을 잃는 증상도 있는 모양이다.	예) 今回の事件として、責任者3人らを問責することにした。 이번 사건으로 하여금 책임자 3명 등을 문책하기로 했다.

有 있을 유	洋 큰 바다 양
[JLPT N4(초급)] [小3] 부수 : 月	[JLPT N4(초급)] [小3] 부수 : 氵
음독 **ユウ** 有益 유익 有害 유해 共有 공유 　　**ウ** 有無 유무 未曾有 미증유, 역사상 처음의	음독 **ヨウ** 洋食 양식 洋服 양복 大西洋 대서양
훈독 **ある** 有る 있다, 얼마만큼 되다(自動)	
예) 海外でクレジットカードを使うと、現地通話決済が手数料の場面で有利です。 　　해외에서 신용카드를 사용한다면, 현지통화결제가 수수료 측면에서 **유리**합니다.	예) 太平洋沿岸に津波注意報が発令されております。 　　**태평양** 연안에 해일주의보가 발령되었습니다.
旅 나그네 려	以 써 이
[JLPT N4(초급)] [小3] 부수 : 方	[JLPT N4(초급)] [小4] 부수 : 人
음독 **リョ** 旅館 여관 旅行 여행 軍旅 부대, 전쟁	음독 **イ** 以上 이상 以来 이래 以心伝心 이심전심
훈독 **たび** 旅 여행 旅先 행선지 船旅 선박 여행	
旅籠 여인숙, 여관	所以 까닭, 방법
예) いつかユーラシア横断汽車の旅をしたい。 　　언젠가 유라시아 횡단 기차 **여행**을 하고 싶다.	예) 以前より2割ぐらい燃費を伸ばした。 　　**이전**보다 2할 정도 연비를 늘렸다.
英 꽃부리 영	建 세울 건
[JLPT N4(초급)] [小4] 부수 : ++	[JLPT N4(초급)] [小4] 부수 : 廴
음독 **エイ** 英才 영재 英国 영국 育英 육영	음독 **ケン** 建議 건의 建築 건축 創建 창건 　　**コン** 建立 건립 再建 재건
	훈독 **たつ** 建つ 세워지다(自動) 　　**たてる** 建てる 짓다, 세우다(他動) 建物 건물
イギリス 영국	
예) 英語はもう勉強しなければならない常識となった。 　　**영어**는 이제 공부하지 않으면 안 되는 상식이 되었다.	예) この村に学校が建つのが住民の宿怨です。 　　이 마을에 학교가 **서는** 것이 주민의 숙원입니다.

驗(験) 시험 험	試 시험 시
[JLPT N4(초급)] [小4] 부수 : 馬	[JLPT N4(초급)] [小4] 부수 : 言
음독 ケン 験算 검산 経験 경험 効験 효험 ゲン 験 힘, 징조 霊験 영험	음독 シ 試験 시험 試作 시작 追試 추시
	훈독 こころみる 試みる 시험(시도)해보다(他動) ためす 試す 시험하다, 실제로 해보다(他動)
예) 験直しのための新年登山。 액막이를 위한 신년 등산.	예) ホンジュちゃん、試験はどうだった。 헌주야, 시험은 어땠어?
借 빌릴 차	的 과녁 적
[JLPT N4(초급)] [小4] 부수 : 亻	[JLPT N4(초급)] [小4] 부수 : 白
음독 シャク 借金 빚 借用 차용 貸借 대차	음독 テキ 的中 적중 目的 목적 数学的 수학적
훈독 かりる 借りる 빌리다(他動) 借り 빌린 것	훈독 まと 的 과녁, 목표 的外れ 정곡을 벗어남, 빗나감
예) 亜米利加のように同音の既成の漢字を意味に 関係なく転用するものを六書の一つである仮借 という。 아메리카와 같이, 같은 음의 기존한자를 의미와 상관 없이 전환하여 사용하는 것을 육서의 하나인 **가차**라 고 한다.	예) 私的な話はお辞めください。 사적인 이야기는 삼가십시오.
伝(傳) 전할 전	努 힘쓸 노
[JLPT N4(초급)] [小4] 부수 : 亻	[JLPT N4(초급)] [小4] 부수 : 力
음독 デン 伝言 전언 伝統 전통 宣伝 선전	음독 ド 努力 노력
훈독 つたわる 伝わる 전해지다(自動) つたえる 伝える 전하다(他動) 言い伝え 전해 온 이야기 つたう 伝う 이동하다(自動)	훈독 つとめる 努める 노력하다, 힘쓰다(自動)
伝馬船 화물을 운송하는 거룻배 手伝う 돕다(自・他 両用)	努々 결코, 조금이라도
예) 緊急速報をお伝えします。 긴급 속보를 전해드립니다.	예) 全員が救助に努めてください。 전원이 구조에 힘써주시기를 바랍니다.

特 특별할 특	飯(飯) 밥 반
[JLPT N4(초급)] [小4] 부수: 牛	[JLPT N4(초급)] [小4] 부수: 食
음독 トク 特異 특이 特殊 특수 独特 독특	음독 ハン 飯店 반점 御飯 밥 赤飯 팥밥
	훈독 めし 飯 밥 飯粒 밥알, 밥풀
	炒飯(ちゃーはん) 볶음밥
예) この電車は、特急、新線新宿行きです。 우리 열차는 **특급** 신센신주쿠 행 열차입니다.	예) 毎日、朝御飯は食べたほうがいいよ。 매일 **아침밥**은 먹는 게 좋아.

不 아닐 불·부	別 다를 별
[JLPT N4(초급)] [小4] 부수: 一	[JLPT N4(초급)] [小4] 부수: 刂
음독 フ 不足 부족 不当 부당 不利 불리 ブ 不作法 예의 없음	음독 ベツ 別居 별거 区別 구별 特別 특별
不味い(まずい) 맛없다	훈독 わかれる 別れる 헤어지다, 작별하다(自動)
예) 現代自動車は、8月生産分の「ソナタ」モデルの**不良**を認め、今日から無償修理の受付をもらうと発表した。 현대자동차는, 8월 생산분의 소나타 모델의 **불량**을 인정하여, 금일부터 무상 수리의 신청을 받는다고 발표했다.	예) その人とはもう別れましたよ。 그 사람과는 이미 **헤어졌어요**.

料 헤아릴 료	質 바탕 질
[JLPT N4(초급)] [小4] 부수: 斗	[JLPT N4(초급)] [小5] 부수: 貝
음독 リョウ 料金 요금 料理 요리 原料 원료	음독 シツ 質量 질량 質問 질문 本質 본질 シチ 質屋 전당포 質権 질권 人質 인질 チ 言質 언질
	気質(かたぎ) 기질, 소질
예) しかも送料無料！ 거기에다가 **배송료**도 무료!	예) このスピーカー、音質悪すぎ。 이 스피커, **음질**이 너무 안 좋아.

貸 빌릴 대	堂 집 당
[JLPT N4(초급)] [小5] 부수 : 貝	[JLPT N4(초급)] [小5] 부수 : 土
음독 タイ 貸借 대차 貸与 대여 貸貸 임대	음독 ドウ 堂々 당당 殿堂 전당 聖堂 성당
훈독 かす 貸す 빌려주다, 도와주다(他動) 　　　　　貸出し 대출	
예) 一日だけ車貸してくださいませんか。 　　하루만 차를 좀 **빌려**주실 수 있나요?	예) 世宗学堂は外国人むけの韓国語教育機関である。 　　세종**학당**은 외국인을 대상으로 하는 한국어 교육 기관이다.

映 비칠 영	私 사사로울 사
[JLPT N4(초급)] [小6] 부수 : 日	[JLPT N4(초급)] [小6] 부수 : 禾
음독 エイ 映画 영화 反映 반영 上映 상영	음독 シ 私服 사복 私立 사립 公私 공사
훈독 うつる 映る 비치다, 잘 어울리다(自動) 　　　うつす 映す 비치게 하다, 투영하다(他動) 　　　はえる 映える 빛을 받아 빛나다(自動)	훈독 わたし 私 나, 저 　　　わたくし 私 저, 나
	私語 소곤대는 말
예) KBS, MBC, SBSの地上波放送は今回のアジア競技大会の放映権を諦めた。 　　한국방송공사와 문화방송, 서울방송의 지상파 방송은 이번 아시안게임의 **중계권(방영권)**을 포기했다.	예) 私は崔と申します。 　　저는 최(씨)라고 합니다.

姿 모습 자
[JLPT N4(초급)] [小6] 부수 : 女
음독 シ 姿勢 자세 姿態 자태 雄姿 웅자
훈독 すがた 姿 모양, 모습, 형편
예) 彼女の寝姿はとってもかわいい。 　　그녀의 **잠자는 모습**은 너무나도 귀엽다.

3. 초중급 한자 326자 (JLPT N3 수준)

王 왕 왕	耳 귀 이
[JLPT N3(초중급)] [小1] 부수 : 王	[JLPT N3(초중급)] [小1] 부수 : 耳
음독 **オウ** 王子 왕자 女王 여왕 魔王 마왕	음독 **ジ** 馬耳東風 마이동풍 耳鼻咽喉科 이비인후과
	훈독 **みみ** 耳 귀 耳隠し 귀를 덮어 감추는 머리형
親王 친왕	
예) 投手部門の三冠王と達したいうのは伝説と言われる。 투수 부문에서 **삼관왕**을 달성했다는 것은 전설로 불린다.	예) その瞬間、耳を疑いました。 그 순간, **귀**를 의심했습니다.
十 열 십	石 돌 석
[JLPT N3(초중급)] [小1] 부수 : 十	[JLPT N3(초중급)] [小1] 부수 : 石
음독 **ジュウ** 赤十字 적십자 十分 충분, 십분 **ジッ** 十指 열 손가락 十 열(주로 간토 지방)	음독 **セキ** 石炭 석탄 礎石 초석 **シャク** 磁石 자석 紺青 감청 **コク** 石高 미곡류의 수확량 단위, 녹봉의 수량
훈독 **と** 十人十色 각인각색 十月十日 임신 기간 **とお** 十日 열흘	훈독 **いし** 石 돌 小石 자갈
十六夜 음력 16일 밤(에 뜨는 달) 二十歳 스무 살	
예) 赤十字は、血液の不足のため、積極的に献血するのを呼び掛けています。 **적십자**는 혈액 부족으로, 적극적인 헌혈을 호소하고 있습니다.	예) 続ける石炭の使用は、地球温暖化を加速する。 계속되는 **석탄**의 사용은, 지구온난화를 가속시킨다.

草 풀 초	引 끌 인
[JLPT N3(초중급)] [小1] 부수 : ⺿	[JLPT N3(초중급)] [小2] 부수 : 弓
음독 ソウ 草案 초안　雑草 잡초	음독 イン 引力 인력　引退 은퇴
훈독 くさ 草 풀　草花 화초	훈독 ひく 引く 끌다 / 빠지다(自・他 両用) ひける 引ける 치우다, 파하다(自動)
草履 짚신, 샌들	
예) 草を結ぶ。 　나그넷길에서 쪽잠을 자다.	예) なんでいつもあいつをみていると気が引けるのだろう。 　왜 항상 저 녀석을 보고 있으면 기가 죽게 되는 걸까.

園 동산 원	遠 멀 원
[JLPT N3(초중급)] [小2] 부수 : 囗	[JLPT N3(초중급)] [小2] 부수 : 辶
음독 エン 園芸 원예　公園 공원	음독 エン 遠隔 원격　永遠 영원　敬遠 고의사구 　　オン 遠国 먼 나라　久遠 구원
훈독 その 園生 정원　花園 화원 　　学びの園 배움의 동산, 학교	훈독 とおい 遠い 멀다 　　遠ざかる 멀어지다, 사라지다(自動)
祇園 교토 지방 일대	遠近 여기저기
예) 公園の再開発を反対するデモが市役所の前で行った。 　공원의 재개발을 반대하는 시위가 시청 앞에서 행해졌다.	예) 学校が遠くて、通学するのに疲れます。 　학교가 멀어서, 통학하는 데 지칩니다.

科 과목 과	回 돌 회
[JLPT N3(초중급)] [小2] 부수 : 禾	[JLPT N3(초중급)] [小2] 부수 : 囗
음독 カ 科学 과학　外科 외과　罪科 죄악	음독 カイ 回転 회전　次回 다음 차례, 다음 기회 　　エ 回向 (불교에서의)회향
	훈독 まわる 回る 돌다(自動)　内回り 내선순환 　　まわす 回す 돌리다(他動) 　　　　　　見回す 둘러보다(他動)
遠近 여기저기	回回教 회교, 이슬람교
예) 江南には整形外科の医院さんが多い。 　강남에는 성형외과 의원이 많다.	예) この電車は、山手線外回り上野・東京方面行きです。 　우리 열차는, 야마노테선 외선순환 우에노, 도쿄 방면 행입니다.

絵(繪) 그림 회	活 활발할 활
[JLPT N3(초중급)] [小2] 부수 : 糸	[JLPT N3(초중급)] [小2] 부수 : 氵
음독 **カイ** 絵画 그림 　　 **エ** 絵本 그림책　油絵 유화　浮世絵 우키요에	음독 **カツ** 活用 활용　活動 활동
	活魚 활어
예) 絵図の資料からみて、この家の家主は普通とは感じられない。 　　**평면도** 자료를 볼 때, 이 집의 집주인은 보통이라고는 생각되지 않는다.	예) 動詞の活用をよく覚えておきましょう。 　　동사의 **활용**을 잘 기억해둡시다.
顔 얼굴 안	記 기록할 기
[JLPT N3(초중급)] [小2] 부수 : 頁	[JLPT N3(초중급)] [小2] 부수 : 言
음독 **ガン** 洗顔 세안　童顔 동안	음독 **キ** 記号 기호　伝記 전기
훈독 **かお** 顔 얼굴　顔色 낯빛　笑顔 웃는 얼굴	훈독 **しるす** 記す 적다, 쓰다, 기록하다(他動)
예) 素顔でそんなことがよくいえるよね。 　　**멀쩡한 얼굴**로 잘도 그런 말을 하네.	예) あなたのセリフ、心に記します。 　　당신의 대사, 마음에 **새기겠습니다**.
形 모양 형	原 언덕·근원 원
[JLPT N3(초중급)] [小2] 부수 : 彡	[JLPT N3(초중급)] [小2] 부수 : 厂
음독 **ケイ** 形成 형성　図形 도형 　　 **ギョウ** 形相 형상　人形 인형	음독 **ゲン** 原因 원인　原理 원리
훈독 **かた** 形 모양, 형상　形見 기념물, 유품 　　 **かたち** 形 모양, 자세　髪形 머리 모양	훈독 **はら** 原 언덕　野原 들판
女形 歌舞伎에서의 여자역을 담당하는 남자배우	河原 강가의 모래밭
예) 雛人形は、どの専門店で買えばいいでしょうか。 　　**히나인형**은 어느 전문점에서 사면 되겠습니까?	예) 今回の事故の原因は、飲酒運転だと推定されます。 　　이번 사고의 **원인**은, 음주운전인 것으로 추정됩니다.

交 사귈 교	光 빛 광
[JLPT N3(초중급)] [小2] 부수 : 亠	[JLPT N3(초중급)] [小2] 부수 : 儿
음독 **コウ** 交通 교통　交代 교대	음독 **コウ** 光子 광자　観光 관광
훈독 **まじわる** 交わる 교차하다, 교제하다(自動) 　　**まじえる** 交える 섞다, 서로 나누다(他動) 　　**まじる** 交じる 섞이다, 사귀다(自動) 　　**まざる** 交ざる 섞이다(自動) 　　**まぜる** 交ぜる 섞다, 섞어 넣다(他動) 　　**かう** 飛び交う 어지럽게 날다(自動) 　　**かわす** 交す 주고받다, 교차하다(他動)	훈독 **ひかる** 光る 빛나다, 빛을 내다(自動) 　　**ひかり** 光り 빛　稲光 번개
	竹光 죽도
예) 裁判に私情を交えるつもりなのか。 　　재판에 사사로운 정을 **개입**할 생각인가.	예) 彼女は私にとって光です。 　　그녀는 저로 하여금 **빛** 같은 존재입니다.
合 합할 합	才 재주 재
[JLPT N3(초중급)] [小2] 부수 : 口	[JLPT N3(초중급)] [小2] 부수 : 手
음독 **ゴウ** 合同 합동　連合 연합 　　**ガッ** 合併 합병　合宿 합숙 　　**カッ** 合戦 전투, 접전	음독 **サイ** 才能 재능　英才 영재
훈독 **あう** 合う 합쳐지다, 만나다(自動) 　　**あわす** 合わす 짝지우다, 결혼시키다(他動) 　　**あわせる** 合わせる 맞추다, 맞게 하다(他動)	
百合 백합	
예) とてもきれいで、顔を合わせるのも無理だ。 　　너무 예뻐서 얼굴을 **맞대는** 것도 무리다.	예) 小学校1年生が微積分の問題を解けているって、まじで天才か。 　　초등학교 1학년이 미적분 문제를 푼다니, 정말 **천재**인가.

市 저자 시	首 머리 수
[JLPT N3(초중급)] [小2] 부수 : 巾	[JLPT N3(초중급)] [小2] 부수 : 首
음독 シ 市役所(しやくしょ) 시청 都市(とし) 도시	음독 シュ 首相(しゅしょう) 수상, 총리 首位打者(しゅいだしゃ) 수위(타율1위)타자
훈독 いち 市(いち) 시장 闇市(やみいち) 암시장	훈독 くび 首(くび) 목, 모가지 手首(てくび) 손목
예) 都市高速道路での人身事故で、市内交通が一時麻痺となった。 도시고속도로 내 사상사고로, 시내교통이 일시 마비되었다.	예) まだ35歳なのに、首になった。 아직 35세인데, **회사에서 잘렸다.**

数(數) 셀 수	声(聲) 소리 성
[JLPT N3(초중급)] [小2] 부수 : 攵	[JLPT N3(초중급)] [小2] 부수 : 士
음독 スウ 数学(すうがく) 수학 数量(すうりょう) 수량 ス 人数(にんず) 인수, 사람 수	음독 セイ 声楽(せいがく) 성악 声帯(せいたい) 성대 雨声(うせい) 빗소리 ショウ 大音声(だいおんじょう) 우렁찬 목소리
훈독 かず 数(かず) 수, 여러 가지 かぞえる 数(かぞ)える 세다, 열거하다(他動)	훈독 こえ 声(こえ) 목소리 鼻声(はなごえ) 콧소리 こわ 声高(こわだか) 목소리가 큼, 목청 높음
数多(あまた) 무수히, 허다히	
예) 韓国は数え年を使っている。 한국은 (한국식) **세는 나이**를 쓰고 있다.	예) 空振り三振。観衆からは嘆声が流れます。 헛스윙 삼진. 관중으로부턴 **탄성**이 흐릅니다.

晴 갤 청	雪 눈 설
[JLPT N3(초중급)] [小2] 부수 : 日	[JLPT N3(초중급)] [小2] 부수 : 雨
음독 セイ 晴天(せいてん) 맑게 갠 하늘 晴耕雨読(せいこううどく) 청경우독	음독 セツ 雪月花(せつげっか) 설월화(철에 따른 경치) 降雪(こうせつ) 강설
훈독 はれる 晴(は)れる 개다, 사라지다(自動) 晴(は)れ 맑음 はらす 晴(は)らす 풀다, 성취하다(他動)	훈독 ゆき 雪(ゆき) 눈 大雪(おおゆき) 대설 初雪(はつゆき) 첫눈
天晴(あっぱれ) 매우 훌륭함, 장하다	雪崩(なだ)れ 눈사태
예) 霧が晴れるまで運転はしない。 안개가 **걷히기**까지 운전은 안 한다.	예) 北海道はまれで雪国だった。 홋카이도는 마치 **설국**이었다.

船 배 선	組 짤 조
[JLPT N3(초중급)] [小2] 부수 : 舟	[JLPT N3(초중급)] [小2] 부수 : 糸
음독 **セン** 船長 선장 乗船 승선	음독 **ソ** 組閣 내각의 구성 組織 조직
훈독 **ふね** 船 배 出船 출범, 출항 **ふな** 船橋 배다리 船便 선편	훈독 **くむ** 組む 끼다 / 짝이 되다, 공모하다(自·他 両用) **くみ** 組 세트, 조 組み合わせ 조합
예) 箱の重さで、**船便**しかできないですよ。 상자 무게 때문에, **선편**으로 밖에 안 됩니다.	예) みんな肩を**組んで**。 모두 어깨**동무해**.

多 많을 다	太 클 태
[JLPT N3(초중급)] [小2] 부수 : 夕	[JLPT N3(초중급)] [小2] 부수 : 大
음독 **タ** 多少 다소 多数 다수 博多 후쿠오카시 일대	음독 **タイ** 太陽 태양 太鼓 큰 북 **タ** 太郎 장남 丸太 통나무
훈독 **おおい** 多い 많다	훈독 **ふとい** 太い 굵다 **ふとる** 太る 살찌다, 자산 등이 늘어나다(自動) 太政官 태정관
예) 職務質問で、**多量**の覚醒剤が発見された。 직무질문으로 **다량**의 마약을 발견했다.	예) ごはんの後のカフェは**太る**一番の近道だ。 식사 후 카페에 가는 건 **살찌는** 가장 빠른 지름길이다.

直 곧을 직	点(點) 점 점
[JLPT N3(초중급)] [小2] 부수 : 目	[JLPT N3(초중급)] [小2] 부수 : 灬
음독 **チョク** 直接 직접 当直 당직 **ジキ** 直訴 직접 상소 正直 솔직히	음독 **テン** 点線 점선 観点 관점 同点 동점
훈독 **ただちに** 直ちに 즉각, 곧바로 **なおす** 直す 고치다, 바로잡다(他動) **なおる** 直る 고쳐지다, 치유되다(自動)	
素直 순수함, 솔직함	
예) この文章を**直したい**です。 이 문장을 **고치고** 싶습니다.	예) タイムリーヒットで**2点得点**する巨人。 적시타로 **2점 획득**하는 요미우리.

当(當) 마땅할 당	頭 머리 두
[JLPT N3(초중급)] [小2] 부수 : ⺌	[JLPT N3(초중급)] [小2] 부수 : 頁
음독 **トウ** 当然 당연 妥当 타당	음독 **トウ** 頭部 머리 부분 年頭 연두(해의 시작) **ズ** 頭巾 두건 頭痛 두통 **ト** 音頭 여럿이 춤을 춤, 선창
훈독 **あたる** 当たる 맞다, 명중하다, 당면하다 / 갈다, 깎다(自·他 両用) **あてる** 当てる 맞히다, 할당하다(他動)	훈독 **あたま** 頭 머리, 우두머리 頭の中 머릿속 **かしら** 頭 머리, 우두머리 頭文字 두문자
	饅頭 만두
예) クイズの答えを当ててみな。 퀴즈의 답을 **맞춰 봐**.	예) たまに頭が固いといわれてます。 가끔 **융통성 없다**고 불리긴 합니다.
内 안 내	馬 말 마
[JLPT N3(초중급)] [小2] 부수 : 入	[JLPT N3(초중급)] [小2] 부수 : 馬
음독 **ナイ** 内蔵 내장 内部 내부 案内 안내 **ダイ** 海内 국내, 천하 境内 경내, 구내	음독 **バ** 馬車 마차 馬力 마력 白馬 백마 高田馬場 도쿄 다카다노바바
훈독 **うち** 内 안, 속, 나 内側 안쪽	훈독 **うま** 馬 말 馬市 마시장 **ま** 馬子 말몰이꾼
河内 현 오사카부 동부 일대	駿馬 훌륭한 말
예) イエメンは20年間内戦状態にいる。 예멘은 20년간 **내전** 상태에 있다.	예) 車の性能は馬力から生ませる。 차의 성능은 **마력**으로부터 발생한다.
番 차례 번	鳴 울릴 명
[JLPT N3(초중급)] [小2] 부수 : 田	[JLPT N3(초중급)] [小2] 부수 : 鳥
음독 **バン** 番号 번호 背番号 등번호 順番 순번	음독 **メイ** 鶏鳴 닭 울음, 오전 2시경 共鳴 공명
	훈독 **なく** 鳴く 소리를 내다, 울다(自動) 鳴き声 울음소리 **なる** 鳴る 울리다, 소리가 나다(自動) **ならす** 鳴らす 소리를 내다, 울리다(他動)
蝶番 경첩, 관절의 이음새	
예) ホームラン王の彼の背番号は永久欠番となった。 홈런왕인 그의 등번호는 영구**결번**이 되었다.	예) キバノロの鳴き声、人の声かと思った。 고라니 **울음소리**, 사람이 내는 소리인 줄 알았다.

暗 어두울 암	育 기를 육
[JLPT N3(초중급)] [小3] 부수 : 日	[JLPT N3(초중급)] [小3] 부수 : 肉
음독 **アン** 暗示 암시 暗転 암전 明暗 명암	음독 **イク** 育児 육아 訓育 훈육 体育 체육
훈독 **くらい** 暗い 어둡다 暗がり 어두움, 눈에 띄지 않음	훈독 **そだつ** 育つ 자라다, 성장하다(自動) **そだてる** 悪育てる 키우다, 기르다(他動) **はぐくむ** 育む 기르다, 새끼를 품다(他動)
예) アイフォーンの暗証番号、忘れちゃった。 아이폰 **비밀번호**를 까먹어버렸다.	예) 人才の育成には、教育システムと密接な関連がある。 인재의 **육성**에는, **교육** 시스템과 밀접한 관련이 있다.

員 인원 원	飲(飮) 마실 음
[JLPT N3(초중급)] [小3] 부수 : 口	[JLPT N3(초중급)] [小3] 부수 : 食
음독 **イン** 員数 인원수, 정수 議員 의원 駅員 역무원	음독 **イン** 飲食 음식 飲酒 음주 暴飲 폭음
	훈독 **のむ** 飲む 마시다, 먹다, 약을 복용하다(他動)
예) ソウル9号線の急行は、いつも満員電車だ。 서울 9호선 급행은, 항상 사람들로 **만원**이다.	예) 試験も終わったから飲みに行こうぜ。 시험도 끝났는데 술이나 **한잔**하러 가자.

泳 헤엄칠 영	横(橫) 가로 횡
[JLPT N3(초중급)] [小3] 부수 : 氵	[JLPT N3(초중급)] [小3] 부수 : 木
음독 **エイ** 泳法 헤엄치는 법 水泳 수영 背泳 배영	음독 **オウ** 横断 횡단 横暴 횡포 専横 전횡
훈독 **およぐ** 泳ぐ 헤엄치다(自動) 泳ぎ 수영, 헤엄	훈독 **よこ** 横 가로, 옆 横切る 가로지르다, 횡단하다(他動)
예) 水泳を学ぶのはいいと思います。 **수영**을 배우는 것은 좋다고 생각합니다.	예) 力士は横綱になるため、勝負を続ける。 스모 선수는 **요코즈나**가 되기 위해 승부를 계속한다.

化 될 화	寒 찰 한
[JLPT N3(초중급)] [小3] 부수 : 匕	[JLPT N3(초중급)] [小3] 부수 : 宀
음독 **カ** 化合 화합 化学 화학 退化 퇴화 　　**ケ** 化粧 화장 教化 교화	음독 **カン** 寒気 한기 寒冷前線 한랭전선 春寒 봄추위
훈독 **ばける** 化ける 바뀌다, 둔갑하다(自動) 　　**ばかす** 化かす 속이다, 정신을 흐리다(他動)	훈독 **さむい** 寒い 춥다, 차다　寒さ 추위
예) あの女に化かされた。 　　저 여자한테 **홀렸어**.	예) 小寒の氷大寒に解く。 　　**소한**이 **대한**보다 더 춥다 　　(일은 반드시 순서에 따르지 않는다).

感 느낄 감	館(舘) 집 관
[JLPT N3(초중급)] [小3] 부수 : 心	[JLPT N3(초중급)] [小3] 부수 : 食
음독 **カン** 感激 감격 感謝 감사 反感 반감	음독 **カン** 公館 공관 大使館 대사관 図書館 도서관
	훈독 **やかた** 館 임시 거처, 저택
예) ちゃんと責任感を持ってよ。 　　제대로 **책임감**을 느껴.	예) このバスに乗って10分行けば、映画館に行けます。 　　이 버스를 타고 10분 가면, **영화관**에 갈 수 있습니다.

期 기약할 기	客 손님 객
[JLPT N3(초중급)] [小3] 부수 : 月	[JLPT N3(초중급)] [小3] 부수 : 宀
음독 **キ** 期末 기말 学期 학기 末期 말기 　　**ゴ** 最期 최후	음독 **キャク** 起床客 객, 손님 客間 객실 乗客 승객 　　**カク** 客死 객사 剣客 검객 客年 객년(작년)
예) あらら、もう電車の定期券の期限が切れるぞ。 　　어라라, 이제 전철 정기권 **기한**이 끝나버려.	예) お客様にご案内申し上げます。 　　**손님** 여러분께 안내 말씀드립니다.

球 공 구	曲 굽을 곡
[JLPT N3(초중급)] [小3] 부수 : 王	[JLPT N3(초중급)] [小3] 부수 : 日
음독 **キュウ** 球体 구체 眼球 안구 球技 구기	음독 **キョク** 曲線 곡선 局面 국면 新曲 신곡
훈독 **たま** 球 공, 야구공	훈독 **まがる** 曲がる 구부러지다, 굽다(自動) **まがる** 曲げる 구부리다, 굽히다(他動)
	曲尺 곡척, 곱자
예) 変化球を狙っていたんですね。 변화구를 노리고 있었군요.	예) 権力の前だとしても、国民の自由を求める声は曲がらない。 권력의 앞이라도 하더라도, 국민이 자유를 구하는 목소리는 굽히지 못한다.
局 판 국	銀 은 은
[JLPT N3(초중급)] [小3] 부수 : 尸	[JLPT N3(초중급)] [小3] 부수 : 金
음독 **キョク** 局限 국한 局面 국면 大局 대국(바둑, 장기)	음독 **ギン** 銀貨 은화 純銀 순은 日銀 일본은행
美人局 미인계	銀杏 은행나무
예) 放送局の手前で、誤報を糾弾する集会が開かれてる。 방송국 앞에서, 오보를 규탄하는 집회가 열렸다.	예) 銀行で口座を開く。 은행에서 계좌를 신설하다.
苦 쓸 고	具 갖출 구
[JLPT N3(초중급)] [小3] 부수 : ++	[JLPT N3(초중급)] [小3] 부수 : 八
음독 **ク** 苦汁 쓴 즙, 쓴 경험 苦痛 고통 苦悩 고뇌	음독 **グ** 具象 구상 具体的 구체적 家具 가구
훈독 **くるしい** 苦しい 괴롭다, 고통스럽다 **くるしむ** 苦しむ 괴로워하다, 고생하다(自動) **くるしめる** 苦しめる 괴롭히다, 피곤케 하다(他動) **にがい** 苦い 씁쓸하다, 쓰다 **にがむ** 苦む 찌부린 얼굴을 하다(自動)	
苦汁 간수(두부)	玩具 완구, 장난감
예) 彼は病気で苦しんでいる。 그는 병으로 고생하고 있다.	예) 小学生の時には、文具店にいくのが本当に幸せだった。 초등학생 때에는, 문구점에 가는 게 정말 행복이었다.

君 자네 군	係 맬 계
[JLPT N3(초중급)] [소3] 부수 : 口	[JLPT N3(초중급)] [소3] 부수 : 亻
음독 クン 君主 군주 暴君 폭군 諸君 제군	음독 ケイ 係留 계류 関係 관계 連携 연계
훈독 きみ 君 자네, 그대 郎君 낭군	훈독 かかる 係る 관련되다, 관계되다(自動) かかり 係り 담당, 계통, 관계
예) 韓国では、ご主人のことを「夫君」とも言う。 한국에서는 남편을 **부군**이라고도 부른다.	예) 係長、それ決裁してくださいませんか。 **계장님**, 그거 결재해 주실 수 있나요?

決 결단할 결	向 향할 향
[JLPT N3(초중급)] [소3] 부수 : 氵	[JLPT N3(초중급)] [소3] 부수 : 口
음독 ケツ 決裂 결렬 決意 결의 可決 가결	음독 コウ 向上 향상 傾向 경향 動向 동향
훈독 きまる 決まる 정해지다, 결정되다(自動) 　　　取り決め 결정, 약속 きめる 決める 정하다, 약속하다(他動)	훈독 むく 向く 향하다, 얼굴을 돌리다(自動) 向き 방향 　　　むける 向ける 향하게 하다, 돌리다(他動) 　　　むかう 向かう 향하다, 마주보다(自動) 　　　手向かう 맞서다, 대항하다(自動) 　　　むこう 向こう 저쪽, 맞은편 向こう側 저쪽, 상대면
	日向 양지
예) 国会議員の逮捕同意案は否決されました。 국회의원의 체포동의안이 **부결**되었습니다.	예) 変な音がして振り向いた。 이상한 소리가 나서 **돌아봤다**.

幸 다행 행	港 항구 항
[JLPT N3(초중급)] [소3] 부수 : 干	[JLPT N3(초중급)] [소3] 부수 : 氵
음독 コウ 幸運 행운 幸福 행복 行幸 천황의 행차	음독 コウ 港湾 항만 開港 개항 出港 출항
훈독 さいわい 幸い 다행, 행복, 다행히 さち 幸 행복. 행운, 자연물 海幸 해산물 しあわせ 幸せ 운, 운이 좋음, 행복함	훈독 みなと 港 항구 港区 도쿄도 미나토구
幸先 좋은 징조 御幸 왕의 행차	香港 홍콩
예) 幸せそうな顔でテレビを見ている。 **행복해** 보이는 얼굴로 텔레비전을 보고 있다.	예) 成田空港には遊べる場所がない。 나리타**공항**에는 놀 만한 곳이 없다.

号(號) 부를 호	歯(齒) 이 치
[JLPT N3(초중급)] [小3] 부수 : 口	[JLPT N3(초중급)] [小3] 부수 : 歯
음독 ゴウ 号令 호령 称号 칭호 号外 호외(신문)	음독 シ 歯科 치과 乳歯 유치 年歯 연치, 연령
	훈독 は 歯 이 歯茎音 치경음(잇몸소리) 虫歯 충치
幸先 좋은 징조 御幸 왕의 행차	
예) 信号無視をしてお巡りさんに怒られた. 신호위반을 해서 경찰관 아저씨한테 혼났다.	예) 親知らずが痛いから、抜歯しようかなと思っている. 사랑니가 아프니까, 발치할까 생각하고 있다.
次 버금 차	持 가질 지
[JLPT N3(초중급)] [小3] 부수 : 欠	[JLPT N3(초중급)] [小3] 부수 : 扌
음독 ジ 次回 다음번 次期 차기 年次 연차 シ 次第 차례, 차차	음독 ジ 持参 지참 持続 지속 維持 유지
훈독 つぐ 次ぐ 뒤를 잇다, 버금가다(自動) 相次ぐ 잇다르다(自動) つぎ 次 다음 次々 차례차례, 계속됨	훈독 もつ 持つ 쥐다, 가지다 / 오래 가다(自・他 両用)
月次 평범함, 월례	
예) 次は博多です. 다음 역은 하카타역입니다.	예) 新入生のグループを持つことになった. 신입생 그룹을 맡게 되었다.
式 법 식	実(實) 열매 실
[JLPT N3(초중급)] [小3] 부수 : 弋	[JLPT N3(초중급)] [小3] 부수 : 宀
음독 シキ 式典 식전 格式 격식 単式 단식	음독 ジツ 実力 실력 実感 실감 現実 현실
	훈독 み 実 열매, 씨(종자) 実入り 결실, 수입 みのる 実る 열매를 맺다, 결실을 맺다(自動)
	実 과실의 중심에 있는 딱딱한 부분, 씨앗
예) 自転車事故を起こして、略式起訴された. 자전거 사고를 내서 약식기소 되었다.	예) 柿の実る季節、太る季節、秋. 감이 열리는 계절, 살이 찌는 계절, 가을.

写(寫) 베낄 사	者(者) 놈 자
[JLPT N3(초중급)] [小3] 부수 : 冖	[JLPT N3(초중급)] [小3] 부수 : 耂
음독 シャ 写真 사진 写生 사생 描写 묘사	음독 シャ 医者 의사 患者 환자 後者 후자
훈독 うつす 写す 베끼다, 그리다, 촬영하다(他動) うつる 写る 찍히다, 속이 보이다(自動)	훈독 もの 者 사람 若者 젊은이 何者 어떤 사람, 누구
	猛者 용맹한 사람, 난폭한 사람
예) 写真でみてもよくわからない。 사진으로 봐도 잘 모르겠다.	예) 君は本当に何者だ。 넌 정말 뭐 하는 놈이냐?
守 지킬 수	取 가질 취
[JLPT N3(초중급)] [小3] 부수 : 宀	[JLPT N3(초중급)] [小3] 부수 : 又
음독 シュ 守備 수비 守護 수호 保守 보수 ス 留守 부재, 집지킴 居留守 일부러 부재한 척	음독 シュ 取材 취재 取得 취득 摂取 섭취
훈독 まもる 守る 지키다, 소중히 하다(他動) もり 守り 아기 돌보는 사람 お守り 부적	훈독 とる 取る 잡다, 들다, 다루다(他動) 看取る 병간호 하다(他動)
예) 国を守るために。 국가를 지키기 위하여.	예) 俺も年取ったものだ。 나도 이제 늙었다.
酒 술 주	受 받을 수
[JLPT N3(초중급)] [小3] 부수 : 酉	[JLPT N3(초중급)] [小3] 부수 : 又
음독 シュ 酒宴 술잔치 飲酒 음주 禁酒 금주	음독 ジュ 受験 수험 受信 수신 甘受 감수
훈독 さけ 酒 술 酒癖 술버릇 甘酒 감주(단술) さか 酒屋 주조, 술집 酒手 팁, 술값 酒気 술기운	훈독 うける 受ける 받다 / 호평을 받다(自・他 両用) うかる 受かる 합격되다, 붙다(自動)
濁酒 탁주(막걸리) 神酒 술, 법주	
예) 酒酔い運転は殺人行為だ。 음주운전은 살인행위다.	예) それは受けられない話です。 그것은 받아들일 수 없는 이야기입니다.

宿 잠잘 숙	所 바 소
[JLPT N3(초중급)] [小3] 부수 : 宀	[JLPT N3(초중급)] [小3] 부수 : 戸
음독 **シュク** 宿泊 숙박　合宿 합숙 新宿 도쿄도 신주쿠구	음독 **ショ** 所得 소득　住所 주소　近所 근처
훈독 **やど** 宿 사는 집, 숙소　宿賃 숙박비, 집세 **やどる** 宿る 머물다, 위치에 있다(自動) **やどす** 宿す 품다, 지니다, 아이를 배다(他動)	훈독 **ところ** 所 곳, 장소　一所 한 곳, 같은 곳
宿酔 숙취	所為 원인, 이유　所謂 소위, 이른바
예) 電車も切れてるし、宿るホテルもない。 전철도 끊겼고, 묵을 호텔도 없다.	예) どこの所属ですか。 어디 소속입니까?
助 도울 조	消 사라질 소
[JLPT N3(초중급)] [小3] 부수 : 力	[JLPT N3(초중급)] [小3] 부수 : 氵
음독 **ジョ** 助言 조언　助成 조성, 보조　補助 보조	음독 **ショウ** 消化 소화　消毒 소독　解消 해소
훈독 **たすける** 助ける 살리다, 돕다(他動) **たすかる** 助かる 살아나다, 면하다(自動) **すけ** 助 도움, 조력　折助 사무라이의 하인	훈독 **きえる** 消える 꺼지다, 사라지다(自動) **けす** 消す 끄다(他動)　消ゴム 지우개
예) 揺れを感じたあと、逸早く高台に逃げたのが助かった。 진동을 느끼고 나서, 재빨리 고지대로 피신한 것이 목숨을 건졌다.	예) 早く消して。 빨리 꺼라.
商 장사 상	勝 이길 승
[JLPT N3(초중급)] [小3] 부수 : 口	[JLPT N3(초중급)] [小3] 부수 : 力
음독 **ショウ** 商業 상업　商売 장사　通商 통상	음독 **ショウ** 勝負 승부　勝利 승리 辛勝 신승(간신히 이김)
훈독 **あきなう** 商う 장사하다, 매매하다(他動)	훈독 **かつ** 勝つ 이기다, 극복하다(他動)　勝ち 승리 **まさる** 勝る 우수하다, 더 낫다(自動)
商人 상인, 장사치	
예) 商店街でのど自慢を撮影している。 상점가에서 노래자랑을 촬영하고 있다.	예) 三星ライオンズが圧勝した。 삼성라이온즈가 압승했다.

乗(乘) 탈 승	申 거듭 신
[JLPT N3(초중급)] [小3] 부수 : 丿	[JLPT N3(초중급)] [小3] 부수 : 田
음독 **ジョウ** 乗客 승객 乗馬 승마 搭乗 탑승	음독 **シン** 申告 신고 申請 신청 庚申 경신(십간십이지)
훈독 **のる** 乗る 타다, 실리다(自動) 乗り換え 환승 **のせる** 乗せる 태우다, 싣다(他動)	훈독 **もうす** 申す 삼가 말하다(他動)
章魚 문어, 낙지	*申楽* 가마쿠라 시대의 연극
예) 次は六本木、日比谷線はお**乗り換え**です。 다음은 롯폰기역입니다, 히비야선으로 **갈아탈 수 있습니다**.	예) ご案内**申し上げます**。 안내 **말씀드립니다**.

身 몸 신	神(神) 신 신
[JLPT N3(초중급)] [小3] 부수 : 身	[JLPT N3(초중급)] [小3] 부수 : 礻
음독 **シン** 身体 신체 身長 신장 自身 자신	음독 **シン** 神殿 신전 失神 실신 阪神 한신(오사카와 고베) **ジン** 神社 신사 神宮 신궁 神通力 신통력
훈독 **み** 身 몸 身分 신분 中身 속, 알맹이, 내용	훈독 **かみ** 神 신 神様 신, 뛰어난 사람 **かん** 神主 신관 神無月 음력 시월 **こう** 神々しい 거룩하다, 성스럽다
	神楽 무악, 歌舞伎의 반주 악기
예) 私は大邱**出身**です。 저는 대구 **출신**입니다.	예) **神風**タクシーさんのおかげで、飛行機の時間に間に合った。 **총알택시** 덕분에, 비행기 시간을 맞출 수 있었다.

深 깊을 심	進 나아갈 진
[JLPT N3(초중급)] [小3] 부수 : 氵	[JLPT N3(초중급)] [小3] 부수 : 辶
음독 **シン** 深海 심해 深夜 심야 水深 수심	음독 **シン** 進行 진행 進学 진학 推進 추진
훈독 **ふかい** 深い 깊다 深み 깊은 곳, 깊은 맛 **ふかまる** 深まる 깊어지다(自動) **ふかめる** 深める 깊게 하다(他動)	훈독 **すすむ** 進む 나아가다(自動) 進み 진도, 나아감 **すすめる** 進める 나가게 하다, 움직이다(他動)
深傷 깊은 상처, 중상 *深山* 깊은 산	
예) **興味深い**ことですね。 매우 **흥미롭군요**.	예) 徹夜し工事を**進めた**から、今日は無事に開通できるそうだ。 밤을 새워 공사를 **진척시켰**으니, 오늘은 무사히 개통될 것이다.

昔 옛 석	全 온전할 전
[JLPT N3(초중급)] [小3] 부수 : 日	[JLPT N3(초중급)] [小3] 부수 : 入
음독 セキ 昔時 옛날, 왕년 往昔 옛날 シャク 今昔 지금과 옛날	음독 ゼン 全面 전면 全般 전반 完全 완전
훈독 むかし 昔 옛날, 이전 大昔 아주 먼 옛날	훈독 まったく 全く 완전히, 전적으로, 참으로 すべて 全て 전부, 모두, 모조리
예) あの先生はいつも昔話ばかりしている。 저 선생님은 항상 옛이야기나 하고 있다.	예) 全く困ったな。 이거 완전 곤란한데.
相 서로 상	想 생각 상
[JLPT N3(초중급)] [小3] 부수 : 目	[JLPT N3(초중급)] [小3] 부수 : 心
음독 ソウ 相違 상이 相互 상호 真相 진상 ショウ 首相 수상 外相 외무대신, 외무상	음독 ソウ 想起 상기 感想 감상 予想 예상 ソ 愛想 붙임성, 대접
훈독 あい 相手 상대 相性 궁합 入り相 해질녘	
相撲 스모	
예) 相続税だけでも2億円だそうです。 상속세만 하더라도 2억 엔은 하는 모양인가 봅니다.	예) 変な発想だと思ったけど、そこまでもなかった。 이상한 발상이라고 생각했지만, 그렇게까지도 아니었다.
息 쉴 식	速 빠를 속
[JLPT N3(초중급)] [小3] 부수 : 心	[JLPT N3(초중급)] [小3] 부수 : 辶
음독 ソク 息女 따님, 영애 安息 안식 子息 자식	음독 ソク 速度 속도 快速 쾌속 時速 시속
훈독 いき 息 숨 一息 단숨 息づく 숨쉬다(自動)	훈독 はやい 速い 빠르다 速さ 빠르기, 속도 はやめる 速める 빠르게 하다(他動) はやまる 速まる 빨라지다(自動) すみやか 速やか 빠르게, 신속히
예) 新型コロナウイルスの終息はもう夢の話だ。 코로나19의 종식은 이제 꿈같은 이야기다.	예) 145キロの速球を打ち上げ、ホームランを放った。 시속 145킬로미터의 속구를 퍼올려 홈런을 쳤다.

他 남 타	打 칠 타
[JLPT N3(초중급)] [小3] 부수 : 亻	[JLPT N3(초중급)] [小3] 부수 : 扌
음독 **タ** 他国 타국 他意 타의 自他 자타	음독 **ダ** 打撃 타격 打開 타개 代打 대타
훈독 **ほか** 他 다른 것, 밖, 외	훈독 **うつ** 打つ 치다, 때리다 / 쑤다(自·他 両用)
他所 딴 곳, 남의 집, 자기와 상관없는 일	打擲 후려침
예) 他社の車より、デザインがいいと評価されています。 타사의 자동차보다 디자인이 좋다는 평가를 받고 있습니다.	예) 4割の打率は、魔の区間として難しい。 4할의 타율은 마의 구간으로 하여금 어렵다.

対(對) 대할 대	談 말씀 담
[JLPT N3(초중급)] [小3] 부수 : 寸	[JLPT N3(초중급)] [小3] 부수 : 言
음독 **タイ** 対決 대결 対策 대책 絶対 절대 **ツイ** 対句 두 개 이상의 구 一対 한 쌍	음독 **ダン** 談話 담화 冗談 농담 縁談 혼담
対馬 쓰시마 섬(대마도)	
예) 18歳以上の男は兵役の対象となります。 18세 이상의 남자는 병역의 대상이 됩니다.	예) 相談をもらってないと、成績確認ができない。 상담받지 않으면 성적 확인이 안 된다.

注 부을 주	調 고를 조
[JLPT N3(초중급)] [小3] 부수 : 氵	[JLPT N3(초중급)] [小3] 부수 : 言
음독 **チュウ** 注射 주사 注油 주유 脚注 각주	음독 **チョウ** 調和 조화 調子 상태 強調 강조
훈독 **そそぐ** 注ぐ 흘러 들어가다, 쏟아지다 / 쏟다, 흘리다(自·他 両用)	훈독 **しらべる** 調べる 찾다, 연구하다(他動) **ととのう** 調う 성립되다, 갖추어지다(自動) **ととのえる** 調える 갖추다, 마련하다(他動)
注連 금줄, 이정표	丁稚 견습생
예) ご注文はお決まりでしょうか。 주문하시겠습니까?	예) 出口調査では、両候補が激しい競い会いに入ると予想された。 출구조사에서는 양 후보가 치열한 경합을 펼칠 것으로 예상되었다.

追 쫓을, 따를 추	定 정할 정
[JLPT N3(초중급)] [小3] 부수 : 辶	[JLPT N3(초중급)] [小3] 부수 : 宀
음독 **ツイ** 追撃 추격 追放 추방 訴追 소추, 기소	음독 **テイ** 定員 정원 定価 정가 否定 부정 **ジョウ** 定石 정석 定紋 가문 必定 필정
훈독 **おう** 追う 쫓다, 뒤따르다(他動)	훈독 **さだめる** 定める 정하다, 결정하다(他動) **さだまる** 定まる 정해지다, 결정되다(自動) **さだか** 定か 명확한, 확실한, 분명한
蚊帳 모기장	
예) 反対する議員を追い払うとしても、民主主義ではいけないことだ。 반대하는 의원을 내쫓으려 해도, 민주주의에서는 안 될 행동이다.	예) 車の法定速度は時速60キロである。 자동차의 법정속도는 시속 60킬로미터다.

庭 뜰 정	都(都) 서울 도
[JLPT N3(초중급)] [小3] 부수 : 广	[JLPT N3(초중급)] [小3] 부수 : 阝
음독 **テイ** 庭園 정원 校庭 교정 家庭 가정	음독 **ト** 都会 도시 都市 도시 京都 교토 **ツ** 都合 관계, 형편, 도합 都度 그때마다
훈독 **にわ** 追庭 뜰, 정원 庭石 정원석	훈독 **みやこ** 都 서울
예) 裏庭でバーベキューでもしない。 뒤뜰에서 바비큐라도 안 할래?	예) 百済は二回遷都した。 백제는 2번 천도하였다.

投 던질 투	登 오를 등
[JLPT N3(초중급)] [小3] 부수 : 扌	[JLPT N3(초중급)] [小3] 부수 : 癶
음독 **トウ** 投資 투자 投球 투구 失投 실투	음독 **トウ** 登壇 등단 登校 등교 登記 등기 **ト** 登山 등산 登城 막부에 출근하는 것
훈독 **なげる** 投げる 던지다(他動)	훈독 **のぼる** 登る 오르다(自動) 山登り 등산, 등산가
	能登 이시카와현 북부 일대
예) 民主主義の花は投票です。 민주주의 꽃은 투표입니다.	예) 山に登る際には、熊を気をつけてください。 산을 오를 때에는 곰을 조심하시기 바랍니다.

等 무리 등	配 나눌 배
[JLPT N3(초중급)] [小3] 부수 : 竹	[JLPT N3(초중급)] [小3] 부수 : 酉
음독 トウ 等分 등분 等級 등급 平等 평등	음독 はい 配達 배달 配列 배열 分配 분배
훈독 ひとしい 等しい 같다, 동등하다, 한결같이	훈독 くばる 配る 나누어주다, 미치게 하다(他動)
等閑 등한시, 소홀히	
예) 高等裁判所でも却下された. 고등법원에서도 각하되었다.	예) 今配る資料には,事件の真相が載せてあります. 지금 나누어 드리는 자료에는 사건의 진상이 실려 있습니다.

箱 상자 상	反 돌이킬 반
[JLPT N3(초중급)] [小3] 부수 : 竹	[JLPT N3(초중급)] [小3] 부수 : 又
	음독 ハン 反映 반영 反対 반대 違反 위반 ホン 謀反 모반, 반역 タン 反物 옷감
훈독 はこ 箱 상자 箱庭 미니어처 巣箱 새집, 벌통	훈독 そる 反る 휘다, 젖혀지다(自動) そらす 反らす 반대로 휘게 하다, 젖히다(他動)
	反吐 토사물, 구역질
예) 本箱に母が隠した臍繰りがあると思います. 책장에 엄마가 숨겨둔 비상금이 있을 것 같아요.	예) 体をちょっと後ろに反らしてみて. 몸을 조금 뒤로 젖혀봐.

悲 슬플 비	美 아름다울 미
[JLPT N3(초중급)] [小3] 부수 : 心	[JLPT N3(초중급)] [小3] 부수 : 羊
음독 ヒ 悲哀 비애 悲運 비운 悲喜 희비	음독 ビ 美術 미술 美人 미인 賛美 찬미
훈독 かなしい 悲しい 슬프다, 애처롭다 かなしむ 悲しむ 슬퍼하다, 마음 아파하다(他動)	훈독 うつくしい 美しい 아름답다, 곱다
예) 53年ぶりの悲願の日本一を達成した中日. 53년 만의 숙원의 우승을 달성한 주니치.	예) 秋田は美人の多い町として有名である. 아키타는 미인이 많은 곳으로 유명하다.

表 겉 표	負 질 부
[JLPT N3(초중급)] [小3] 부수 : 衣	[JLPT N3(초중급)] [小3] 부수 : 貝
음독 **ヒョウ** 表紙 표지　表面 표면　地表 지표	음독 **フ** 負荷 부하　負担 부담　勝負 승부
훈독 **おもて** 表 겉, (야구의) 초　表門 대문, 정문 **あらわす** 表す 나타나다, 증명하다(他動) **あらわれる** 表われる 나타나다, 드러나다(自動)	훈독 **まける** 負ける 지다 / 깎아 주다(自·他 両用) **まかす** 負かす 지우다, 이기다(他動) **おう** 負う 지다, 짊어지다 / 맞먹다(自·他 両用)
예) いきなり敵が表われた。 　　갑자기 적이 **나타났다**.	예) 重い荷物を負った瞬間、腰が痛くなった。 　　무거운 짐을 **진** 순간, 허리가 아팠다.

部 떼 부	福(福) 복 복
[JLPT N3(초중급)] [小3] 부수 : 阝	[JLPT N3(초중급)] [小3] 부수 : 礻
음독 **ブ** 部分 부분　全部 전부　本部 본부	음독 **フク** 福祉 복지　福徳 복덕　祝福 축복
部屋 방	
예) 車が古すぎて、もう部品もでない。 　　차가 오래돼서, 이제 **부품**도 안 나온다.	예) 幸福はそんなに遠くあるのでもない。 　　**행복**은 그리 멀리 있지도 않다.

平 평평할 평	返 돌이킬 반
[JLPT N3(초중급)] [小3] 부수 : 干	[JLPT N3(초중급)] [小3] 부수 : 辶
음독 **ヘイ** 平面 평면　平和 평화　公平 공평 **ビョウ** 平等 평등	음독 **ヘン** 返却 반환　返事 답장　返礼 답례
훈독 **たいら** 平ら 평평한, 산간의 평지　平 타이라 가문 **ひら** 平手 손바닥　平謝り 진심으로 사죄함	훈독 **かえす** 返す 되돌리다 / 　　　　　되돌아오다(自·他 両用) **かえる** 返る 본래로 돌아가다(自動)
예) 道の工事は土地を平らにならすのから始まる。 　　길의 공사는 토지를 **평평히** 고르는 것부터 시작한다.	예) 借金を返すのにももう精一杯だ。 　　빚을 **갚는** 것도 이제 벅차다.

放 놓을 방	命 목숨 명
[JLPT N3(초중급)] [小3] 부수 : 攵	[JLPT N3(초중급)] [小3] 부수 : 口
음독 **ホウ** 放置 방치　放送 방송　追放 추방	음독 **メイ** 命令 명령　運命 운명　生命 생명 　　　**ミョウ** 寿命 수명
훈독 **はなす** 放す 놓다, 놓아주다(他動) 　　　**はなつ** 放つ 떼어 놓다, 내쫓다(他動) 　　　**はなれる** 放れる 놓이다, 풀리다, 발사되다(自動) 　　　**ほうる** 放る 멀리 내던지다, 집어치우다(他動)	훈독 **いのち** 命 목숨, 생명　命拾い 목숨을 건짐
예) やる気もないし**放棄**した。 　　할 마음도 없고 **포기**했다.	예) 21世紀には半導体記述が**命**である。 　　21세기에는 반도체 기술이 **생명**이다.
面 낯 면	役 부릴 역
[JLPT N3(초중급)] [小3] 부수 : 面	[JLPT N3(초중급)] [小3] 부수 : 亻
음독 **メン** 面会 면회　面目 면목　顔面 안면	음독 **ヤク** 役 직무, 역할　役目 임무, 책무　市役所 시청 　　　**エキ** 役務 서비스직　現役 현역　懲役 징역
훈독 **おも** 面 얼굴, 표면　面白い 우습다 　　　**おもて** 面 가면, 얼굴　二面 양면, 두 가지의 마음 　　　**つら** 面 낯짝, 표면　面汚し 망신	
真面目 성실함, 착함	
예) **面倒**なのは後でやろう。 　　**귀찮**은 건 나중에 하자.	예) **役場**で会議をやるから、みんな行こう。 　　**면사무소**에서 회의를 하니까 다들 가자.
薬(藥) 약 약	由 말미암을 유
[JLPT N3(초중급)] [小3] 부수 : ++	[JLPT N3(초중급)] [小3] 부수 : 田
음독 **ヤク** 薬局 약국　薬効 약효　麻薬 마약	음독 **ユ** 由来 유래　経由 경유 　　　**ユウ** 自由 자유　理由 이유　事由 사유 　　　**ユイ** 由緒 유서, 유래
훈독 **くすり** 薬 약　薬指 약지　目薬 안약	훈독 **よし** 由 유래, 연유, 까닭　故由 까닭, 연고
예) **風邪薬**がなんでみえないのだろう。 　　**감기약**이 왜 안 보이는 걸까.	예) **自由**経済には競争って避けられないものなのか。 　　**자유** 경제에서 경쟁이라는 것은 피할 수 없는 것인가.

遊 놀 유	予(豫) 미리 예
[JLPT N3(초중급)] [小3] 부수 : 辶	[JLPT N3(초중급)] [小3] 부수 : 亅
음독 ユウ 遊戯 유희 遊撃 유격 交遊 교유, 교제 ユ 遊行 유행, 행각 遊山 유람	음독 ヨ 予感 예감 予算 예산 猶予 유예
훈독 あそぶ 遊ぶ 놀다, 유람하다(自動)	
예) 仕事をやめてからずっと遊んでいる。 일을 그만둔 뒤 쭉 놀고 있다.	예) 天気予報をみると、今日の飛行機はキャンセルになるかもしれない。 일기예보를 보니 오늘 비행기는 결항될 수도 있겠다.

葉 잎 엽	陽 볕 양
[JLPT N3(초중급)] [小3] 부수 : ++	[JLPT N3(초중급)] [小3] 부수 : 阝
음독 ヨウ 葉緑素 엽록소 落葉 낙엽 紅葉 홍엽(단풍)	음독 ヨウ 陽光 햇빛 陰陽 음양 太陽 태양
훈독 は 葉 잎사귀 葉書 엽서 千葉 치바현 紅葉 단풍	
예) 京葉線はまた風邪で遅延かよ。 게이요선(도쿄~치바 간 JR 간선철도)은 또 바람 때문에 지연이야?	예) PCR検査で陽性が確認されました。 PCR검사에서 양성이 확인되었습니다.

様(樣) 모양 양	落 떨어질 락
[JLPT N3(초중급)] [小3] 부수 : 木	[JLPT N3(초중급)] [小3] 부수 : ++
음독 ヨウ 様式 양식 様相 양상 模様 도안, 모양, 상황	음독 ラク 落下 낙하 落胆 낙담 転落 전락
훈독 さま 様 모양, 방향, 님(분) 様々 여러 가지	훈독 おちる 落ちる 떨어지다, 비나 눈이 오다(自動) おとす 落とす 떨어뜨리다, 놓치다(他動)
	落人 사람의 눈을 피하며 도망가는 사람
예) 生徒らの反応は多様だった。 학생들의 반응은 다양했다.	예) 3回目の弁護士試験にも落ちた。 3번째 변호사 시험에도 떨어졌다.

流 흐를 류	両(兩) 두 량
[JLPT N3(초중급)] [小3] 부수 : 氵	[JLPT N3(초중급)] [小3] 부수 : 一
음독 リュウ 流域 유역 流行 유행 電流 전류 ル 流布 유포 流浪 유랑 流人 유배된 사람	음독 リョウ 両院 양원 両面 양면 車両 차량
훈독 ながれる 流れる 흐르다, 흘러가다(自動) 流れ 흐름 ながす 流す 흘리다, 흐르게 하다(他動)	
流石 역시, 과연	
예) 流し打ちでタイムリーツーベースヒットを作りました。 밀어치기로 적시 2루타를 만들었습니다.	예) この電車は6両編成です。 이 전동열차는 6량 편성입니다.
礼(禮) 차례 례	列 벌릴 렬
[JLPT N3(초중급)] [小3] 부수 : 礻	[JLPT N3(초중급)] [小3] 부수 : 刂
음독 レイ 礼儀 예의 謝礼 사례 無礼 무례 ライ 礼賛 예찬, 고맙게 여김 礼拝 예배	음독 レツ 列挙 열거 直列 직렬 並列 병렬
예) 礼儀正しい子供なのかは、その親から見るとわかる。 예의 바른 아이인지는, 그 부모를 보면 알 수 있다.	예) 列車が通過します、ご注意ください。 열차가 통과합니다, 주의하시기 바랍니다.
路 길 로	和 화할 화
[JLPT N3(초중급)] [小3] 부수 : 足	[JLPT N3(초중급)] [小3] 부수 : 口
음독 ロ 路上 노상 路線 노선 線路 선로	음독 ワ 和 화목, 일본식의 和風 일본풍 調和 조화 オ 和尚 스님, 주지
훈독 じ 家路 귀갓길 淡路 아와지섬 姫路 효고현 히메지시	훈독 やわらぐ 和らぐ 누그러지다, 풀리다(自動) やわらげる 和らげる 부드럽게 하다, 누그러뜨리다(他動) なごむ 和む 누그러지다, 온화해지다(自動) なごやか 和やか 부드러움, 온화함
	日和 일기, 날씨 大和 야마토(일본), 나라현 일대
예) 新宿駅はまるで迷路みたい。 신주쿠역은 마치 미로 같다.	예) 飲酒運転の取り締まりを和らげるのは有り得ない。 음주운전 단속을 완화하는 것은 있을 수 없다.

愛 사랑할 애	位 자리 위
[JLPT N3(초중급)] [小4] 부수 : 心	[JLPT N3(초중급)] [小4] 부수 : 亻
음독 **アイ** 愛国 애국 愛情 애정 母性愛 모성애	음독 **イ** 位置 위치 位階 위계 各位 각위
	훈독 **くらい** 位 지위, ~만큼 位負け 지위 등에 압도됨
愛媛県 에히메현	三位一体 삼위일체 従三位 종삼품
예) 愛用する車は全部現代自動車から作られた。 애용하는 차는 모두 현대자동차에서 만들어졌다.	예) 快速に乗ると、八王子駅まで30分位かかる。 쾌속열차에 탄다면, 하치오지역까지 30분 정도 걸린다.

加 더할 가	果 열매 과
[JLPT N3(초중급)] [小4] 부수 : 力	[JLPT N3(초중급)] [小4] 부수 : 木
음독 **カ** 加減 가감 加算 가산 追加 추가	음독 **カ** 果実 과실 果糖 과당 結果 결과
훈독 **くわえる** 加える 더하다, 보태다, 베풀다(他動) **くわわる** 加わる 더해지다, 참가하다(自動)	훈독 **はたす** 果たす 다하다, 달성하다, 죽이다(他動) **はてる** 果てる 끝내다, 죽다(自動) **はて** 果て 끝, 종말, 말로
カナダ (加) 캐나다	果物 과일 無花果 무화과
예) 九に一を加えると十になる。 9에서 1을 더하면 10이 된다.	예) 果たして彼は無事に帰国できるのか。 과연 그는 무사히 귀국할 수 있을 것인가.

害 해할 해	覚(覺) 깨달을 각
[JLPT N3(초중급)] [小4] 부수 : 宀	[JLPT N3(초중급)] [小4] 부수 : 見
음독 **ガイ** 害悪 해악 害虫 해충 損害 손해	음독 **カク** 覚悟 각오 覚醒 각성 知覚 지각
	훈독 **おぼえる** 覚える 느끼다, 기억하다(他動) **さます** 覚ます 깨우다, 깨우치다(他動) **さめる** 覚める 깨다, 눈이 떠지다(自動)
예) 東日本大震災で被害の大きかった岩手県から中継をお伝えいたします。 동일본대지진으로 피해가 컸던 이와테현에서 중계를 전해드립니다.	예) いつも遅刻するから目覚まし時計でも買って。 항상 지각하니까 자명종이라도 사라.

完 완전할 완	官 벼슬 관
[JLPT N3(초중급)] [小4] 부수 : 宀	[JLPT N3(초중급)] [小4] 부수 : 宀
음독 **カン** 完成 완성 完全 완전 未完 미완	음독 **カン** 官庁 관청 官舎 관사 警官 경찰관
예) 日本とのWBC予選で韓国が**完敗**した. 일본과의 WBC 예선전에서 한국이 **완패**했다.	예) **官房長官**の交代説が**総理官邸**内でながれている. **관방장관**(우리나라의 비서실장)의 교체설이 **총리관저** 내에서 퍼지고 있다.

関(關) 빗장 관	観(觀) 볼 관
[JLPT N3(초중급)] [小4] 부수 : 門	[JLPT N3(초중급)] [小4] 부수 : 見
음독 **カン** 関係 관계 関税 관세 税関 세관	음독 **カン** 観客 관객 観察 관찰 客観 객관
훈독 **せき** 関 관문, 방해 요소 　　　　下関 야마구치현 시모노세키시 　　**かかわる** 関わる 관계되다(自動)	
예) ダミちゃんと**関わる**ことではない. 다미랑 **관계되는** 일이 아니다.	예) **先入観**を排除するのが**以外**と難しい. **선입관**을 배제하는 것이 의외로 어렵다.

願 원할 원	機 베틀 기
[JLPT N3(초중급)] [小4] 부수 : 頁	[JLPT N3(초중급)] [小4] 부수 : 木
음독 **ガン** 願書 원서 願望 원망 出願 출원	음독 **キ** 機械 기계 機種 기종 飛行機 비행기
훈독 **ねがう** 願う 바라다, 원하다, 민원을 넣다(他動) 　　　　願い 소원, 바람	훈독 **はた** 機織り 베 짜는 사람 棚機 베틀
예) 裁判所では容疑者の厳罰を求める**嘆願書**が山ほど積もった. 법원에는 용의자의 엄벌을 요구하는 **탄원서**가 산처럼 쌓였다.	예) 彼は**機密**を漏らし、ロシアへ亡命した. 그는 **기밀**을 누설하고 러시아로 망명했다.

議 논할 의	求 구할 구
[JLPT N3(초중급)] [小4] 부수 : 言	[JLPT N3(초중급)] [小4] 부수 : 水
음독 **ギ** 議会 의회　議論 토론　参議 참의원	음독 **キュウ** 求愛 구애　求刑 구형　欲求 욕구
	훈독 **もとめる** 求める 구하다, 바라다(他動)
예) 国会議事堂の辺りに特別警戒を実施中である。 국회**의사당** 주변으로 특별경계를 실시 중이다.	예) 政府に賠償を強く**求める**つもりであります。 정부에 배상을 강하게 **요구할** 생각입니다.

泣 울 읍	給 줄 급
[JLPT N3(초중급)] [小4] 부수 : 氵	[JLPT N3(초중급)] [小4] 부수 : 糸
음독 **キュウ** 泣訴 읍소　号泣 소리 높여 우는 것	음독 **キュウ** 給水 급수　給料 임금　無給 무급
훈독 **なく** 泣く 울다, 고생하다, 참다(自動)	
예) わざと人前だけで**泣く**のではないか。 일부러 사람들 보는 앞에서만 **우는** 것은 아닌가?	예) 北朝鮮は人民に米も定時に**配給**する能力さえなさそうだ。 북한은 인민에게 쌀을 정시에 **배급**하는 능력조차 없어 보인다.

漁 물고기 어	共 한가지 공
[JLPT N3(초중급)] [小4] 부수 : 木	[JLPT N3(초중급)] [小4] 부수 : 八
음독 **ギョ** 漁業 어업　漁船 어선　漁村 어촌 　　**リョウ** 漁師 어부　大漁 대어　出漁 출어	음독 **キョウ** 共通 공통　共産党 공산당　公共 공공
	훈독 **とも** 共 함께, 같이　共食い 동족상잔
漁火 집어등	
예) 漁夫の利を占めてこの家を契約した。 **어부지리**로 이 집을 계약했다.	예) 70年代には反**共産主義**は当然なことだった。 70년대에는 반**공산주의**가 당연한 거였다.

景 볕 경	欠(缺) 이지러질 결
[JLPT N3(초중급)] [小4] 부수 : 日	[JLPT N3(초중급)] [小4] 부수 : 欠
음독 **ケイ** 景気 경기 景観 경관 光景 광경	음독 **ケツ** 欠 없음, 결여 欠席 결석 不可欠 불가결
	훈독 **かける** 欠ける 빠지다, 모자라다(他動) 　　**かく** 欠く 결하다, 부족하다, 빠뜨리다(他動) 　　**かかす** 欠かす 빠뜨리다, 결여되다(他動)
景色 경치	欠伸 하품
예) 夜景のきれいところなら、漢江公園でしょう。 　야경이 예쁜 곳이라면, 한강공원이죠.	예) ゴマ油はキムチチャーハンには欠かせない材料です。 　참기름은 김치볶음밥에 **빼놓을 수 없는** 재료입니다.

好 좋을 호	候 기후 후
[JLPT N3(초중급)] [小4] 부수 : 女	[JLPT N3(초중급)] [小4] 부수 : イ
음독 **コウ** 好意 호의 好況 호황 良好 양호	음독 **コウ** 候補 후보 候鳥 철새 気候 기후
훈독 **このむ** 好む 좋아하다, 즐기다, 바라다(他動) 　　**すく** 好く 좋아하다(他動)	훈독 **そうろう** 候う 있나이다, 입니다(四段自動) 　　居候 얹혀사는 사람
好ましい 마음에 들다, 바람직하다 好きだ 좋아하다	
예) お好みの料理は中華料理でしょうか。 　좋아하시는 요리는 중화요리이십니까?	예) 症状をみるとコロナの兆候が見られる。 　증상을 보니 코로나19의 **징후**가 보인다.

最 가장 최	昨 어제 작
[JLPT N3(초중급)] [小4] 부수 : 日	[JLPT N3(초중급)] [小4] 부수 : 日
음독 **サイ** 最新 최신 最善 최선 最低 최저	음독 **サク** 昨日 작일, 어제 昨年 작년 昨夜 어젯밤
훈독 **も** 最中 한가운데, 일본 전통 화과자 最も 가장	
最中 한창 ~일 때	昨日 어제 一昨日 그저께
예) 最寄りの銀行はみずほ銀行です。 　**가장 가까운** 은행은 미즈호 은행입니다.	예) 昨今の事態をみると反省している心はなさそうだ。 　**작금**의 사태로 볼 때 반성하는 마음은 없나 보다.

察 살필 찰	参(參) 참여할 참
[JLPT N3(초중급)] [小4] 부수 : 宀	[JLPT N3(초중급)] [小4] 부수 : ム
음독 **サツ** 察知 두루 살펴 앎 観察 관찰 考察 고찰	음독 **サン** 参加 참가 参考 참고 持参 지참
	훈독 **まいる** 参る 가다, 오다(行く·来る 의 겸양어Ⅱ)
	海参 말린 해삼
예) 捜査権の調整をめぐる**警察**と**検察**との溝はさらに深まってきた。 수사권 조정을 둘러싼 **경찰**과 **검찰**과의 감정의 골은 더욱 깊어져 갔다.	예) 電車が**参り**ますので、黄色い線の内側までお下がりください。 열차가 **들어오고** 있으니, 황색선 안쪽까지 물러나 주시기 바랍니다.

産 낳을 산	散 흩어질 산
[JLPT N3(초중급)] [小4] 부수 : 生	[JLPT N3(초중급)] [小4] 부수 : 攵
음독 **サン** 産業 산업 産卵 산란 生産 생산	음독 **サン** 散歩 산보, 산책 解散 해산 分散 분산
훈독 **うむ** 産む 낳다, 만들어내다(他動) **うまれる** 生まれる 태어나다, 새로 생기다(自動) **うぶ** 産毛 배냇머리, 솜털 産土 출신지, 고향	훈독 **ちる** 散る 떨어지다, 꽃잎이 지다(自動) **ちらす** 散らす 흩뜨리다, 산개하다(他動) **ちらかす** 散らかす 어지르다, 함부로 하다(他動) **ちらかる** 散らかる 흩어지다, 어지러지다(自動)
土産 특산품 선물	散切り 상투를 틀지 않은 머리
예) 彼は沖縄**生まれ**で今年30になる。 그는 오키나와 **출신**으로 올해 서른이 된다.	예) 舞い**散る**桜の花びら、まるで僕の心のようだ。 흩날리는 벚꽃잎, 마치 내 마음과 같다.

残(殘) 남을 잔	治 다스릴 치
[JLPT N3(초중급)] [小4] 부수 : 歹	[JLPT N3(초중급)] [小4] 부수 : 氵
음독 **ザン** 残念 유감 残業 잔업 敗残兵 패잔병	음독 **ジ** 政治 정치 難治 난치 主治医 주치의 **チ** 治安 치안 治療 치료 自治体 지방자치단체
훈독 **のこる** 残る 남다, 전해지다(自動) **のこす** 残す 남기다, 전하다(他動)	훈독 **おさめる** 治める 다스리다, 통치하다(他動) **おさまる** 治まる 고요해지다, 다스러지다(自動) **なおる** 治る 낫다, 회복되다(自動) **なおす** 治す 고치다, 치료하다(他動)
名残 자취, 추억	
예) このレシピは**残す**べきだ。 이 레시피는 **남겨야** 마땅하다.	예) 難病を**治す**のは生まれ変わることよりも難しいことか。 난치병을 **치료**한다는 것은 다시 태어나는 것보다 어려운 것인가.

辞(辭) 말 사	失 잃을 실
[JLPT N3(초중급)] [小4] 부수 : 辛	[JLPT N3(초중급)] [小4] 부수 : 大
음독 **ジ** 辞書·辞典 사전 辞職 사직 美辞 미사	음독 **シツ** 失敗 실패 失望 실망 焼失 소실
훈독 **やめる** 辞める 그만두다, 사직하다(他動)	훈독 **うしなう** 失う 잃다, 잃어버리다(他動) 見失う 에서 놓치다(他動)
예) もう会社辞めたから自由だ。 이제 회사 **그만뒀**으니까 자유다.	예) 仮想通貨を信じて投資したが、全財産を失った。 가상화폐를 믿고 투자했지만 전 재산을 **잃었다**.

種 씨 종	笑 웃음 소
[JLPT N3(초중급)] [小4] 부수 : 禾	[JLPT N3(초중급)] [小4] 부수 : 竹
음독 **シュ** 種子 종자 種類 종류 人種 인종	음독 **ショウ** 笑覧 소람 微笑 미소 談笑 담소
훈독 **たね** 種 씨앗, 종자, 원인 種切れ 재료의 소진	훈독 **わらう** 笑う 웃다(自·他 両用) **えむ** 笑む 미소짓다, 꽃이 피다(自動)
種種 갖가지, 여러 가지	可笑しい 우습다, 이상하다
예) この天婦羅は菜種油で揚げたのでおいしいです。 이 튀김은 **유채** 기름으로 튀겼기에 맛있습니다.	예) 笑うとだめな空気だけど笑ってしまった。 **웃으면** 안 되는 분위기였는데 **웃어**버렸다.

信 믿을 신	成 이룰 성
[JLPT N3(초중급)] [小4] 부수 : 亻	[JLPT N3(초중급)] [小4] 부수 : 戈
음독 **シン** 信義 신의 信託 신탁 発信 발신	음독 **セイ** 成功 성공 成績 성적 完成 완성 **ジョウ** 成就 성취 成仏 성불
	훈독 **なる** 成る 되다, 이루어지다(自動) 成り立つ 성립하다(自動) **なす** 成す 이루다, 달성하다(他動) 成し遂げる 완수하다, 끝까지 해내다(他動)
信濃 현재의 나가노현 일대	
예) この車はエンジンを無線通信でかけられる。 이 차는 시동을 무선**통신**으로 걸 수 있다.	예) 明日の契約が成り立つため、説明会の準備に万全を期する。 내일의 계약이 **성사되기** 위하여, 설명회 준비에 만전을 기하다.

静(靜) 고요할 정	席 자리 석
[JLPT N3(초중급)] [小4] 부수 : 青	[JLPT N3(초중급)] [小4] 부수 : 巾
음독 セイ 静穏 정온 静止 정지 安静 안정 ジョウ 静脈 정맥	음독 セキ 席上 석상 欠席 결석 座席 좌석
훈독 しず 静々と 조용조용하게 静けさ 정적, 고요 しずか 静かだ 조용하다 しずまる 静まる 조용해지다, 가라앉다(自動) しずめる 静める 조용케 하다, 진정시키다(他動)	
	寄席 만담(제담)
예) 静かにしてください。 조용히 해주시기 바랍니다.	예) まもなく試合が始まりますので、ご着席してください。 곧 시합이 시작되기에, 착석하여 주시기 바랍니다.
積 쌓을 적	折 꺾을 절
[JLPT N3(초중급)] [小4] 부수 : 禾	[JLPT N3(초중급)] [小4] 부수 : 扌
음독 セキ 積載 적재 積雪 적설 面積 면적	음독 セツ 折衝 절충 右折 우회전 屈折 굴절
훈독 つむ 積む 쌓다, 싣다(他動) つもる 積もる 쌓이다, 세월이 지나다(自動)	훈독 おる 折る 접다(他動) おり 折り箱 도시락, 나무상자 おれる 折れる 접히다, 꺾이다, 부러지다(自動)
	折敷 사각형 쟁반
예) 高金利で、借金が積もる状態だ。 고금리로 빚이 쌓이는 상태다.	예) 子供の頃、折り紙をよく折った。 어릴 때, 종이접기를 자주 했다.
説 말씀 설	戦(戰) 싸움 전
[JLPT N3(초중급)] [小4] 부수 : 言	[JLPT N3(초중급)] [小4] 부수 : 戈
음독 セツ 説明 설명 演説 연설 小説 소설 ゼイ 遊説 유세	음독 セン 戦艦 전함 戦争 전쟁 苦戦 고전
훈독 とく 説く 설명하다, 설교하다, 타이르다(他動)	훈독 いくさ 説戦 싸움, 전쟁 勝ち戦 승전 たたかう 戦う 싸우다(自動) 戦い 싸움, 전쟁
	戦慄く 부르르 떨리다, 와들와들 떨다(自動)
예) もう一度説明してください。 한 번 더 설명해주세요.	예) みんなの権利のために戦っています。 모두의 권리를 위해 투쟁하고 있습니다.

選 가릴 선	然 그럴 연
[JLPT N3(초중급)] [小4] 부수 : ⻌	[JLPT N3(초중급)] [小4] 부수 : 灬
음독 セン 選挙 선거 選択 선택 落選 낙선	음독 ゼン 自然 자연 全然 전연, 전혀 必然 필연 ネン 天然 천연
훈독 えらぶ 選ぶ 고르다, 뽑다, 가리다(他動)	
	然様 그렇게, 그렇다 然々 여차여차, 이러하여
예) 政治経歴のいっさい無かった彼は、今回の大統領に選ばれた。 정치경력이 전혀 없던 그는, 금번 대통령으로 **뽑혔다**.	예) 突然表われた彼女。 **돌연(갑자기)** 나타난 그녀.

争(爭) 다툴 쟁	巣(巢) 새집 소
[JLPT N3(초중급)] [小4] 부수 : 亅	[JLPT N3(초중급)] [小4] 부수 : 丷
음독 ソウ 争議 쟁의 争点 쟁점 競争 경쟁	음독 ソウ 巣窟 소굴 営巣 새가 보금자리를 만드는 것 卵巣 난소
훈독 あらそう 争う 다투다(他動) 争い 다툼	훈독 す 巣 집, 소굴, 둥지 巣立つ 새가 둥지를 떠나다, 부모 밑에서 자립하다(自動)
예) この問題は法廷で争うしかない。 이 문제는 법정에서 **다툴** 수밖에 없다.	예) 今速く、病巣の切除する手術の準備を。 빨리 **병소(병이 퍼진 곳)**를 절제하는 수술 준비를.

束 묶을 속	側 곁 측
[JLPT N3(초중급)] [小4] 부수 : 木	[JLPT N3(초중급)] [小4] 부수 : 亻
음독 ソク 束縛 속박 結束 결속 約束 약속	음독 ソク 側近 측근 側面 측면 左側 좌측
훈독 たば 束 다발 花束 꽃다발 たばねる 束ねる 다발로 묶다(他動)	훈독 がわ 側・側 측, 쪽 裏側 안쪽, 뒤쪽 右側 오른쪽
束子 수세미 不束 졸렬함 / 굵고 단단함, 고집이 센 모양	
예) 卒業式のとき、いくらの花束をもらったのか多すぎて分からない。 졸업식 때 얼마나 많은 **꽃다발**을 받았는지 너무 많아서 모르겠다.	예) 3番線到着、お出口は左側です。 3번 타는 곳으로 도착하며 내리실 문은 **왼쪽**입니다.

続(續) 계속 속	単(單) 홑 단
[JLPT N3(초중급)] [小4] 부수 : 糸	[JLPT N3(초중급)] [小4] 부수 : ′′
음독 **ゾク** 続行 속행 続出 속출 連続 연속	음독 **タン** 単位 단위, 학점 単独 단독 簡単 간단
훈독 **つづく** 続く 계속되다(自動) 続き 계속, 연결 **つづける** 続ける 계속하다(他動)	
	単 홑옷, 단의
예) 続けて次の試合の中継を送りいたします。 계속하여 다음 시합의 중계를 보내드립니다.	예) 英語の勉強は、単語から始まる。 영어 공부는 단어에서부터 시작한다.

置 둘 치	徒 무리 도
[JLPT N3(초중급)] [小4] 부수 : 罒	[JLPT N3(초중급)] [小4] 부수 : 彳
음독 **チ** 置換 치환 位置 위치 廃藩置県 폐번치현(메이지정부)	음독 **ト** 徒歩 도보 徒労 헛수고 生徒 생도, 학생
훈독 **おく** 置く 두다, 놓다 / (이슬 등이) 맺히다(自·他 両用)	
	徒名 남녀 관계의 헛소문
예) 警察だ、その刃物置いといて。 경찰이다, 그 칼 내려둬.	예) 言語学徒として、チャットジーピーティーはまだ認められない。 언어학도로서, ChatGPT는 인정할 수 없다.

働 일할 동 (일본 고유한자)	熱 뜨거울 열
[JLPT N3(초중급)] [小4] 부수 : 亻	[JLPT N3(초중급)] [小4] 부수 : 灬
음독 **ドウ** 稼働 가동 労働 노동 別働隊 별동대	음독 **ネツ** 熱湯 열탕 熱中症 열병 情熱 정열
훈독 **はたらく** 働く 일하다, 작용하다 / 나쁜 짓을 하다(自·他 両用)	훈독 **あつい** 熱い 뜨겁다
	稲熱病 도열병(벼의 병해)
예) 漸く新薬が働き始めた。 이제야 신약이 효력을 내기 시작했다.	예) 夏にも熱いコーヒーが一番です。 여름에도 뜨거운 커피가 제일입니다.

念 생각 념	敗 패할 패
[JLPT N3(초중급)] [小4] 부수 : 心	[JLPT N3(초중급)] [小4] 부수 : 攵
음독 **ネン** 念願 염원 念力 염력 信念 신념	음독 **ハイ** 敗北 패배 敗戦 패전 完敗 완패
	훈독 **やぶれる** 敗れる 지다, 패배하다(自動)
梨花 이화	
예) 今年の夏の甲子園は5年ぶりの**記念**大会で、大阪地区でもう一つのチームが決戦進出できる。 이번 해의 전국고교야구대회는 5년 만의 **기념**대회로, 오사카지구에서는 한 개의 팀이 더 결선진출할 수 있다.	예) 政治の**腐敗**はある意味避けられないものかもしれない。 정치의 **부패**는 어찌 보면 피할 수 없는 것일지도 모른다.
阪 언덕 판	飛 날 비
[JLPT N3(초중급)] [小4] 부수 : 阝	[JLPT N3(초중급)] [小4] 부수 : 飛
음독 **ハン** 阪路 언덕길 京阪 교토 및 오사카 지역 阪神 오사카 및 고베 지역	음독 **ヒ** 飛行機 비행기 飛躍 비약 流言飛語 유언비어
훈독 **さか** 大阪府 오사카부	훈독 **とぶ** 飛ぶ 날다(自動) **とばす** 飛ばす 날리다, 날려버리다, 튀기다(他動)
	飛鳥時代 아스카 시대
예) 大阪は「浪速」とも言える。 오사카는 '나니와'라고도 할 수 있다.	예) 空を**飛ぶ飛行機**を見ているとわくわくする。 하늘을 **나는 비행기**를 보고 있으면 두근댄다.
必 반드시 필	夫 지아비 부
[JLPT N3(초중급)] [小4] 부수 : 心	[JLPT N3(초중급)] [小4] 부수 : 大
음독 **ヒツ** 必死 필사 必然 필연 必要 필요	음독 **フ** 夫君 부군 農夫 농부 丈夫 사내대장부 **フウ** 夫婦 부부 工夫 궁리
훈독 **かならず** 必ず 반드시 必ずしも 반드시(부정 연결)	훈독 **おっと** 夫 남편
	丈夫 대장부 水夫 뱃사람
예) 北朝鮮との交渉をする前には、先制非核化が**必須**条件である。 북한과의 교섭을 하기 전에는 선제 비핵화가 **필수** 조건이다.	예) **夫**は今交通事故で入院しています。 **남편**은 지금 교통사고로 입원해 있습니다.

付 부칠 부	富 부자 부
[JLPT N3(초중급)] [小4] 부수: 亻	[JLPT N3(초중급)] [小4] 부수: 宀
음독 フ 付属 부속 付与 부여 交付 교부	음독 フ 富国強兵 부국강병 富士山 후지산 貧富 빈부 フウ 富貴 부귀
훈독 つく 付く 붙다(自動) 気づく 알아차리다(自動) つける 付ける 붙이다(他動)	훈독 とむ 富む 부하다, 재산이 많다, 풍부하다(自動) とみ 富 부, 재산 富札 복권, 추첨권
	富山県 도야마현
예) 被害者は筑波大学付属病院に移送された。 피해자는 쓰쿠바대학 **부속**병원으로 이송되었다.	예) 貧富格差は資本主義の短所である。 **빈부**격차는 자본주의의 단점이다.
変(變) 변할 변	便 편할 편 / 똥오줌 변
[JLPT N3(초중급)] [小4] 부수: 夊	[JLPT N3(초중급)] [小4] 부수: 亻
음독 ヘン 変化 변화 変換 변환 異変 이변	음독 ベン 便法 편법 便利 편리 不便 불편 ビン 郵便 우편 定期便 정기편 船便 선편
훈독 かわる 変わる 변하다, 바뀌다(自動) かえる 変える 바꾸다, 변하다(他動)	훈독 たより 便り 소식
예) 終電の延長とともにダイヤを変えます。 막차의 연장과 더불어 열차 운행표를 **고칩니다**.	예) お手洗いって、便所のことだよね。 화장실이라는 게 **변소**라는 거지?
法 법 법	望 바랄 망
[JLPT N3(초중급)] [小4] 부수: 氵	[JLPT N3(초중급)] [小4] 부수: 月
음독 ホウ 法案 법안 法人 법인 文法 문법 ハッ 法度 법도 ホッ 法主 법주	음독 ボウ 望遠 망원 望郷 망향 希望 희망 モウ 所望 소망 大望 대망
	훈독 のぞむ 望む 바라다(他動) 望ましい 바람직하다
	望月 망월, 음력 보름달
예) 最近若者で脱法ハーブが流行っている。 최근 젊은이들 사이에서 **탈법**허브가 유행하고 있다.	예) 失望したとして諦めるのはダメだ。 **실망**했다고 해서 포기하는 것은 안 된다.

牧 칠 목	末 끝 말
[JLPT N3(초중급)] [小4] 부수 : 牛	[JLPT N3(초중급)] [小4] 부수 : 木
음독 **ボク** 牧場 목장 牧師 목사 遊牧 유목	음독 **マツ** 末期 말기 末端 말단 粉末 분말 **バツ** 末子 막내아들 末弟 막내아우
훈독 **まき** 牧場 목장	훈독 **すえ** 末 끝 末っ子 막내
	木末 나무끝
예) 放牧山羊の乳で作られた粉乳が物凄く高い。 **방목** 산양유로 만들어진 분유가 정말 비싸다.	예) 年末には必ず家族と外食します。 **연말**에는 반드시 가족과 외식합니다.
満(滿) 찰 만	未 아닐 미
[JLPT N3(초중급)] [小4] 부수 : 氵	[JLPT N3(초중급)] [小4] 부수 : 木
음독 **マン** 満月 만월 満席 만석 充満 충만	음독 **ミ** 未満 미만 未来 미래 前代未聞 전대미문
훈독 **みちる** 満ちる 차다(自動) 満ち潮 만조 **みたす** 満たす 채우다(他動)	
	未 십이지의 양(8번)
예) 志願条件を満たすためには英語の資格は欠かせない。 지원조건을 **만족하기** 위해선 영어 자격은 빠질 수 없다.	예) 未曾有の大雨で死者が50人を越えた。 **미증유**의 큰비로 사망자가 50명을 넘었다.
民 백성 민	約 맺을 약
[JLPT N3(초중급)] [小4] 부수 : 氏	[JLPT N3(초중급)] [小4] 부수 : 糸
음독 **ミン** 民営 민영 民族 민족 難民 난민	음독 **ヤク** 約 대략 約束 약속 予約 예약
훈독 **たみ** 民 백성, 신민 国民 국민	
예) 政治家は民の声に怖がるべきである。 정치가는 **국민**의 소리를 무서워해야 함이 마땅하다.	예) 両社間の密約があったらしい。 양 회사 간 **밀약**이 있었던 듯하다.

要 요긴할 요	利 이할 리
[JLPT N3(초중급)] [小4] 부수 : 襾	[JLPT N3(초중급)] [小4] 부수 : 刂
음독 **ヨウ** 要求 요구 要請 요청 所要 소요	음독 **リ** 利益 이익 利子 이자 福利 복리
훈독 **かなめ** 要 가장 중요한 점 　　　**いる** 要る 필요하다(他動)	훈독 **きく** 利く 유효하게 작용하다, 효과가 있다 / 　　　　　말을 하다, 주선해주다(自·他 両用)
	足利氏 아시카가 가문(무로마치 막부)
예) 要らないからもう来ないで。 　　필요 없으니까 이제 오지 마.	예) 左利きのための鉛筆が出ました。 　　왼손잡이를 위한 연필이 나왔습니다.
良 좋을 량	類(類) 무리 류
[JLPT N3(초중급)] [小4] 부수 : 艮	[JLPT N3(초중급)] [小4] 부수 : 頁
음독 **リョウ** 良好 양호 良質 양질 改良 개량	음독 **ルイ** 類型 유형 類別 유별 魚類 어류
훈독 **よい** 良い(良い) 좋다	훈독 **たぐい** 類い 같은 부류, 유래, 종류
野良 들, 논밭　奈良県 나라현	
예) あの頃が良かった。 　　그 시절이 좋았다.	예) ゴリラは類人猿とも言える。 　　고릴라는 유인원이라고도 할 수 있다.
冷 찰 랭	例 법 례
[JLPT N3(초중급)] [小4] 부수 : 冫	[JLPT N3(초중급)] [小4] 부수 : 亻
음독 **レイ** 冷却 냉각 冷麺 냉면 寒冷前線 한랭전선	음독 **レイ** 例外 예외 例年 예년 判例 판례
훈독 **つめたい** 冷たい 차갑다, 냉담하다 　　　**ひえる** 冷える 씌우다, 끼었다, 퍼붓다(自動) 　　　**ひや** 冷や 찬 것　お冷や 냉수 　　　**ひやかす** 冷やかす 차게 하다, 식히다(他動) 　　　**さめる** 冷める 식다(自動) 　　　**さます** 冷ます 식히다(他動)	훈독 **たとえる** 例える 예를 들다, 비유하다(他動) 　　　　　例えば 예를 들면
예) スイカと梨をよく冷やして食べると扇風機が要らないです。 　　수박과 배를 차게 해서 먹으면 선풍기가 필요 없습니다.	예) 全ての外国語勉強には例文が重要である。 　　모든 외국어 공부에는 예문이 중요하다.

連 이을 련	老 늙을 로
[JLPT N3(초중급)] [小4] 부수 : 辶	[JLPT N3(초중급)] [小4] 부수 : 耂
음독 **レン** 連結 연결 連合 연합 関連 관련	음독 **ロウ** 老化 노화 老人 노인 養老 양로
훈독 **つらなる** 連なる 나란히 줄지어 있다, 하나가 되다 (自動) **つらねる** 連ねる 늘어놓다, 동반하다(他動) **つれる** 連れる 데리고 오다 / 동반하다, 따르다(自・他 両用)	훈독 **おいる** 老いる 늙다, 철이 들다(自動) **ふける** 老ける 나이를 먹다, 늙다(自動)
注連縄 금줄	海老 새우 老舗 노포
예) **国連**は北朝鮮の核実験を糾弾し、安保理事会の決意を締結しようとしている。 **유엔**은 북한의 핵실험을 규탄하며 안보리 결의를 체결하려고 하고 있다.	예) **老練**なかけひきで割引をもらった。 **노련**한 흥정으로 할인받았다.

労(勞) 힘쓸 로	因 인할 인
[JLPT N3(초중급)] [小4] 부수 : 力	[JLPT N3(초중급)] [小5] 부수 : 囗
음독 **ロウ** 労働 노동 労力 노력 疲労 피로	음독 **イン** 因果 인과 因子 인자 死因 사인
	훈독 **よる** 因る 인하다, 말미암다(自動)
예) **労働**組合は、来年からストライキすることに決意した。 **노동**조합은 내년부터 파업하기로 결의했다.	예) 飲酒運転に**因る**事故で車に乗っていた二人の死亡が確認されました。 음주운전으로 **인한** 사고로 차에 타고 있던 두 명이 사망하였습니다.

易 쉬울 이 / 바꿀 역	演 펼 연
[JLPT N3(초중급)] [小5] 부수 : 日	[JLPT N3(초중급)] [小5] 부수 : 氵
음독 **エキ** 易者 역술인, 점쟁이 交易 교역 貿易 무역 **イ** 安易 안이 簡易 간이 平易 평이	음독 **エン** 演技 연기 演習 연습 講演 강연
훈독 **やさしい** 易しい 쉽다	
	演し物 상연물, 레퍼토리
예) この問題は**易し**すぎてみんな正解だった。 이 문제는 너무 **쉬워**서 모두 정답이었다.	예) 両国の国歌を**演奏**いたします。 양국의 국가를 **연주**하겠습니다.

可 옳을 가	過 지날 과
[JLPT N3(초중급)] [小5] 부수 : 口	[JLPT N3(초중급)] [小5] 부수 : 辶
음독 **カ** 可否 가부 可能 가능 不可 불가	음독 **カ** 過失 과실 過程 과정 経過 경과
	훈독 **すぎる** 過ぎる 지나다, 통과하다, 지내다(自動) **すごす** 過ごす 보내다, 경과시키다(他動) **あやまつ** 過つ 실수하다, 과오를 범하다(他動) **あやまち** 過ち 잘못하는 것, 실수
可笑しい 이상하다 可愛い 귀엽다	
예) ウクライナとロシアは、**不可侵**条約を締結することに合意した。 우크라이나와 러시아는 **불가침**조약을 체결하기로 합의하였다.	예) まもなく4番線に電車が**通過**いたします。黄色線の内側までお下がりください。 잠시 후 4번 타는 곳에 열차가 **통과**합니다. 노란선 안쪽으로 물러나 주시기 바랍니다.

解 풀 해	格 격식 격
[JLPT N3(초중급)] [小5] 부수 : 角	[JLPT N3(초중급)] [小5] 부수 : 木
음독 **カイ** 解散 해산 解決 해결 和解 화해 **ゲ** 解脱 해탈 解毒 해독 解熱 해열	음독 **カク** 格式 격식 規格 규격 人格 인격 **コウ** 格子 격자
훈독 **とく** 解く 풀다(他動) **とかす** 解かす 눈 따위를 녹이다, 　　　　　　　　머리를 빗다(他動) **とける** 解ける 풀리다, 풀어지다, 해약되다(自動)	
예) その問題、正解率が1割も越えないのに**解ける**か。 그 문제, 정답률이 1할을 못 넘는데 **풀 수 있겠어?**	예) **性格**の悪い人とは付き合えない。 **성격** 나쁜 사람과는 사귈 수 없다.

確 굳을 확	慣 익숙할 관
[JLPT N3(초중급)] [小5] 부수 : 石	[JLPT N3(초중급)] [小5] 부수 : 忄
음독 **カク** 確信 확신 確認 확인 明確 명확	음독 **カン** 慣性 관성 慣用 관용 習慣 습관
훈독 **たしか** 確か 확실함, 확실히 **たしかめる** 確かめる 확실히 하다, 　　　　　　　　확인하다(他動)	훈독 **なれる** 慣れる 익숙해지다, 예사로워지다(自動) **ならす** 慣らす 순응시키다, 길들이다(他動)
예) 真相を**確かめた**上で、もう一度発表いたします。 진상을 **확인한** 다음에, 다시 한번 발표하겠습니다.	예) 人間は**慣れる**ものです。 인간은 **예사로워지게 되기** 마련입니다.

規 법 규	喜 기쁠 희
[JLPT N3(초중급)] [小5] 부수 : 見	[JLPT N3(초중급)] [小5] 부수 : 口
음독 **キ** 規格 규격 規則 규칙 正規 정규	음독 **キ** 喜悦 희열 喜怒哀楽 희노애락 歓喜 환희
	훈독 **よろこぶ** 喜ぶ 즐거워하다, 기뻐하다, 축복하다(他動)
子規 두견새	
예) 規制の撤廃は未来への第一歩である。 규제의 철폐는 미래로의 첫걸음이다.	예) 3時間待って買ったプレゼントだけど、喜んでくれるかな。 3시간 기다려 산 선물인데, 기뻐해 주려나.

居 살 거	許 허락할 허
[JLPT N3(초중급)] [小5] 부수 : 尸	[JLPT N3(초중급)] [小5] 부수 : 言
음독 **キョ** 居室 거실 居住 거주 雑居ビル 잡다한 회사나 점포가 입주한 (잡거)빌딩	음독 **キョ** 許可 허가 許容 허용 特許 특허
훈독 **いる** 居る 있다, 살고 있다, 가만히 있다(自動)	훈독 **ゆるす** 許す 허하다, 용서하다(他動)
団居 둘러앉음, 단란	許多 무수히, 허다하게 許嫁 어릴 적부터 양가 부모 간 정한 혼약
예) 子供の頃からずっと安東に居ました。 어릴 적부터 쭉 안동에 살았습니다.	예) 心に傷付いた彼女を絶対許さん。 마음에 상처 준 그녀를 절대로 용서할 수 없다.

件 물건 건	険(險) 험할 험
[JLPT N3(초중급)] [小5] 부수 : 亻	[JLPT N3(초중급)] [小5] 부수 : 阝
음독 **ケン** 件数 건수 件名 건명 与件 여건	음독 **ケン** 険悪 험악 険路 험로 保険 보험
	훈독 **けわしい** 険しい 험하다, 험악하다
예) 事件・事故が相次いでいるニューヨーク。 사건・사고가 끊이지 않는 뉴욕.	예) 高齢化で健康保険料の負担は加速する見込みである。 고령화로 건강보험료 부담은 가속될 전망이다.

限 한할 한	現 나타날 현
[JLPT N3(초중급)] [小5] 부수 : 阝	[JLPT N3(초중급)] [小5] 부수 : 王
음독 **ゲン** 限定 한정 限度 한도 権限 권한	음독 **ゲン** 現行 현행 現在 현재 表現 표현
훈독 **かぎる** 限る 범위를 설정하다, 제한하다 / ~에 한하여, ~하는 것이 제일이다 (自・他 両用)	훈독 **あらわれる** 現れる 나타나다, 드러나다(自動) **あらわす** 現わす 드러내다, 나타내다(他動)
	現つ神 현세의 신, 天皇의 존칭 現し世 현세
예) 明日雪が降らないとも**限**らない。 내일 눈이 안 온다고도 **할 수 없다**.	예) いよいよ姿を**現**わした犯人。 드디어 모습을 **드러낸** 범인.

構 얽힐 구	告 알릴 고
[JLPT N3(초중급)] [小5] 부수 : 木	[JLPT N3(초중급)] [小5] 부수 : 口
음독 **コウ** 構成 구성 構造 구조 機構 기구	음독 **コク** 告知 고지 告白 고백 広告 광고
훈독 **かまう** 構う 관계하다, 상관하다 / 상대하다, 염려하다(自・他 両用) **かまえる** 構える 꾸미다, 짓다, 이루다(他動)	
예) うちの駐車場に駐車しても**構**わないよ。 우리 집 주차장에 주차해도 **상관없어**.	예) **被告**は容疑を否認している。 **피고**는 혐의를 부인하고 있다.

妻 아내 처	際 즈음 제
[JLPT N3(초중급)] [小5] 부수 : 女	[JLPT N3(초중급)] [小5] 부수 : 阝
음독 **サイ** 妻子 처자 愛妻 애처 良妻賢母 현모양처	음독 **サイ** 際限 제한, 끝 交際 교제 実際 실제
훈독 **つま** 妻 처, 아내, 마누라 人妻 유부녀	훈독 **きわ** 際 가장자리, 바로 옆 際物 철(계절)을 타는 물건
後妻 후처, 질투	今際 임종, 최후
예) お前ももう**妻**をめとる年になったのか。 너도 이제 **장가들** 나이가 된 건가.	예) 仁川**国際**空港は第一旅客ターミナルと第二ターミナルと分れます。 인천**국제**공항은 제1여객터미널과 제2여객터미널로 나뉩니다.

在 있을 재	財 재물 재
[JLPT N3(초중급)] [小5] 부수 : 土	[JLPT N3(초중급)] [小5] 부수 : 貝
음독 **ザイ** 在学 재학 在庫 재고 所在 소재	음독 **ザイ** 財貨 재화 財産 재산 私財 사재 　　 **サイ** 財布 지갑
훈독 **ある** 在る 있다, 존재하다, 살아 있다(自動)	
예) 水際対策で短期**滞在**のビザの交付を一時停止しっています。 감염 대책으로, 단기**체재** 비자의 교부를 일시 정지하고 있습니다.	예) 教育と医療は経済的には**消費財**と言える。 교육과 의료는 경제적으로 **소비재**라 할 수 있다.

罪 허물 죄	殺(殺) 죽일 살 / 빠를 쇄
[JLPT N3(초중급)] [小5] 부수 : 罒	[JLPT N3(초중급)] [小5] 부수 : 殳
음독 **ザイ** 罪悪 죄악 罪名 죄명 謝罪 사죄	음독 **サツ** 殺害 살해 殺人 살인 銃殺 총살 　　 **サイ** 減殺 감쇄, 덜어서 없앰 相殺 상쇄 　　 **セツ** 殺生 살생
훈독 **つみ** 罪 죄, 죄에 관한 처벌 罪人 죄인	훈독 **ころす** 殺す 죽이다, 약화시키다(他動)
예) 学校内で同級生を殴った学生に対して**罪を問う**ことにした。 교내에서 동급생을 때린 학생에 대하여 **처벌하기로** 하였다.	예) 漁民の反発は徹底的に**黙殺**され、処理水の海洋放出が始まった。 어민의 반발은 철저히 **묵살**당하고, 처리수의 해양방출이 시작되었다.

雜(雜) 섞일 잡	賛(贊) 도울 찬
[JLPT N3(초중급)] [小5] 부수 : 隹	[JLPT N3(초중급)] [小5] 부수 : 貝
음독 **ザツ** 雑音 잡음 雑談 잡담 混雑 혼잡 　　 **ゾウ** 雑炊 채소나 미소된장 등을 넣고 끓인 죽	음독 **サン** 賛成 찬성 賛同 찬동 礼賛 예찬
雑魚 잡어	
예) **粗雑**な計画だったにもかかわらず、無事に終わった。 **조잡**한 계획이었음에도, 무사히 끝났다.	예) オリンピック**賛歌**は主にギリシャ語で歌われている。 올림픽 **찬가**는 주로 그리스어로 불리고 있다.

支 지탱할 지	師 스승 사
[JLPT N3(초중급)] [小5] 부수 : 支	[JLPT N3(초중급)] [小5] 부수 : 巾
음독 シ 支局 지국 支持 지지 気管支 기관지	음독 シ 第二師団 제2사단 師範 사범 京師 서울
훈독 ささえる 支える 버티다, 떠받치다, 지탱하다 (他動)	
差し支え 지장 干支 간지	師走 음력 12월
예) ワクチンですべてのウイルスを支えるのではない。 백신으로 모든 바이러스를 **막아내는** 것은 아니다.	예) 教師の自殺をめぐって、学校現場の改善を求める世論が高まっている。 **교사**의 자살을 둘러싸고, 학교 현장의 개선을 요구하는 여론이 높아져만 가고 있다.
資 재물 자	示 보일 시
[JLPT N3(초중급)] [小5] 부수 : 貝	[JLPT N3(초중급)] [小5] 부수 : 示
음독 シ 資格 자격 資本 자본 学資金 학자금	음독 ジ 示威 시위 暗示 암시 指示 지시 シ 示唆 시사 黙示録 묵시록
	훈독 しめす 示す 가리키다, 보이다 (他動)
예) 資産5兆ウォン以上の公示対象企業を大企業という。 **자산** 5조 원 이상의 공시대상 기업을 대기업이라 한다.	예) 時計は10時を示しています。 시계는 10시를 **가리키고** 있습니다.
似 닮을 사	識 알 식
[JLPT N3(초중급)] [小5] 부수 : 巾	[JLPT N3(초중급)] [小5] 부수 : 言
음독 ジ 相似 수학적으로 닮음 近似 근사 類似 유사	음독 シキ 識別 식별 鑑識 감식 標識 표식
훈독 にる 似る 닮다, 비슷하다 (自動) 似顔 초상화, 몽타주	
似非 사이비, 천함, 하찮음 真似 흉내, 동작	
예) 私は母に似ています。 저는 엄마랑 **닮았습니다**.	예) 20年間意識不明のままだ。 20년 동안 **의식**불명인 상태다.

術 재주 술	招 부를 초
[JLPT N3(초중급)] [小5] 부수 : 行	[JLPT N3(초중급)] [小5] 부수 : 扌
음독 **ジュツ** 術策 술책 術数 술수 技術 기술	음독 **ショウ** 招請 초청 招待 초대 招聘 초빙
	훈독 **まねく** 招く 손짓해 부르다, 초대하다(他動)
예) 今回の**学術**大会は済州島でしようとしている。 금번 **학술**대회는 제주도에서 하려고 있다.	예) **招き猫**の右足はお金の意味を持っている。 **복고양이(마네키네코)**의 오른발은 돈의 의미를 가지고 있다.

常 항상 상	情 뜻 정
[JLPT N3(초중급)] [小5] 부수 : 巾	[JLPT N3(초중급)] [小5] 부수 : 忄
음독 **ジョウ** 常時 상시 常用漢字 상용한자 日常 일상	음독 **ジョウ** 情 정 情報 정보 友情 우정 **セイ** 風情 풍취, 기색
훈독 **つね** 常 항상, 변하지 않음 常に 항상, 늘 **とこ** 常夏 늘 여름임 常闇 영원한 어둠	훈독 **なさけ** 情け 정, 자비 情けない 한심하다, 무정하다
常磐 영구 불변, 상록	
예) JR全線は**平常**どおり運行しております。 전체 JR선은 **평상시**와 같이 운행하고 있습니다	예) 三星が最下位とは**情けない**。 삼성이 최하위라니 **한심하다**.

職 직분 직	制 절제할 제
[JLPT N3(초중급)] [小5] 부수 : 耳	[JLPT N3(초중급)] [小5] 부수 : 刂
음독 **ショク** 職員 직원 職務 직무 職場 직장	음독 **セイ** 制限 제한 制服 제복 規制 규제
有職 유식, 박식함	
예) 韓国は**就職活動**が厳しいです。 한국은 **취직** 활동이 어렵습니다.	예) イージス艦は**制海権**の確保に欠かせないものだ。 이지스함은 **제해권** 확보에 빠질 수 없다.

性 성품 성	政 정사 정
[JLPT N3(초중급)] [小5] 부수: 忄	[JLPT N3(초중급)] [小5] 부수: 攵
음독 セイ 性格 성격 性質 성질 習性 습성 　　 ショウ 性分 성질 相性 궁합 根性 근성	음독 セイ 政府 정부 政治 정치 行政 행정 　　 ショウ 摂政 섭정 太政官 태정관
	훈독 まつりごと 政 정사, 정치
	政所 정치를 행하는 장소
예) この世で一番強い力はなにかというと母性かもしれない。 이 세상에서 가장 강한 힘은 무엇인가 하면 모성일지도 모른다.	예) 1988年、韓国は軍事政権の終りを向かえた。 1988년 한국은 군사정권의 끝을 맞이했다.
精(精) 정할 정	責 꾸짖을 책
[JLPT N3(초중급)] [小5] 부수: 米	[JLPT N3(초중급)] [小5] 부수: 貝
음독 セイ 精米 정미 精密 정밀 酒精 주정 　　 ショウ 精進 정진, 전념 精霊 정령 不精 게으름	음독 セキ 責任 책임 責務 책무 叱責 질책
	훈독 せめる 責める 비난하다, 괴롭히다, 재촉하다(他動)
예) 原油の精製する技術は韓国が世界一である。 원유를 정제하는 기술은 한국이 세계제일이다.	예) 借金の金利の値上げで、銀行に責められている。 대출 금리 인상으로, 은행한테 시달리고 있다.
絶 끊을 절	祖(祖) 할아비 조
[JLPT N3(초중급)] [小5] 부수: 糸	[JLPT N3(초중급)] [小5] 부수: 礻
음독 ゼツ 絶交 절교 絶妙 절묘 断絶 단절	음독 ソ 祖国 조국 祖父 조부 曾祖 증조
훈독 たえる 絶える 끊어지다, 끝나다, 끊기다(自動) 　　 たやす 絶やす 끊어지게 하다, 끊다(他動) 　　 たつ 絶つ 끊다, 없애다, 뿌리 뽑다(他動)	
	お祖父さん 할아버지 お祖母さん 할머니
예) 離婚したあと、前夫からの生活費の送金が絶えました。 이혼한 후, 전남편이 주던 생활비 송금이 끊겼습니다.	예) 蘇我家の始祖は武内宿禰である。 소가씨의 시조는 다케우치노 스쿠네이다. (일본서기)

増(增) 더할 증	程 한도 정
[JLPT N3(초중급)] [小5] 부수 : 土	[JLPT N3(초중급)] [小5] 부수 : 禾
음독 **ゾウ** 増加 증가 増産 증산 急増 급증	음독 **テイ** 程度 정도 過程 과정 日程 일정
훈독 **ます** 増す 더욱 많아지다 / 　　　많게 하다, 더하다(自・他 両用) 　**ふえる** 増える 늘다, 증가하다(自動) 　**ふやす** 増やす 늘리다, 불리다(他動)	훈독 **ほど** 程 정도, 쯤　程遠い 좀 멀다　身の程 분수
年増 중년의 여인	道程 거리
예) 午後11時からタクシーは**割り増し料**をもらいます。 　오후 11시부터 택시는 **할증료**를 받습니다.	예) **先程**の気象庁の発表のように台風13号は今沖縄付近を通過しているそうです。 　**조금 전**의 기상청 발표와 같이, 13호 태풍이 지금 오키나와 부근을 통과하고 있다고 합니다.

適 맞을 적	統 거느릴 통
[JLPT N3(초중급)] [小5] 부수 : 辶	[JLPT N3(초중급)] [小5] 부수 : 糸
음독 **テキ** 適応 적응　適度 적정한 정도　快適 쾌적	음독 **トウ** 統括 통괄　統率 통솔　伝統 전통
	훈독 **すべる** 統べる 총괄하다, 지배하다(他動)
예) **適切**な判断を下るべきなのが指令室である。 　**적절**한 판단을 내려야만 하는 것이 지령실이다.	예) **統一**は我が民族の悲願であります。 　**통일**은 우리 민족의 비원입니다.

得 얻을 득	任 맡길 임
[JLPT N3(초중급)] [小5] 부수 : 彳	[JLPT N3(초중급)] [小5] 부수 : 亻
음독 **トク** お得 이익, 이득, 유리함　得点 득점　所得 소득	음독 **ニン** 任意 임의　任務 임무　責任 책임
훈독 **える** 得る 얻다, 이해하다 / 　　　~할 수 있다(自・他 両用) 　**うる** 得る ~할 수 있다(他動)	훈독 **まかせる** 任せる 맡기다, 위임하다(他動) 　**まかす** 任す 맡기다(他動)
	任那 가야(임나)
예) **あり得ない**状況を目の当りにしている。 　**있을 수 없는** 상황을 목격하고 있다.	예) 本日限定の**お任せ**定食はいかがでしょうか。 　오늘 한정의 **특선** 정식은 어떻습니까?

能 능할 능	破 깨뜨릴 파
[JLPT N3(초중급)] [小5] 부수 : 肉	[JLPT N3(초중급)] [小5] 부수 : 石
음독 ノウ 能 일본 전통 가면극 可能 가능 効能 효능	음독 ハ 破壊 파괴 破棄 파기 撃破 격파
	훈독 やぶれる 破れる 찢어지다, 터지다, 깨지다(自動) やぶる 破る 깨다, 찢다, 어기다(他動)
能登 현재의 이시카와현 북부 지역	
예) 能楽は加賀、今の金沢で盛んでいました。 노가쿠(일본 전통가면극)은 카가, 지금의 가나자와에서 성행하였습니다.	예) オリンピック記録が破れました。 올림픽 기록이 깨졌습니다.

犯 범할 범	判 가를 판
[JLPT N3(초중급)] [小5] 부수 : 犭	[JLPT N3(초중급)] [小5] 부수 : 刂
음독 ハン 犯行 범행 犯罪 범죄 再犯 재범	음독 ハン 判定 판정 判明 판명 批判 비판 バン A判 A4와 같은 인쇄용지의 재단 치수
훈독 おかす 犯す 범하다, 어기다, 능욕하다(他動)	
예) 防犯カメラの映像にはだれも写ってないです。 방범 카메라 영상에는 누구도 찍혀있지 않습니다.	예) 最高裁判所では、憲法をめぐった裁判も担当している。 최고 재판소에서는 헌법과 관련한 재판도 담당하고 있다.

版 판목 판	非 아닐 비
[JLPT N3(초중급)] [小5] 부수 : 片	[JLPT N3(초중급)] [小5] 부수 : 非
음독 ハン 版籍 판적 活版 활판 出版 출판	음독 ヒ 非情 비정 非運 비운 是非 시비
	似非 사이비, 하찮음
예) 村上春樹の版権をあの出版者が独占した。 무라카미 하루키의 판권을 저 출판사가 독점했다.	예) 非常ブレーキは回生制動なしに摩擦力だけを使います。 비상 브레이크는 회생제동 없이 마찰력만을 사용합니다.

費 쓸 비	備 갖출 비
[JLPT N3(초중급)] [小5] 부수: 貝	[JLPT N3(초중급)] [小5] 부수: 亻
음독 ヒ 費用 비용 消費 소비 学費 학비	음독 ビ 備蓄 비축 備品 비품 守備 수비
훈독 ついえる 費える 줄다, 적어지다, 허비되다(自動) ついやす 費やす 쓰다, 써서 없애다, 낭비하다(他動)	훈독 そなわる 備わる 갖춰지다, 구비되다(自動) そなえる 備える 준비하다, 갖추다, 구비하다(自・他 両用)
	備後 현재 히로시마현 동부 지역
예) 予算を年内に費やさないと、来年の予算が削減されます。 예산을 연내에 **써 없애지 않으면**, 내년 예산이 삭감됩니다.	예) 面接に備えて本を読んでいる。 면접에 **대비하여** 책을 읽고 있다.

貧 가난할 빈	婦 며느리 부
[JLPT N3(초중급)] [小5] 부수: 貝	[JLPT N3(초중급)] [小5] 부수: 女
음독 ヒン 貧窮 빈궁 貧困 빈곤 極貧 극도로 빈곤함 ビン 貧乏 가난함 貧乏性 궁상떠는 성격	음독 フ 婦人 부인 夫婦 부부 家政婦 가정부
훈독 まずしい 貧しい 가난하다, 빈약하다	훈독 まずしい 貧しい 가난하다, 빈약하다
	夫婦 부부 寡婦 과부
예) 貧血にはビタミンCがいいですよ。 **빈혈**에는 비타민C가 좋아요.	예) 電車やバスなどの交通手段に妊婦優先席を設置する法案が可決された。 전철이나 버스 등의 교통수단에 **임산부** 우선석을 설치하는 법안이 가결되었다.

報 갚을 보	務 힘쓸 무
[JLPT N3(초중급)] [小5] 부수: 土	[JLPT N3(초중급)] [小5] 부수: 力
음독 ホウ 報告 보고 報道 보도 情報 정보	음독 ム 義務 의무 勤務 근무 乗務員 승무원
훈독 むくいる 報いる 보답하다, 보복하다(自・他 両用)	훈독 つとまる 勤まる 잘 수행해내다, 감당해 내다(自動) つとめる 務める 임무를 맡다, 역할을 다하다(他動)
예) 北朝鮮は新型コロナウイルスの感染防止のため国境を一時封鎖したと朝鮮日報が報道した。 북한은 코로나19 감염 예방을 위해 국경을 일시 봉쇄했다고 **조선일보**가 **보도**했다.	예) 乗客の安全を最優先にする覚悟で車掌職を務めております。 승객의 안전을 최우선으로 한다는 각오로 차장직을 **맡고** 있습니다.

夢 꿈 몽	迷 미혹할 미
[JLPT N3(초중급)] [小5] 부수 : 夕	[JLPT N3(초중급)] [小5] 부수 : 辶
음독 **ム** 夢幻 몽환　夢中 열중　悪夢 악몽	음독 **メイ** 迷路 미로　迷惑 민폐　混迷 혼미
훈독 **ゆめ** 勤夢 꿈　夢見る 꿈꾸다(自·他 両用)	훈독 **まよう** 迷う 갈피를 못 잡다, 헤매다(自動)
	迷子 미아
예) 私の**夢**はみんなが幸せになるのです。 저의 **꿈**은 모두가 행복해지는 것입니다.	예) 梅田駅の地下街に行くといつも道に**迷います**。 우메다역 지하상가에 가면 항상 길을 **헤맵니다**.
余(餘) 남을 여	容 얼굴 용
[JLPT N3(초중급)] [小5] 부수 : 人	[JLPT N3(초중급)] [小5] 부수 : 宀
음독 **ヨ** 余韻 여운　余地 여지　残余 잔여	음독 **ヨウ** 容器 용기　容子 모양, 상태　寛容 관용
훈독 **あまる** 余る 남다, 넘치다(自動) 　　 **あます** 余す 남게 하다, 남기다(他動)	
余波 여파	容易い 쉽다, 용이하다
예) 百済は夫余と密接な関連がある。 백제는 **부여**와 밀접한 관련이 있다.	예) 憲法裁判所は先程、大統領の弾劾審判で訴追案を認容した。 헌법재판소는 방금 전, 대통령 탄핵심판에서 소추안을 **인용**했다.
留 머무를 류	割 벨 할
[JLPT N3(초중급)] [小5] 부수 : 田	[JLPT N3(초중급)] [小6] 부수 : 刂
음독 **リュウ** 留意 유의　留学 유학　保留 보류 　　 **ル** 留守 부재　留守番電話 부재중 전화	음독 **カツ** 割愛 할애　割腹 할복　分割 분할
훈독 **とまる** 留まる 머물다, 고정되다(自動) 　　 **とめる** 留める 만류하다, 고정시키다(他動)	훈독 **われる** 割れる 갈라지다, 분산되다(自動) 　　 **わる** 割る 나누다(他動) 　　 **わり** 割 할(십분의 일)　割り 나눔, 비율 　　 **さく** 割く 가르다, 떼다, 쪼개다(他動)
歌留多 카드 그림, 화투	
예) 青森には三日間**留まる**予定です。 아오모리에는 3일간 **머물** 예정입니다.	예) 三十を二で**割る**と十五になる。 30을 2로 **나누면** 15가 된다.

危 위태할 위	疑 의심할 의
[JLPT N3(초중급)] [小6] 부수 : 卩	[JLPT N3(초중급)] [小6] 부수 : 疋
음독 **キ** 危機 위기 危険 위험 安危 안위	음독 **ギ** 疑問 의문 疑惑 의혹 容疑 용의
훈독 **あぶない** 危ない 위험하다, 불안하다 **あやうい** 危うい 위태롭다, 위험하다 **あやぶむ** 危ぶむ 위태로워하다, 　　　　　　　　위험히 여기다(他動)	훈독 **うたがう** 疑う 의심하다, 혐의를 두다(他動)
예) 危ない、飲酒運転。するな、酒酔運転。(警視庁) **위험해**, 음주운전. 하지 말자, 음주운전. (경시청)	예) 彼女を共犯かとみんなが疑っている。 그녀를 공범이 아닌가 하고 **의심하고** 있다.

吸 마실 흡	供 이바지할 공
[JLPT N3(초중급)] [小6] 부수 : 口	[JLPT N3(초중급)] [小6] 부수 : 亻
음독 **キュウ** 吸収 흡수 吸入 흡입 呼吸 호흡	음독 **キョウ** 供給 공급 供託 공탁 提供 제공 　　　**ク** 供物 공물 供養 공양
훈독 **すう** 吸う 들이마시다, 마시다, 빨아들이다(他動)	훈독 **そなえる** 供える 바치다, 이바지하다(他動) **とも** 供 수행원　子供 어린 아이
예) たばこ吸う人、ここにいないの。 담배 **피우는** 사람, 여기 없어?	예) 供託金は裁判所でもらえます。 **공탁금**은 법원에서 받을 수 있다.

勤(勤) 부지런할 근	警 깨우칠 경
[JLPT N3(초중급)] [小6] 부수 : 力	[JLPT N3(초중급)] [小6] 부수 : 言
음독 **キン** 勤勉 근면 勤務 근무 出勤 출근 　　　**ゴン** 勤行 근행	음독 **ケイ** 警戒 경계 警告 경고 　　　神奈川県警 가나가와현 경찰
훈독 **つとまる** 勤まる 잘 수행할 수 있다, 　　　　　　　　감당해 내다(自動) **つとめる** 勤める 종사하다, 근무하다, 　　　　　　　　근행하다(他動)	
예) 来年から県庁に勤めることになりました。 내년부터 현청에서 **근무하게** 되었습니다.	예) 警察と消防は詳しい事情について調べています。 **경찰**과 소방은 자세한 사정에 관해 조사하고 있습니다.

權(権) 권세 권	呼 부를 호
[JLPT N3(초중급)] [小6] 부수 : 木	[JLPT N3(초중급)] [小6] 부수 : 口
음독 **ケン** 權威 권위 權限 권한 利權 이권 　　 **ゴン** 權化 화신 權妻 첩	음독 **コ** 呼応 호응 呼吸 호흡 点呼 점호
	훈독 **よぶ** 呼ぶ 부르다(他動)
	嗚呼 오호라, 아아(감동사)
예) 離婚のとき子息の**親權**をだれが持つかに関して 　　お互いがよく争う。 　　이혼할 때 자식의 **친권**을 누가 가지느냐에 관하여 서 　　로가 싸운다.	예) 早く救急車を**呼ん**でください。 　　빨리 구급차를 **불러** 주세요.

誤 그르칠 오	降 내릴 강 / 항복할 항
[JLPT N3(초중급)] [小6] 부수 : 言	[JLPT N3(초중급)] [小6] 부수 : 阝
음독 **ゴ** 誤解 오해 誤字 오자 錯誤 착오	음독 **コウ** 降雨 강우 降参 항복 下降 하강
훈독 **あやまる** 誤る 실패하다, 실수하다, 　　　　　　　그르치다(自・他 両用)	훈독 **おりる** 降りる 내리다, 권리를 포기하다(自動) 　　 **おろす** 降ろす 내리다, 내려뜨리다, 　　　　　　　　　　내려놓다(他動) 　　 **ふる** 降る 비 따위가 오다, 내리다(自動)
	天降る 강림하다, 행차하다(上二 自動)
예) 飛行機の整備は1ミリの**誤差**も許さん。 　　비행기 정비는 1밀리미터의 **오차**도 허락하지 않는다.	예) 明日は今季初の霜が**降る**でしょう。 　　내일은 이번 계절 처음으로 서리가 **내리**겠습니다.

刻 새길 각	困 곤란할 곤
[JLPT N3(초중급)] [小6] 부수 : 刂	[JLPT N3(초중급)] [小6] 부수 : 囗
음독 **コク** 刻印 각인 時々刻々 시시각각 彫刻 조각	음독 **コン** 困窮 곤궁 困難 곤란 貧困 빈곤
훈독 **きざむ** 刻む 새기다, 잘게 썰다, 　　　　　　　칼자국을 내다(他動)	훈독 **こまる** 困る 곤란하다(自動)
예) 現在**時刻**は午後4時30分を過ぎています。 　　현재 **시각**은 오후 4시 30분을 지나고 있습니다.	예) それはちょっと**困ります**。 　　그건 좀 **곤란합니다**.

座 앉을 좌	済(濟) 건널 제
[JLPT N3(초중급)] [小6] 부수 : 广	[JLPT N3(초중급)] [小6] 부수 : 氵
음독 **ザ** 座席 좌석 座談 좌담 星座 별자리	음독 **サイ** 済民 제민, 구민 返済 변제 経済 경제
훈독 **すわる** 座る 앉다, 지위를 이어받다(自動)	훈독 **すむ** 済む 끝나다, 해결되다(自動) **すます** 済ます 끝내다, 마치다, 때우다(他動)
	済み 끝남, 필 百済 백제
예) お座り。 앉아. (개 등 동물에게 명령할 때 어투)	예) 朝御飯もラーメンで済ました。 아침밥도 라면으로 **때웠다**.

若 같을 약	収(收) 거둘 수
[JLPT N3(초중급)] [小6] 부수 : ++	[JLPT N3(초중급)] [小6] 부수 : 又
음독 **ジャク** 若年 약년 若干 약간 自若 자약 **ニャク** 老若男女 남녀노소	음독 **シュウ** 収穫 수확 収入 수입 回収 회수
훈독 **わかい** 若い 젊다 若者 젊은이 若々しい 젊디젊다 **もしくは** 若しくは 또는, 혹은	훈독 **おさまる** 収まる 수습되다, 해결되다(自動) **おさめる** 収める 거두다, 성과를 올리다
若人 젊은이	
예) 若い人3人で何しているの。 젊은 사람 셋이서 뭐 하고 있어?	예) 5年間続けた双竜自動車工場のストライキがいよいよ収まった。 5년간 지속된 쌍용자동차 공장 파업이 드디어 **수습되었다**.

処(處) 곳 처	除 덜 제
[JLPT N3(초중급)] [小6] 부수 : 几	[JLPT N3(초중급)] [小6] 부수 : 阝
음독 **ショ** 処置 처치 処罰 처벌 居處 거처	음독 **ジョ** 除外 제외 除去 제거 削除 삭제 **ジ** 掃除 청소 除目 헤이안 시대의 벼슬 임명식
	훈독 **のぞく** 除く 제거하다, 빼다, 죽이다(他動)
何処 어디 彼処 저기 此処 여기	
예) 僕の処分を待っている。 나의 **처분**을 기다리고 있다.	예) 一方通行路:軽車両を除く 일방통행로(경차를 **제외함**)

洗 씻을 세	窓(窗) 창 창
[JLPT N3(초중급)] [小6] 부수 : 氵	[JLPT N3(초중급)] [小6] 부수 : 穴
음독 **セン** 洗剤 세제 洗面 세면 洗練 세련	음독 **ソウ** 窓外 창 밖 車窓 차창 同窓 동창
훈독 **あらう** 洗う 씻다, 세탁하다(他動)	훈독 **まど** 窓 창 窓口 창구
御手洗 신사 입구에 위치한 입이나 손 등을 씻는 곳	
예) 梅雨には洗い物がたくさんたまっちゃいます。 장마에는 **빨랫감**이 많이 밀려버립니다.	예) JRパスの交換は各駅のみどりの窓口で受け付けられます。 JR패스의 교환은 각 역의 **녹색 창구**에서 접수할 수 있습니다.

存 있을 존	退 물러날 퇴
[JLPT N3(초중급)] [小6] 부수 : 子	[JLPT N3(초중급)] [小6] 부수 : 辶
음독 **ソン** 存在 존재 存続 존속 既存 기존 **ゾン** 保存 보존 存じる 知る・思う・考える의 겸양어	음독 **タイ** 退却 퇴각 退陣 퇴진 早退 조퇴
	훈독 **しりぞく** 退く 물러나다, 후퇴하다(自動) **しりぞける** 退ける 물리치다, 격퇴하다(他動)
예) ご存じですね。 잘 아시네요.	예) 社内性犯罪の疑いで部長を人事部から退けます。 사내 성범죄의 혐의로 부장을 인사부에서 **직위해제합니**다.

宅 집 택·댁	探 찾을 탐
[JLPT N3(초중급)] [小6] 부수 : 宀	[JLPT N3(초중급)] [小6] 부수 : 扌
음독 **タク** 宅地 택지 自宅 자택 住宅 주택	음독 **タン** 探究 탐구 探知 탐지 内探 내정, 내탐
	훈독 **さがす** 探す 찾다(他動) **さぐる** 探る 뒤지다, 탐지하다(他動)
	探湯 정사를 가리기 위하여 신에게 맹세시킨 다음 끓는 물에 손을 담그게 한 일
예) 大雨による交通麻痺で新宿駅には帰宅困難者が300万人ぐらい集まっています。 큰비에 의한 교통 마비로 신주쿠역에는 **귀가** 난민이 300만 명 정도 모여있습니다.	예) 隠れているの分かるぞ、早く探せ！ 숨어 있는 거 다 안다, 빨리 **찾아**!

段 층계 단	値 값 치
[JLPT N3(초중급)] [小6] 부수 : 殳	[JLPT N3(초중급)] [小6] 부수 : 亻
음독 **ダン** 段落 단락　階段 계단　手段 수단	음독 **チ** 価値 가치　数値 수치　偏差値 편차치
	훈독 **ね** 値 값　値段 가격 　　　**あたい** 値 값, 가치
예) 値段が高くて買えないです。 　　가격이 너무 비싸서 살 수 없습니다.	예) インシュリン数値がちょっと低いので、糖尿病に十分警戒してください。 　　인슐린 수치가 조금 낮으므로, 당뇨를 충분히 경계하여 주시기 바랍니다.
頂 정수리 정	痛 아플 통
[JLPT N3(초중급)] [小6] 부수 : 頁	[JLPT N3(초중급)] [小6] 부수 : 疒
음독 **チョウ** 頂上 정상　頂点 정점　絶頂 절정	음독 **ツウ** 痛覚 통각　痛快 통쾌　苦痛 고통
훈독 **いただき** 頂 산꼭대기, 정상 　　　**いただく** 頂く 머리에 이다, 받들다,	훈독 **いたい** 痛い 아프다 　　　**いたむ** 痛む 아프다, 괴롭다(自動) 　　　**いためる** 痛める 아프게하다, 고통을 주다(他動)
예) 頂きます。 　　잘 먹겠습니다.	예) 昨日からずっと頭が痛いです。 　　어제부터 계속 머리가 아픕니다.
難(難) 어려울 난	認 알 인
[JLPT N3(초중급)] [小6] 부수 : 隹	[JLPT N3(초중급)] [小6] 부수 : 言
음독 **ナン** 難易 난이　困難 곤란　非難 비난	음독 **ニン** 認識 인식　認知言語学 인지언어학 　　　　　　承認 승인
훈독 **かたい** 難い 어렵다, 힘들다 　　　**むずかしい** 難しい 어렵다, 곤란하다, 　　　　　　　　고치기 힘들다	훈독 **みとめる** 認める 인정하다, 　　　　　　　인지하다, 판단하다(他動)
예) そんなに難しいの。理解するに難くないのに。 　　그렇게 어려워? 이해하기에 어렵지 않은데.	예) 彼女は容疑を認めていますので、あさって送検します。 　　그녀는 용의를 인정하고 있기에, 모레 검찰에 송치합니다.

背 등 배	晩(晚) 늦을 만
[JLPT N3(초중급)] [小6] 부수 : 肉	[JLPT N3(초중급)] [小6] 부수 : 日
음독 ハイ 背景 배경 背後 배후 腹背 복배	음독 バン 晩夏 늦여름 今晩 오늘저녁 晩御飯 저녁식사
훈독 せ 背 등, 키, 등허리, 산등성이 背中 등, 배후 せい 背 키, 신장 上背 키, 신장 そむく 背く 등지다, 뒤로하다, 멀리하다(自動) そむける 背ける 돌리다, 외면하다(他動)	
	晩稲 늦벼, 늦깎이
예) 彼女に背かれた。 여자친구에게 배신당했다.	예) 「晩」と「夜」は時間的な意味の範囲がちょっと違う。 밤을 뜻하는 '晩'과 '夜'는 시간적인 의미의 범위가 조금 다르다.
否 아닐 부	腹 배 복
[JLPT N3(초중급)] [小6] 부수 : 口	[JLPT N3(초중급)] [小6] 부수 : 月
음독 ヒ 否定 부정 否運 불운 安否 안부	음독 フク 腹痛 복통 異腹兄弟 이복형제 空腹 공복
훈독 いな 否 아니 否む 거절하다, 부정하다(他動)	훈독 はら 腹 배 腹筋 복근 腹帯 복대
예) 電話をもらうや否や彼は飛び出した。 전화를 받자마자 그는 뛰쳐나갔다.	예) 彼の行動に腹が立ちますよ。 그의 행동에 화가 납니다.
閉 닫을 폐	暮 저물 모
[JLPT N3(초중급)] [小6] 부수 : 門	[JLPT N3(초중급)] [小6] 부수 : 日
음독 ヘイ 閉鎖 폐쇄 閉店 폐점 密閉 밀폐	음독 ボ 暮春 늦봄 薄暮 땅거미
훈독 とじる 閉じる 닫히다, 끝나다 / 　　　　　　닫다, 눈을 감다(自・他 両用) とざす 閉ざす 닫다, 잠그다, 폐쇄하다(他動) しまる 閉まる 닫히다(自動) しめる 閉める 닫다(他動)	훈독 くれる 暮れる 저물다, 해가 지다, 세월이 지나다 　　　　　　(自動) 　　くらす 暮らす 세월을 보내다, 살다 / 　　　　　　살아가다, 지내다(自・他 両用)
예) 日本の銀行は普段3時で閉まる。 일본의 은행은 보통 3시에 문을 닫는다.	예) 独り暮らしにしたのも6年目です。 자취하였는지도 6년째입니다.

訪 찾을 방	亡 망할 망
[JLPT N3(초중급)] [小6] 부수 : 言	[JLPT N3(초중급)] [小6] 부수 : 亠
음독 **ホウ** 訪問 방문 探訪 탐방 来訪 내방	음독 **ボウ** 亡父 망부 亡命 망명 存亡 존망 **モウ** 亡者 망자
훈독 **おとずれる** 訪れる 방문하다, 소식을 묻다(自動) **たずねる** 訪ねる 찾다, 방문하다(他動)	훈독 **ない** 亡い 죽고 없다 亡くなる 죽다(自動)
예) いよいよ春が訪れた。 드디어 봄이 **찾아왔다**.	예) 幼いころに父を亡くしました。 어릴 적에 아버지를 **여의었습니다**.
忘 잊을 망	優 뛰어날 우
[JLPT N3(초중급)] [小6] 부수 : 心	[JLPT N3(초중급)] [小6] 부수 : 亻
음독 **ボウ** 忘却 망각 忘年会 망년회 備忘 비망	음독 **ユウ** 優越 우월 優柔不断 우유부단 俳優 배우
훈독 **わすれる** 忘れる 잊다, 잊어버리다(自・他 両用)	훈독 **やさしい** 優しい 상냥하다 **すぐれる** 優れる 뛰어나다, 훌륭하다(自動)
예) 最近、物忘れがひどくなった。 최근에 **건망증**이 심해졌다.	예) 妹が音感が優れています。 여동생이 음감이 **뛰어납니다**.
欲 하고자 할 욕	論 논할 론
[JLPT N3(초중급)] [小6] 부수 : 欠	[JLPT N3(초중급)] [小6] 부수 : 言
음독 **ヨク** 欲望 욕망 欲心 욕심 無欲 무욕	음독 **ロン** 論議 논의 論理 논리 議論 토의, 토론
훈독 **ほっする** 欲する 바라다, 원하다, 갖고 싶다(他動) **ほしい** 欲しい 하고 싶다, 탐나다, 바라다	
	目論見 계획, 의도
예) 出かけると電気を消して欲しい。 나갈 때 스위치를 내려 주기 **바란다**.	예) 朴さんは日韓ハーフで日本語は勿論の英語もうまい。 박상은 한일 혼혈이라 일본어는 **물론**이고 영어도 잘한다.

4. 중급 한자 258자 (JLPT N2 수준)

貝 조개 패	玉 구슬 옥
[JLPT N2(중급)] [小1] 부수 : 貝	[JLPT N2(중급)] [小1] 부수 : 玉
	음독 **ギョク** 玉杯 옥잔 玉音 옥음, 천황의 육성
훈독 **かい** 貝 조개 貝柱 조개관자 貝細工 나전 세공	훈독 **たま** 玉 옥, 진주 玉葱 양파
貝独楽 쇠팽이	玉蜀黍 옥수수
예) ミンギ君は貝が食べられないそうです。 민기 군은 **조개**를 못 먹는 모양인가 봅니다.	예) 玉音放送と共に、第二次世界大戦が終わった。 **옥음**방송과 함께, 제2차 세계대전이 끝났다.

糸(絲) 실 사	森 숲 삼
[JLPT N2(중급)] [小1] 부수 : 糸	[JLPT N2(중급)] [小1] 부수 : 木
음독 **シ** 錦糸 비단실 糸雨 가랑비 製糸 섬유 제작	음독 **シン** 森林 삼림 森閑 고요한 모양
훈독 **いと** 糸 실 糸車 물레 糸柳 수양버들	훈독 **もり** 森 숲 森番 산지기
糸瓜 수세미외, 아주 쓸모없는 것	
예) 記憶の糸をたどる。 기억의 **실마리**를 더듬다.	예) 森林の破壊は、人間が招いたのだ。 **삼림**의 파괴는 인간이 초래한 것이다.

村 마을 촌	竹 대나무 죽
[JLPT N2(중급)] [小1] 부수 : 木	[JLPT N2(중급)] [小1] 부수 : 竹
음독 **ソン** 村長 촌장 農村 농촌	음독 **チク** 竹林 대나무 숲 竹馬の友 죽마고우
훈독 **むら** 村 마을 村里 마을, 촌 村人 마을 사람	훈독 **たけ** 竹 대나무 竹の子 죽순
	竹刀 죽도
예) この村には、もう人がいません。 이 **마을**은 이제 사람이 없습니다.	예) 竹塩はめっちゃ高い。 **죽염**은 엄청 비싸다.

虫(蟲) 벌레 충	林 수풀 림
[JLPT N2(중급)] [小1] 부수 : 虫	[JLPT N2(중급)] [小1] 부수 : 木
음독 **チュウ** 害虫 해충 幼虫 유충	음독 **リン** 林業 임업 密林 밀림
훈독 **むし** 虫 벌레 虫歯 충치	훈독 **はやし** 林 숲, 수풀 松林 솔밭
예) 地球温暖化のせいで、害虫の数がすごく増えている。 지구온난화로 인해, **해충**의 수가 엄청 늘고 있다.	예) アマゾンの密林は地球の肺と呼ばれる。 아마존의 **밀림**은 지구의 허파라 불린다.

羽 깃 우	雲 구름 운
[JLPT N2(중급)] [小2] 부수 : 羽	[JLPT N2(중급)] [小2] 부수 : 雨
음독 **ウ** 羽毛 깃털 換羽 털갈이	음독 **ウン** 雲海 운해 戦雲 전운
훈독 **は** 羽音 날개 소리 一羽 한 마리 **はね** 羽 날개, 새털 羽田空港 하네다 공항	훈독 **くも** 雲 구름 雪雲 눈구름
合羽 우비의 일종	東雲 동쪽 구름, 동틀녘, 새벽
예) 人間にも羽があったら、車は必要ないだろう。 인간에게도 **날개**가 있었다면 자동차는 필요 없을 텐데 말이지.	예) あの雨雲をみれば、もう夕立に会うかも。 저 **비구름**을 본다면, 이제 소나기가 내리겠는데.

角 뿔 각	丸 둥글 환
[JLPT N2(중급)] [小2] 부수 : 角	[JLPT N2(중급)] [小2] 부수 : 丶
음독 **カク** 角度 각도 死角地帯 사각지대	음독 **ガン** 丸薬 환약 弾丸 탄환
훈독 **かど** 角 구석, 귀퉁이 四つ角 네거리 **つの** 角 뿔 角笛 뿔피리	훈독 **まる** 丸 동그라미, 원 丸腰 무방비 **まるい** 丸い 둥글다 丸さ 둥근 정도 **まるめる** 丸める 둥글게 하다, 삭발하다(他動)
角髪 고대 남자의 머리 모양	
예) 角を矯めて牛を殺す。 교각살우	예) 丸い円を描くのは、なかなか難しい。 둥근 원을 그리는 것은 좀처럼 쉽지 않다.

岩 바위 암	戸 집 호
[JLPT N2(중급)] [小2] 부수 : 山	[JLPT N2(중급)] [小2] 부수 : 戸
음독 **ガン** 岩塩 암염 溶岩 용암	음독 **コ** 戸外 옥외 戸籍 호적 下戸 술이 약한 사람
훈독 **いわ** 岩 바위 岩場 바위 밭, 암벽등반	훈독 **と** 戸 문짝, 대문 雨戸 풍우에 대비하는 덧문
	神戸 효고현 고베시
예) 済州島は、溶岩としてつくられた火山島だ。 제주도는, 용암으로 만들어진 화산섬이다.	예) 韓国は戸籍謄本から「家族関係登録簿」に切り替わった。 한국은 호적등본에서 가족관계등록부로 바뀌었다.

黄 누를 황	谷 골 곡
[JLPT N2(중급)] [小2] 부수 : 黄	[JLPT N2(중급)] [小2] 부수 : 谷
음독 **コウ** 黄土 황토 黄泉 황천 **オウ** 黄金 황금 硫黄 유황	음독 **コク** 谷風 골짜기 바람 峡谷 협곡
훈독 **き** 黄色 노란색 **こ** 黄金 금, 금화	훈독 **たに** 谷 골짜기, 계곡 谷間 산골짜기
黄昏 황혼, 쇠퇴기	谷地 습지
예) 地獄谷に入った瞬間、硫黄の臭いがしました。 지고쿠다니에 들어간 순간, 유황 냄새가 났습니다.	예) 梅雨期には、谷で遊ぶのを警戒した方がいい。 장마철에는 계곡에서 노는 것을 경계하는 편이 좋다.

細 가늘 세	算 셈 산
[JLPT N2(중급)] [小2] 부수 : 糸	[JLPT N2(중급)] [小2] 부수 : 竹
음독 **サイ** 細菌 세균 詳細 상세	음독 **サン** 算数 산수 演算 연산 予算 예산
훈독 **ほそい** 細い 가늘다 細道 좁은 길 　　**ほそる** 細る 가늘어지다, 여위다(自動) 　　**こまか** 細か 자세한, 자상한 　　**こまかい** 細かい 세세하다, 자세하다	
細波 잔물결	算盤 주판
예) 炭水化物をたべないと気力が**細**るようになります。 　　탄수화물을 안 먹으면 기력이 **약해지는** 것 같습니다.	예) 委員間の意見の対立により、**予算**委員会は停会した。 　　위원 간의 의견 대립으로, **예산**위원회는 정회했다.

寺 절 사	弱 약할 약
[JLPT N2(중급)] [小2] 부수 : 寸	[JLPT N2(중급)] [小2] 부수 : 弓
음독 **ジ** 寺院 사원 末寺 말사	음독 **ジャク** 弱小 약소 弱震 약한 지진
훈독 **てら** 寺 절, 사찰 尼寺 비구니 절, 수녀원	훈독 **よわい** 弱い 약하다 弱虫 겁쟁이 　　**よわる** 弱る 약해지다, 곤란해지다(自動) 　　**よわまる** 弱まる 약해지다(自動) 　　**よわめる** 弱める 약하게 하다(他動)
예) 近くの**お寺**にシカが住んでいる。 　　근처 **절**에서 사슴이 살고 있다.	예) 台風が上陸し、風が**弱**まってきた。 　　태풍이 상륙하여 바람이 **약해**졌다.

星 별 성	線 줄 선
[JLPT N2(중급)] [小2] 부수 : 日	[JLPT N2(중급)] [小2] 부수 : 糸
음독 **セイ** 星雲 성운 木星 목성 　　**ショウ** 明星 명성	음독 **セン** 線路 선로 電線 전선 本線 본선
훈독 **ほし** 星 별 星影 별빛	
海星 불가사리	
예) 米中間の**火星**開発競争が高まる。 　　미중 간 **화성**개발 경쟁이 치열해진다.	예) 中央**本線**は、踏み切り事故の影響で、一部運転を見合わせております。 　　주오 **본선**은, 건널목 사고로 일부 운행이 지연되고 있습니다.

池 연못 지	麦(麥) 보리 맥
[JLPT N2(중급)] [小2] 부수 : 氵	[JLPT N2(중급)] [小2] 부수 : 麦
음독 **チ** 貯水池 저수지	음독 **バク** 麦芽 맥아 米麦 쌀과 보리
훈독 **いけ** 池 연못 電池 전지 池袋 도쿄 이케부쿠로	훈독 **むぎ** 麦 보리 麦茶 보리차 小麦 밀
	蕎麦 메밀
예) スマホの電池はいつも爆発する恐れがある。 스마트폰의 **전지**는 언제나 폭발할 우려가 있다.	예) 夏には麦茶でしょう。 여름에는 **보리차**지요.

毛 털 모	門 문 문
[JLPT N2(중급)] [小2] 부수 : 毛	[JLPT N2(중급)] [小2] 부수 : 門
음독 **モウ** 毛髪 모발 毛布 모포 体毛 체모	음독 **モン** 門戸 문호, 출입구 部門 부문 門前 문 앞
훈독 **け** 毛 털 髪の毛 머리카락 眉毛 눈썹	훈독 **かど** 門 문, 집 앞 門松 새해에 두는 소나무 장식
旋毛 (머리의) 가마	鳴門 도쿠시마현 나루토시, 밀썰물 때 발생하는 소용돌이 해협
예) 髪の毛を染めたいです。 **머리**를 염색하고 싶어요.	예) 正門は23時になると、閉門いたします。 **정문**은 23시가 되면 **폐문**토록 하겠습니다.

委 맡길 위	央 가운데 앙
[JLPT N2(중급)] [小3] 부수 : 女	[JLPT N2(중급)] [小3] 부수 : 大
음독 **イ** 委員 위원 委任 위임 委細 자세한 사정	음독 **オウ** 震央 진앙 中央 중앙
훈독 **ゆだねる** 委ねる 맡기다, 위임하다(他動)	
예) 後輩に後のことを委ねて、ちょっと休んで。 후배에게 뒷일을 **맡기고** 좀 쉬어.	예) 震源と震央をよくみると、今回の地震の特徴がわかる。 진원과 **진앙**을 잘 보면, 이번 지진의 특징을 알 수 있다.

屋 집 옥	温(溫) 따뜻할 온
[JLPT N2(중급)] [小3] 부수 : 尸	[JLPT N2(중급)] [小3] 부수 : 氵
음독 **オク** 屋上 옥상　社屋 사옥　廃屋 폐가	음독 **オン** 温室 온실　温度 온도　体温 체온
훈독 **や** 屋 집　屋根 지붕　花屋 꽃집	훈독 **あたたか** 温か 따뜻함, 훈훈함 　　**あたたかい** 温かい 따뜻하다, 포근하다 　　**あたたまる** 温まる 따뜻해지다, 훈훈해지다(自動) 　　**あたためる** 温める 따뜻하게 하다, 　　　　　　　　　　　　　오래 지니다(他動)
名古屋 나고야	温む 미지근해지다, 날씨가 풀리다(自動)
예) 部屋にある人形洗いなよ。 　　**방**에 있는 인형 좀 빨아.	예) おにぎり、温めてほしい。 　　삼각김밥, 좀 **데워**줘.

荷 짐 하	階 계층 계
[JLPT N2(중급)] [小3] 부수 : ++	[JLPT N2(중급)] [小3] 부수 : 阝
음독 **カ** 荷重 하중　過負荷 과부하　出荷 출하	음독 **カイ** 階段 계단　三階 삼층　音階 음계
훈독 **に** 荷物 짐　重荷 무거운 짐, 부담 　　　　手荷物 수하물	
稲荷 유부, 여우　仁荷大学 인하대학교	
예) 貨物保険があるから、荷主の方から処理することにした。 　　화물보험이 있으니까, **하주(화주)** 쪽에서 처리하기로 했다	예) 蚕室にあるロッテワールドタワーのは123階の高さである。 　　잠실에 있는 롯데월드타워는 123**층**의 높이이다.

岸 언덕 안	橋 다리 교
[JLPT N2(중급)] [小3] 부수 : 山	[JLPT N2(중급)] [小3] 부수 : 木
음독 **ガン** 岸壁 부두　沿岸 연안　湾岸 만안	음독 **キョウ** 橋脚 교각　橋梁 교량　陸橋 육교
훈독 **きし** 岸辺 물가, 바닷가　川岸 강가	훈독 **はし** 橋 다리　石橋 돌다리 　　　　船橋 선교, 치바현 후나바시시
河岸 냇가, 강변, 어시장	
예) 湾岸線を含む首都高は渋滞が続けてある。 　　**만안**선을 포함하는 수도고속도로는 정체가 지속되고 있다.	예) テロリストは艦橋で抵抗を続けている。 　　테러리스트는 **함교**에서 저항을 이어나가고 있다.

区(區) 나눌 구	軽(輕) 가벼울 경
[JLPT N2(중급)] [小3] 부수 : ㄷ	[JLPT N2(중급)] [小3] 부수 : 車
음독 ク 区域 구역 教区 교구 千代田区 도쿄도 치요다구	음독 ケイ 軽量 경량 軽犯罪 경범죄 軽薄 경박
	훈독 かるい 軽い 가볍다 気軽く 마음 편히, 가볍게 かろやか 軽やか 발랄하고 경쾌함
区々 각기 다름	剽軽 소탈하며 익살스러움
예) 支援に関しては、区役所までお問い合わせください。 지원과 관련하여, 구청에 문의하여 주시기 바랍니다.	예) お婆ちゃん、コロナかかったんだけど、軽症でよかった。 할머니 코로나 걸렸는데 경증이어서 다행이다.

血 피 혈	県(縣) 고을 현
[JLPT N2(중급)] [小3] 부수 : 血	[JLPT N2(중급)] [小3] 부수 : 目
음독 ケツ 血圧 혈압 血液 혈액 出血 출혈	음독 ケン 県 일본 광역자치단체 행정구역 県知事 현지사
훈독 ち 血 피 血眼 혈안, 광분 鼻血 코피	
	県主 다이카 개신 이전의 현을 통치한 수장, 현주
예) 脳の血管が破れて、死んだそうです。 뇌혈관이 터져서, 죽은 모양인가 봅니다.	예) 栃木県より茨城県がもっと田舎です。 도치기현보다 이바라키현이 더 시골입니다.

庫 창 고	湖 호수 호
[JLPT N2(중급)] [小3] 부수 : 广	[JLPT N2(중급)] [小3] 부수 : 氵
음독 コ 金庫 금고 在庫 재고 倉庫 창고 ク 庫裏 절의 주방, 주지의 거실	음독 コ 湖水 호수 湖畔 호반, 호숫가 江湖 강호
	훈독 みずうみ 湖 호수
예) 韓国では、車を買うときに車庫証明はいりません。 한국에서는, 차를 살 때 차고증명이 필요 없습니다.	예) 大学のキャンパス内に湖なんて、有り得ない。 대학 캠퍼스 안에 호수라니, 말도 안 된다.

根 뿌리 근	祭 제사 제
[JLPT N2(중급)] [소3] 부수 : 木	[JLPT N2(중급)] [소3] 부수 : 示
음독 **コン** 根茎 뿌리와 줄기 根拠 근거 禍根 화근	음독 **サイ** 祭礼 제례 葬祭 상제 学園祭 학교 축제
훈독 **ね** 根 뿌리 根本 근본, 근원 根強い 뿌리깊다, 굳건하다	훈독 **まつる** 祭る 제사 지내다, 신으로 모시다(他動) **まつり** 祭り 제사, 축제 血祭り 제물로 사람을 죽임
예) おでんには大根が必須だ。 오뎅에는 **무**가 필수다.	예) お祭りにいけば、おいしい焼きそばが食べられる。 **축제**에 간다면, 맛있는 야키소바를 먹을 수 있다.

皿 그릇 명	州 고을 주
[JLPT N2(중급)] [소3] 부수 : 皿	[JLPT N2(중급)] [소3] 부수 : 川
	음독 **シュウ** 州議会 주의회 欧州 유럽 九州 규슈 지방
훈독 **さら** 皿 접시, 그릇 取り皿 앞접시 灰皿 재떨이	훈독 **す** 州 삼각주 등 강에서의 토사의 퇴적층
	おおやしま
예) 皿が割れてしまった。 **접시**가 깨졌다.	예) 本州から北海道まで新幹線でいけることになった。 **혼슈(일본 본토)**에서 홋카이도까지 신칸센으로 갈 수 있게 되었다.

拾 주을 습 / 열 십	章 글 장
[JLPT N2(중급)] [소3] 부수 : 扌	[JLPT N2(중급)] [소3] 부수 : 立
음독 **シュウ** 拾得 습득 収拾 수습 **ジュウ** 拾万円 십만 엔	음독 **ショウ** 章句 문장의 단락 文章 문장 憲章 헌장
훈독 **ひろう** 拾う 줍다, 골라내다(他動) 拾い物 습득물, 뜻밖의 횡재	
	章魚 문어, 낙지
예) 誰か財布とか拾った人いますか。 누군가 지갑 같은 거 **주운** 사람 있습니까?	예) 昔は印章を偽造することが多かった。 옛날에는 **인장**을 위조하는 일이 많았다.

植 심을 식	炭 숯 탄
[JLPT N2(중급)] [小3] 부수 : 木	[JLPT N2(중급)] [小3] 부수 : 火
음독 **ショク** 植樹 식수 植民地 식민지 移植 이식	음독 **タン** 炭鉱 탄광 炭素 탄소 石炭 석탄
훈독 **うえる** 植える 심다, 사상을 불어넣다(他動) 　　 **うわる** 植わる 심어지다(自動)	훈독 **すみ** 炭 숯 炭火 숯불 堅炭 참숯
	炭団 탄가루를 뭉친 연료, 실패
예) 並木を**植える**工事で幹線道路が渋滞する恐れがある。 　　 가로수를 **심는** 공사로 간선도로가 정체될 우려가 있다.	예) 炭酸はあまり飲まない。 　　 **탄산**은 잘 안 마신다.

短 짧을 단	柱 기둥 주
[JLPT N2(중급)] [小3] 부수 : 矢	[JLPT N2(중급)] [小3] 부수 : 木
음독 **タン** 短歌 단가 短縮 단축 最短 최단	음독 **チュウ** 柱状節理 주상절리 電柱 전신주
훈독 **みじかい** 短い 짧다	훈독 **はしら** 柱 기둥 柱暦 기둥에 거는 일력 　　　　 柱時計 괘종시계
	氷柱 고드름
예) **短い**時間にもちゃんと完成した。 　　 **짧은** 시간에도 제대로 완성했다.	예) 電柱が倒れて、3時間の間に停電となった。 　　 **전신주**가 쓰러져서 3시간 동안 정전되었다.

鉄(鐵) 쇠 철	島 섬 도
[JLPT N2(중급)] [小3] 부수 : 金	[JLPT N2(중급)] [小3] 부수 : 山
음독 **テツ** 鉄筋 철근 鉄板 철판 製鉄 제철	음독 **トウ** 島民 섬 주민 半島 반도 列島 열도
	훈독 **しま** 島 섬 島国 섬나라 小島 작은 섬
예) 激しい雨で**地下鉄**の浸水の恐れがある。 　　 세찬 비로 **지하철** 침수가 우려된다.	예) 朝鮮**半島**の非核化はアメリカの第一目標である。 　　 한**반도** 비핵화는 미국의 가장 우선되는 목표이다.

湯 끓일 탕	童 아이 동
[JLPT N2(중급)] [小3] 부수 : 氵	[JLPT N2(중급)] [小3] 부수 : 立
음독 **トウ** 湯治 온천 치료　銭湯 공중목욕탕	음독 **ドウ** 童画 동화　童顔 동안　神童 신동
훈독 **ゆ** お湯 뜨거운 물　湯気 김, 수증기	훈독 **わらべ** 童 어린이　童歌 전래 동요 京童 교토 젊은이
	河童 아동 형상을 한 수중의 상상 동물
예) **熱湯**は熱すぎていやだ。 　**열탕**은 너무 뜨거워서 싫다.	예) **児童**性犯罪は処罰水位を高めるべきだ。 　**아동** 성범죄는 처벌 수위를 높이는 것이 마땅하다.

農 농사 농	波 물결 파
[JLPT N2(중급)] [小3] 부수 : 辰	[JLPT N2(중급)] [小3] 부수 : 氵
음독 **ノウ** 農業 농업　農家 농가　帰農 귀농	음독 **ハ** 波及 파급　波長 파장　音波 음파
	훈독 **なみ** 波 파도, 물결　津波 해일(쓰나미)
	鯨波 사기 증진을 위한 함성
예) 今の**農協**って、真の農民のための機関だといえるのか。 　지금의 **농협**이라는 게, 정말 농민을 위한 기관이라고 말할 수 있는가.	예) おかけになった電話は**電波**の届かない場所にいるか、電源が入っていないためかかりません。 　지금 거신 전화는 **전파**가 닿지 않는 곳에 있거나 전원이 꺼져 있어 걸리지 않습니다.

倍 곱 배	坂 고개 판
[JLPT N2(중급)] [小3] 부수 : 亻	[JLPT N2(중급)] [小3] 부수 : 土
음독 **バイ** 倍 배, 곱절　倍率 배율　数倍 몇 배	음독 **ハン** 急坂 가파른 언덕　登坂 등판
	훈독 **さか** 坂 언덕, 고개　坂道 비탈길
예) 歩きスマホの事故が去年の**倍**となっている。 　스마트폰을 보며 걷다가 일어난 사고가 작년의 **배**가 된다.	예) **坂道**に駐車するのに、車側ブレーキも引かないつもりだったのか。 　**비탈길**에 주차하는데 사이드 브레이크를 안 채울 생각이었어?

板 널 판	皮 가죽 피
[JLPT N2(중급)] [小3] 부수 : 木	[JLPT N2(중급)] [小3] 부수 : 皮
음독 ハン 板刻 판각, 出板 출판 甲板 갑판 鉄板 철판 バン 板書 판서 黒板 칠판 登板 등판(투수)	음독 ヒ 皮革 피혁 皮膚 피부 脱皮 탈피
훈독 いた 板 판자 板橋 도쿄도 이타바시구	훈독 かわ 皮 껍질, 가죽 生皮 살갗, 피부
예) 踏み板が開く。 　　발판이 열리다.	예) 毛皮のコートがほしい。 　　모피 코트를 갖고 싶다.

鼻 코 비	筆 붓 필
[JLPT N2(중급)] [小3] 부수 : 鼻	[JLPT N2(중급)] [小3] 부수 : 竹
음독 ビ 鼻炎 비염 鼻音 비음 酸鼻 아주 무참함	음독 ヒツ 筆力 필력 筆記 필기 絶筆 절필
훈독 はな 鼻 코 鼻血 코피 目鼻 이목구비, 윤곽	훈독 ふで 筆 붓, 글 쓰는 일 筆箱 필통
예) 地元の耳鼻咽喉科から感染が始まったとみられます。 　　지역의 이비인후과에서 감염이 시작된 것으로 보입니다.	예) 小学生のときには、鉛筆をよく使っていた。 　　초등학생 때에는 연필을 자주 썼다.

氷 얼음 빙	秒 분초 초
[JLPT N2(중급)] [小3] 부수 : 水	[JLPT N2(중급)] [小3] 부수 : 禾
음독 ヒョウ 氷山 빙산 氷河 빙하 結氷 결빙	음독 ビョウ 秒針 초침 秒速 초속 閏秒 윤초
훈독 こおり 氷 얼음 　　　 ひ 氷雨 우박	
氷柱 고드름	
예) 地球温暖化で北極の氷河が溶けている。 　　지구온난화로 북극의 빙하가 녹고 있다.	예) 秒で問題をすべて解いた。 　　짧은 시간에 문제를 모두 풀었다.

油 기름 유	緑(綠) 초록빛 록
[JLPT N2(중급)] [小3] 부수 : 氵	[JLPT N2(중급)] [小3] 부수 : 糸
음독 **ユ** 油圧 유압 油田 유전 軽油 경유(디젤)	음독 **リョク** 緑茶 녹차 緑地 녹지 新緑 신록 **ロク** 緑青 청록
훈독 **あぶら** 油 기름 油濃い 기름지다 油絵 유화	훈독 **みどり** 緑 녹색, 연두 深緑 짙은 녹색
豆油 콩기름, 콩물	
예) 油がなくて大和戦艦の発進が不可能だった。 기름이 없어서 야마토 전함의 발진이 불가능했다.	예) みどりの窓口は、緑色として区分している。 녹색 창구는, 녹색으로 해서 구분하고 있다.

練(練) 익힐 련	衣 옷 의
[JLPT N2(중급)] [小3] 부수 : 糸	[JLPT N2(중급)] [小4] 부수 : 衣
음독 **レン** 練習 연습 試練 시련 訓練 훈련	음독 **イ** 衣服 의복 衣類 의류 作業衣 작업복
훈독 **ねる** 練る 실을 누이다, 반죽하다 / 행진하다(自・他 両用)	훈독 **ころも** 衣 옷 羽衣 깃옷
	浴衣 유카타
예) かき氷を注文すると練乳も出る。 빙수를 주문하면 연유도 준다.	예) 衣食住のなか、今頃に一番大変だとみれるのはやはり住、家の問題だと思う。 의식주 중에서, 지금쯤 가장 힘들다고 볼 수 있는 것은 주, 집 문제라고 생각한다.

印 도장 인	栄(榮) 영화로울 영
[JLPT N2(중급)] [小4] 부수 : 卩	[JLPT N2(중급)] [小4] 부수 : 木
음독 **イン** 印鑑 인감 印刷 인쇄 調印 조인	음독 **エイ** 栄華 영화 栄養 영양 繁栄 번영
훈독 **しるし** 印 표, 증표, 증거 目印 안표, 표적	훈독 **さかえる** 栄える 번영하다, 성하다(自動) **はえ** 栄え 영광, 명예 **はえる** 栄える 돋보이다, 두드러지다(自動)
印度 인도 印欧語族 인도유럽어족	栄螺 소라
예) 1988年のソウル五輪は平和の印となった。 88서울올림픽은 평화의 상징이 되었다.	예) アジア金融危機前までには、大宇財閥は栄えた。 아시아금융위기 전까지는, 대우그룹은 번영했다.

塩(鹽) 소금 염	億 억 억
[JLPT N2(중급)] [小4] 부수 : 土	[JLPT N2(중급)] [小4] 부수 : 亻
음독 **エン** 塩分 염분 塩酸 염산 岩塩 암염	음독 **オク** 億万 억만 一億 일억 巨億 막대한 수
훈독 **しお** 塩 소금 塩辛い 짜다	
塩梅 형편, 방식	億劫 귀찮음, 내키지 않음
예) 私は塩ラーメン。 난 **소금**라멘.	예) ソウルの江南3区の不動産取引価格は平均二億ウォン値上げした。 서울 강남 3구의 부동산 거래 가격은 평균 **2억** 원이 올랐다.

貨 재물 화	課 과정 과
[JLPT N2(중급)] [小4] 부수 : 貝	[JLPT N2(중급)] [小4] 부수 : 言
음독 **カ** 貨幣 화폐 貨物 화물 通貨 통화	음독 **カ** 課 과 課題 과제 放課後 방과후
예) 財貨は希少性がある。 **재화**는 희소성이 있다.	예) ソウル市役所の38徴収課は、地方税の高額滞納者に対する取締を大幅に強化すると発表した。 서울시청 38**징수과**는, 지방세의 고액체납자에 관한 단속을 크게 강화한다고 발표했다.

改 고칠 개	械 기계 계
[JLPT N2(중급)] [小4] 부수 : 攵	[JLPT N2(중급)] [小4] 부수 : 木
음독 **カイ** 改革 개혁 改新 개신 改造 개조	음독 **カイ** 機械・器械 기계 機械文明 기계문명
훈독 **あらためる** 改める 고치다, 조사하다(他動) **あらたまる** 改まる 바뀌다, 개선되다, 격식을 차리다(自動)	
예) 改札口の方から大声がした。 **개찰구** 쪽에서 큰 소리가 났어요.	예) 産業の機械化で、職を失う人が増えた。 산업의 **기계화**로 일자리를 잃는 사람이 늘었다.

各 각각 각	管 대롱 관
[JLPT N2(중급)] [小4] 부수 : 口	[JLPT N2(중급)] [小4] 부수 : 竹
음독 **カク** 害悪 각악 各自 각자 各地 각지 各停 각역정차(일반열차)	음독 **カン** 管制 관제 管理 관리 血管 혈관
훈독 **おのおの** 各・各々 각각, 각자	훈독 **くだ** 管 관, 가락 手管 수단, 농간
	只管 오로지, 일편단심히
예) 船橋の先は各駅に止ります。 후나바시역 다음은 **각역(모든 역)**에 정차합니다.	예) ビザの更新のため入管にいってきます。 비자 갱신 때문에 **출입국관리국**에 좀 다녀올께요.

希 바랄 희	季 계절 계
[JLPT N2(중급)] [小4] 부수 : 巾	[JLPT N2(중급)] [小4] 부수 : 子
음독 **キ** 希少 희소 希薄 희박 古希 고희(일흔)	음독 **キ** 季候 계절과 날씨 雨季 우기 乾季 건기
예) 希釈しても放射線物が無くなるのではない。 **희석**하더라도 방사선 물질이 없어지는 것은 아니다.	예) 四季がはっきりしている国はそんなに多くもない。 **사계**가 뚜렷한 나라는 그렇게 많지도 않다.

協 모일 협	競 다툴 경
[JLPT N2(중급)] [小4] 부수 : 十	[JLPT N2(중급)] [小4] 부수 : 立
음독 **キョウ** 協同 협동 協力 협력 妥協 타협	음독 **キョウ** 競演 경연 競争 경쟁 競売 경매 **ケイ** 競馬 경마 競輪 경륜
	훈독 **きそう** 競う 다투다, 겨루다, 경쟁하다(自動) **せる** 競る 다투다, 입찰경쟁을 하다(他動)
예) 各単位農協の組合長選は全国同時に行われる。 각 단위**농협**의 조합장 선거는 전국 동시로 치러진다.	예) 日本は競馬と競輪、競艇のシステムがよく発達している。 일본은 **3경(경마와 경륜, 경정)** 시스템이 잘 발달되어 있다.

極 다할 극	訓 가르칠 훈
[JLPT N2(중급)] [小4] 부수 : 木	[JLPT N2(중급)] [小4] 부수 : 言
음독 **キョク** 極限 극한 極東 극동 南極 남극 　　　**ゴク** 極上 극상 極微 극미 至極 지극	음독 **クン** 訓育 훈육 訓練 훈련 教訓 교훈
훈독 **きわめる** 極める 극하다, 한도에 이르다(他動) 　　　**きわまる** 極まる 극히 ~하다, 더할 나위 없다(自動) 　　　**きわみ** 極み 극도, 한계	
月極め 월정, 한 달 구독	庭訓 가훈, 가정 교육
예) **極めて**遺憾であります。 　　 **매우** 유감입니다.	예) 名誉会長の**遺訓**を守りながら、新しい経営戦略をたてる。 　　 명예회장의 **유훈**을 지키며, 새로운 경영전략을 세우다.

軍 군사 군	群 무리 군
[JLPT N2(중급)] [小4] 부수 : 車	[JLPT N2(중급)] [小4] 부수 : 羊
음독 **グン** 軍縮 군축 軍隊 군대 陸軍 육군	음독 **グン** 群 무리, 떼 群衆 군중 大群 대군
	훈독 **むら** 群 무리, 떼 群鳥 떼를 지은 새 　　　**むれ** 群れ飛ぶ 떼지어 날다(自動) 　　　　　　 群れ集う 떼지어 모이다(自動) 　　　**むれる** 群れる 떼를 짓다(自動)
軍鶏 싸움닭	
예) 1987年、いよいよ韓国では**軍事政権**が終わる。 　　 1987년, 드디어 한국에서는 **군사정권**이 끝나다.	예) 海雲台に行くと、**群れ飛んで**いる鴎が見れる。 　　 해운대에 간다면, **떼지어 날아다니는** 갈매기를 볼 수 있다.

芸(藝) 재주 예	固 굳을 고
[JLPT N2(중급)] [小4] 부수 : ++	[JLPT N2(중급)] [小4] 부수 : 口
음독 **ゲイ** 芸術 예술 芸能 예능 学芸 학예	음독 **コ** 固定 고정 固体 고체 堅固 견고
	훈독 **かためる** 固める 굳히다, 단단히 하다(他動) 　　　**かたまる** 固まる 굳다, 딱딱해지다(自動) 　　　**かたい** 固い 굳다, 딱딱하다
安芸 히로시마시 아키구	固唾 마른침
예) **文芸**の復興のため、文化庁を文化省として格上げする。 　　 **문예**의 부흥을 위해, 문화청을 문화부로 격상한다.	예) 合意を**固め**、未来に向ける。 　　 합의를 **단단히 하여** 미래로 향하다.

香 향기 향	菜 나물 채
[JLPT N2(중급)] [小4] 부수 : 香	[JLPT N2(중급)] [小4] 부수 : ++
음독 **コウ** 香気 향기 香水 향수 芳香剤 방향제 　　 **キョウ** 香車 장기의 차(車)	음독 **サイ** 菜園 채소밭 菜食 채식 野菜 야채
훈독 **かおる** 香る 향기가 나다, 좋은 내가 나다(自動) 　　 **か** 香 향기, 냄새　色香 여성의 아름다운 모습 　　 **かおり** =香り 향기, 좋은 내	훈독 **な** 菜 야채, 풀때기　菜飯 나물밥
香港 홍콩　香具師 축제 등의 임시적인 잡상인	雪花菜 콩비지　鹿尾菜 톳
예) 炊き立てのごはんの香りは心を安定してくれます。 　　갓 지은 밥의 **냄새**는 마음을 안정시켜 줍니다.	예) 白菜は胃腸にいいと言われています。 　　**배추**는 위장에 좋다고 알려져 있습니다.
材 재목 재	札 편지 찰
[JLPT N2(중급)] [小4] 부수 : 木	[JLPT N2(중급)] [小4] 부수 : 木
음독 **ザイ** 材木 재목　材料 재료　人材 인재	음독 **サツ** 札入 지갑　表札 표찰　入札 입찰
	훈독 **ふだ** 札 표, 팻말　名札 명찰
	札幌市 홋카이도 삿포로시
예) 半導体の核心素材の確保に全世界が集中している。 　　반도체의 핵심 **소재** 확보에 전 세계가 집중하고 있다.	예) 10万ウォンの札の人物を誰にするのかに関して議論になっている。 　　십만원권 **지폐**의 인물을 누구로 할 것인가에 관하여 논의되고 있다.
刷 인쇄할 쇄	児(兒) 아이 아
[JLPT N2(중급)] [小4] 부수 : 刂	[JLPT N2(중급)] [小4] 부수 : 儿
음독 **サツ** 刷新 쇄신　印刷 인쇄　増刷 증쇄	음독 **ジ** 児童 아동　育児 육아　幼児 유아 　　 **ニ** 小児 소아　小児科 소아과
훈독 **する** 刷る 박다, 인쇄하다, 찍어 내다(他動)	
刷毛 솔(브러시)	鹿児島県 가고시마현
예) この地下の印刷室で最初の新聞を刷りました。 　　이 지하의 **인쇄실**에서 최초의 신문을 **인쇄했습니다**.	예) 大統領選挙に出馬した金議員は、政界の風雲児として有名だった。 　　대통령선거에 출마한 김의원은, 정계의 **풍운아**로 유명했다.

周 두루 주	祝(祝) 빌 축
[JLPT N2(중급)] [小4] 부수 : 口	[JLPT N2(중급)] [小4] 부수 : ネ
음독 **シュウ** 周囲 주위 周到 주도 円周率 원주율	음독 **シュク** 祝賀 축하 祝日 축일 慶祝 경축 **シュウ** 祝儀 축의, 결혼식 祝言 축하, 혼례
훈독 **まわり** 回り 사물의 둘레, 주위(주변) *周章てる* 당황하다, 허둥대다(自動)	훈독 **いわう** 祝う 축하하다, 축하의 선물을 하다(他動) *祝詞* 축문
예) **周**りのお客様にご迷惑になりませんようご協力をお願い致します。 **주변** 고객에게 폐를 끼치지 않도록 협력을 부탁드립니다.	예) 先生の新しい出発を**お祝**いいたします。 선생님의 새출발에 **행운이 있기**를 기원합니다.

順 순할 순	初 처음 초
[JLPT N2(중급)] [小4] 부수 : 頁	[JLPT N2(중급)] [小4] 부수 : 刀
음독 **ジュン** 順序 순서 順番 순번 従順 순종	음독 **ショ** 初期 초기 初球 초구(야구) 最初 최초
	훈독 **はじめ** 初め 처음, 최초, 앞에 　　**はじめて** 初めて 처음, 첫 번째로 **はつ** 初 처음, 첫 初耳 처음 듣는 일 **うい** 初産 초산 初々しい 순진하다, 어리다 **そめる** 初める 하기 시작하다(他動) 　　**見初める** 첫눈에 반하다(他動)
예) 漢字を書くときに**筆順**をちゃんと従うときれいな字になる。 한자를 쓸 때 **필순**을 잘 따르면 예쁜 글씨가 된다.	예) 環境ホルモンの影響で女性の**初経**年齢が若くなっている。 환경 호르몬의 영향으로 여성의 **초경** 연령이 어려지고 있다.

焼(燒) 불사를 소	照 비칠 조
[JLPT N2(중급)] [小4] 부수 : 火	[JLPT N2(중급)] [小4] 부수 : 灬
음독 **ショウ** 焼却 소각 焼失 소실 燃焼 연소	음독 **ショウ** 照会 조회 照明 조명 対照 대조
훈독 **やく** 焼く 태우다 / 질투하다(他動) 　　**やける** 焼ける 타다, 구워지다 / 질투나다(自動) *焼売* 샤오마이(딤섬)	훈독 **てる** 照る 비치다, 날이 개다(自動) 　　**てらす** 照す 비추다, 대조하다(他動) 　　**てれる** 照れる 수줍어하다, 쑥스러워하다(自動)
예) 地下鉄での火事で、一編成の車両が**全焼**した。 지하철에서의 화재로 한 개 편성의 차량이 **전소**되었다.	예) 今回の件は法律に**照して**処分する。 이번 건은 법률에 **따라** 처리한다.

城 성 성	臣 신하 신
[JLPT N2(중급)] [小4] 부수: 土	[JLPT N2(중급)] [小4] 부수: 臣
음독 ジョウ 城郭 성곽 城下町 성 안에 발달된 시가	음독 シン 臣下 신하 臣民 신민 君臣 군신 ジン 大臣 대신, 장관
훈독 しろ 城 성, 자기만의 영역 城跡 성터	
磐城 현재의 후쿠시마현에서 미야기현 일대 宮城県 미야기현	
예) ここは俺のお城だから入らないで。 여긴 나만의 영역이니까 오지마.	예) 内閣総理大臣は衆議院解散を要請すると発表した。 내각총리대신은 중의원 해산을 요청한다고 발표했다.

省 살필 성	清 맑을 청
[JLPT N2(중급)] [小4] 부수: 目	[JLPT N2(중급)] [小4] 부수: 氵
음독 セイ 省察 성찰 帰省 귀성 反省 반성 ショウ 省略 생략 各省 각 부처 外務省 외무성	음독 セイ 清水 맑은 물(청수) 清潔 청결 粛清 숙청 ショウ 清浄 청정
훈독 かえりみる 省みる 뒤돌아보다, 반성하다(他動) はぶく 省く 덜다, 생략하다(他動)	훈독 きよい 清い 깨끗하다, 맑다 きよらか 清らかだ 깨끗하다, 맑다 きよまる 清まる 맑아지다(自動) きよめる 清める 맑게 하다, 부정부패를 없애다(他動)
	シン 清 청나라 清水 맑은 물 清々しい 상쾌하다, 산뜻하다
예) 経済の悪化により、来年の予算を省くことにした。 경제 악화로 인하여, 내년 예산을 줄이기로 하였다.	예) 彼女の清い瞳を見た瞬間、この人しかいないと思いました。 그녀의 맑은 눈동자를 본 순간, 이 사람밖에 없다고 생각하였습니다.

浅(淺) 얕을 천	卒 마칠 졸
[JLPT N2(중급)] [小4] 부수: 氵	[JLPT N2(중급)] [小4] 부수: 亠
음독 セン 浅海 천해(얕은 바다), 浅薄 천박 深浅 심천, 깊이	음독 ソツ 卒業 졸업 卒去 서거 脳卒中 뇌졸중
훈독 あさい 浅い 얕다, 깊지 않다, 덜하다 浅瀬 얕은 여울	
예) その企業の歴史は浅い。 그 기업의 역사는 오래되지 않는다.	예) 裁判の結果を聞いたとたん、その場で卒倒してしまった。 재판 결과를 듣자마자, 그 자리에서 졸도해 버렸다.

孫 손자 손	帶(帶) 띠 대
[JLPT N2(중급)] [小4] 부수 : 子	[JLPT N2(중급)] [小4] 부수 : 巾
음독 **ソン** 子孫 자손 従孫 종손 曾孫 증손	음독 **タイ** 帯電 대전(전하를 띰) 携帯 휴대, 휴대전화 連帯 연대
훈독 **まご** 孫 손자 孫娘 손녀딸 外孫 외손	훈독 **おび** 帯 띠, 허리띠 **おびる** 帯びる 몸에 차다, 띠다, 성질을 가지다(他動)
	帯刀 큰 칼을 찬 사람, 황태자의 호위무사
예) いよいよ初孫に見られますね。 드디어 **첫 손주**를 보게 되네요.	예) 日本語は声帯の振動を伴うか伴わないかとして、意味を区別する。 일본어는 **성대**의 진동을 수반하는지, 하지 않는지로 하여금 의미를 구별한다.

達 통달할 달	仲 버금 중
[JLPT N2(중급)] [小4] 부수 : 辶	[JLPT N2(중급)] [小4] 부수 : 亻
음독 **タツ** 達人 달인 達成 달성 調達 조달	음독 **チュウ** 仲介 중개 仲裁 중재 仲秋 음력 팔월
	훈독 **なか** 仲 사이, 관계 仲間 동료, 같은 무리
友達 친구, 벗 伊達 겉멋이 듦, 멋을 부림	仲人 중매인
예) ソウルには四通八達した地下鉄網があるから車は要らない。 서울에는 **사통팔달**한 지하철망이 있으니 차가 필요 없다.	예) 大事な仲間を裏切った。 소중한 **동료**를 배반했다.

兆 조 조	低 낮을 저
[JLPT N2(중급)] [小4] 부수 : 儿	[JLPT N2(중급)] [小4] 부수 : 亻
음독 **チョウ** 兆候 징후 前兆 전조 億兆 억조	음독 **テイ** 低気圧 저기압 低級 저급 高低 고저
훈독 **きざす** 兆す 싹트다, 징조가 보이다(自動) **きざし** 兆し 징조, 조짐	훈독 **ひくい** 低い 낮다 低さ 낮은 정도 **ひくめる** 低める 낮추다(他動) **ひくまる** 低まる 낮아지다(自動)
예) 雨雲を見ると大雨になる凶兆が心配される。 비구름을 보니 큰비가 될 **흉조**가 걱정된다.	예) 暑いからエアコンの設定温度を低めてほしい。 더우니까 에어컨 설정온도를 **낮추어** 줬으면 좋겠다.

底 밑 저	灯(燈) 등잔 등
[JLPT N2(중급)] [小4] 부수 : 广	[JLPT N2(중급)] [小4] 부수 : 火
음독 **テイ** 底 정도, 모양, 밑변 徹底 철저 基底 기저	음독 **トウ** 灯火 등화 灯台 등대 点灯 점등
훈독 **そこ** 底 바닥, 밑 心底 마음속	훈독 **ひ** 灯 등불, 불
	提灯 랜턴
예) 猛暑で発電能力は底をついた。 무더위로 발전능력은 **한도**에 달했다.	예) 暗いので、灯をともします。 어둡기에 **불**을 켜겠습니다.

府 마을 부	副 버금 부
[JLPT N2(중급)] [小4] 부수 : 广	[JLPT N2(중급)] [小4] 부수 : 刂
음독 **フ** 府 부(일본 행정구역) 京都府警 교토부 경찰 　　　政府 정부	음독 **フク** 副業 부업 副審 부심 副作用 부작용
예) 大阪府警は山口組の事務室のガサ入れを実施した。 **오사카부 경찰**은 야마구치구미의 사무실의 압수수색을 실시하였다.	예) 正しい副詞の使用のために例文を中心として勉強したほうがいいかも。 올바른 **부사**의 사용을 위해선 예문을 중심으로 하여 공부하는 편이 좋을지도.

兵 병사 병	辺(邊) 가 변
[JLPT N2(중급)] [小4] 부수 : 八	[JLPT N2(중급)] [小4] 부수 : 辶
음독 **ヘイ** 兵士 병사 兵長 병장 水兵 수병 　　**ヒョウ** 兵糧 병량(군량)	음독 **ヘン** 辺境 변경 海辺 해변 周辺 주변
	훈독 **あたり** 辺り 그곳, 근처, 부근 　　**べ** 海辺 바닷가 窓辺 창가 道辺 길가
예) 韓国の男の子たちは大人になると徴兵されて入隊する。 한국의 남자아이들은 어른이 되면 **징병**되어 입대한다.	예) 仁川辺りにおいしい冷麺屋さんないかな。 인천 **근처**에 맛있는 냉면집 없나?

包 쌀 포	無 없을 무
[JLPT N2(중급)] [小4] 부수 : 勹	[JLPT N2(중급)] [小4] 부수 : 灬
음독 **ホウ** 包囲 포위　包容 포용　内包 내포	음독 **ム** 無益 무익　無給休暇 무급휴가　有無 유무 **ブ** 無事 무사　無難 무난　無礼 무례
훈독 **つつむ** 包む 싸다(他動)　小籠包 샤오롱바오	훈독 **ない** 無い 없다　無くす 없애다, 잃다(他動)
	無花果(いちじく) 무화과
예) 事故の真相を包もうとする企業を糾弾する. 사고의 진상을 **감추려** 하는 기업을 규탄한다.	예) 空港で携帯を無くしてしまった. 공항에서 휴대전화를 **잃어**버렸다.

勇 날랠 용	浴 목욕할 욕
[JLPT N2(중급)] [小4] 부수 : 力	[JLPT N2(중급)] [小4] 부수 : 氵
음독 **ユウ** 勇気 용기　勇士 용사　武勇 무용	음독 **ヨク** 浴室 욕실　浴槽 욕조　海水浴 해수욕
훈독 **いさむ** 勇む 기운이 솟다, 격려하다(自動) 勇ましい 용감하다, 씩씩하다	훈독 **あびる** 浴びる 뒤집어쓰다(他動) **あびせる** 浴びせる 씌우다, 끼얹다, 퍼붓다(他動)
	浴衣(ゆかた) 유카타
예) 勇断な決定に感謝いたします. **용단**한 결정에 감사드립니다.	예) シャワーを浴びてから寝ると気持ちいい. **샤워하고** 나서 자면 기분 좋다.

陸 뭍 륙	量 헤아릴 량
[JLPT N2(중급)] [小4] 부수 : 阝	[JLPT N2(중급)] [小4] 부수 : 里
음독 **リク** 陸橋 육교　陸地 육지　水陸 수륙	음독 **リョウ** 量産 양산　多量 다량　質量 질량
	훈독 **はかる** 量る 무게나 길이 등을 재다(他動)
常陸(ひたち) 현 이바라키현 일대　陸奥(むつ) 현 도호쿠지방 일대	
예) 当機はまもなく着陸いたします. 당 비행기는 잠시 후 **착륙**합니다.	예) 目で量ってみたとしてもわかるの. 눈으로 **쟀다고** 한들 알겠어?

輪 바퀴 륜	令 하여금 령
[JLPT N2(중급)] [小4] 부수 : 車	[JLPT N2(중급)] [小4] 부수 : 人
음독 **リン** 輪禍 윤화, 교통사고　輪郭 윤곽　年輪 연륜	음독 **レイ** 令状 영장　法令 법령　命令 명령
훈독 **わ** 輪 고리, 나이테　首輪 목걸이　指輪 반지	
	律令 율령　仮令 가령, 설령
예) 日本は競輪が盛んでいる。 일본은 **경륜**이 잘 발달되어 있다.	예) 津波注意報が発令されました。 지진해일 주의보가 **발령**되었습니다.

録(錄) 기록할 록	圧(壓) 누를 압
[JLPT N2(중급)] [小4] 부수 : 金	[JLPT N2(중급)] [小5] 부수 : 土
음독 **ロク** 録音 녹음　記録 기록　登録 등록	음독 **アツ** 圧縮 압축　圧力 압력　高血圧 고혈압
型録 カタログ 카탈로그	
예) 何故なのか議事録を公開していない。 왜인지 **회의록**을 공개 안 하고 있다.	예) 熱帯低気圧が成長すると台風となる。 열대**저기압**이 성장하면 태풍이 된다.

囲(圍) 둘레 위	移 옮길 이
[JLPT N2(중급)] [小5] 부수 : 囗	[JLPT N2(중급)] [小5] 부수 : 禾
음독 **イ** 周囲 주위 範囲 범위 雰囲気 분위기	음독 **イ** 移行 이행 移転 이전 転移 전이
훈독 **かこむ** 囲む 두르다, 둘러싸다, 바둑을 두다(他動) 　　　**かこう** 囲う 둘러싸다, 숨겨두다(他動)	훈독 **うつる** 移る 옮기다, 이동하다, 마음이 변하다(自動) 　　　**うつす** 移す 옮기다, 자리를 바꾸다(他動)
예) 京都は山に囲まれた盆地地形である。 　　교토는 산으로 **둘러싸인** 분지 지형이다.	예) コロナを移すのは、結局人間である。 　　코로나를 **옮기는** 건 결국엔 인간이다.
永 길 영	営(營) 운영할 영
[JLPT N2(중급)] [小5] 부수 : 水	[JLPT N2(중급)] [小5] 부수 : 丷
음독 **エイ** 永遠 영원 永久 영구 永続 영속	음독 **エイ** 営業 영업 営利 영리 経営 경영
훈독 **ながい** 永い (시간적으로)길다	훈독 **いとなむ** 営む 일하다, 경영하다, 짓고 살다(他動)
とこしえ 永久 영구적인	
예) 永年の習慣を変えるのはあまりにも無理だ。 　　오랜 세월 동안(**영년**)의 습관을 바꾸는 것은 아무래도 무리다.	예) 大阪市営地下鉄は84年の歴史を終わりに、大阪メトロとして新しく営業を始める。 　　오사카**시영**지하철은 84년의 역사를 끝으로, 오사카 메트로로 하여금 새롭게 운영을 시작한다.
液 진 액	河 강 하
[JLPT N2(중급)] [小5] 부수 : 氵	[JLPT N2(중급)] [小5] 부수 : 氵
음독 **エキ** 液状 액상 液体 액체 唾液 타액	음독 **カ** 河口 하구 河川 하천 渡河 도하
	훈독 **かわ** 河原 강가의 모래 및 자갈밭
	河豚 복어
예) 地震が起きると地盤に液状化現象が表われたりする。 　　지진이 일어난다면, 지반에 **액상화**현상이 나타나거나 한다.	예) スエズ運河の工事で、欧州到着の船便の運航を見合わせます。 　　수에즈 **운하** 공사로, 유럽 도착 선편의 운항을 보류합니다.

快 바를·상쾌할 쾌	額 이마 액
[JLPT N2(중급)] [小5] 부수: 忄	[JLPT N2(중급)] [小5] 부수: 頁
음독 **カイ** 快活 쾌활 快癒 쾌유 不愉快 불쾌	음독 **ガク** 額縁 액자 額面 액면 増額 증액
훈독 **こころよい** 快い 상쾌하다, 시원하다, 병세가 좋다	훈독 **ひたい** 額 이마 額髪 이마 위 머리카락
예) この電車は、りんかい線構内には**快速**運行いたします。 우리 열차는, 린카이선(도쿄 내 미나토구 일대 철도) 구내에서는 **쾌속** 등급으로 운행합니다.	예) 日軽平均株価は前年に比べ**半額**となった。 닛케이 평균지수는 전년과 비교해 **반액**이다.

刊 새길 간	技 재주 기
[JLPT N2(중급)] [小5] 부수: 刂	[JLPT N2(중급)] [小5] 부수: 扌
음독 **カン** 刊行 간행 月刊 월간 創刊 창간	음독 **ギ** 技術 기술 技量 기량 競技 경기
	훈독 **わざ** 技 기술, 재주, 수단 技あり 유도에서의 절반
예) **新刊**を出版するため夏休みもないと決心した。 **신간**을 출판하기 위해 여름방학도 없다고 결심했다.	예) もう一度の**技**ありで一本勝利した。 더 한 번의 **절반**으로 한판 승했다.

逆 거스를 역	久 오랠 구
[JLPT N2(중급)] [小5] 부수: 辶	[JLPT N2(중급)] [小5] 부수: 丿
음독 **ギャク** 逆境 역경 逆心 역심 不可逆 불가역	음독 **キュウ** 久闊 구활, 격조 永久 영구 耐久性 내구성 **ク** 久遠 구원 久留米 후쿠오카현 구루메시
훈독 **さか** 逆 거꾸로 됨 逆立 물구나무서기 **さからう** 逆らう 거스르다, 반항하다(自動)	훈독 **ひさしい** 久しい 오래다, 오랜간만이다, 명이 길다
예) 親に**逆**らって家出しました。 부모에게 **거스르고** 가출했습니다.	예) お**久**しぶりです。 **오래간만**입니다.

旧(舊) 옛 구	境 지경 경
[JLPT N2(중급)] [小5] 부수 : 日	[JLPT N2(중급)] [小5] 부수 : 土
음독 **キュウ** 旧式 구식 旧暦 음력(구력) 復旧 복구	음독 **キョウ** 境界 경계 境地 경지 国境 국경 **ケイ** 境内 경내
	훈독 **さかい** 境 경계, 기로 見境 분별, 판별
예) 親に韓国の旧正月を「ソルラル」と言います。 한국의 **음력** 정월을 '설날'이라 합니다.	예) 急病にかかった彼は生死の境で自分との戦いに入った。 급병에 걸린 그는 생사의 **기로**에서 자신과의 싸움에 들어갔다.

均 고를 균	禁 금할 금
[JLPT N2(중급)] [小5] 부수 : 土	[JLPT N2(중급)] [小5] 부수 : 示
음독 **キン** 均一 균일 均衡 균형 平均 평균	음독 **キン** 禁煙 금연 禁裏 금리(天皇의 거처) 解禁 해금
예) 共産主義は、共同生産・均等分配の原則を適用する。 공산주의는 공동생산과 **균등**분배 원칙을 적용한다.	예) 福島第一原発の事故により、日本からの水産物の輸入は禁止された。 후쿠시마 제1원전의 사고로, 일본산 수산물 수입이 **금지되었다**.

型 모형 형	減 덜 감
[JLPT N2(중급)] [小5] 부수 : 土	[JLPT N2(중급)] [小5] 부수 : 氵
음독 **ケイ** 形式 형식 定型 정형 模型 모형	음독 **ゲン** 減産 감산 減少 감소 激減 격감
훈독 **かた** 型 본, 거푸집, 형태 型破り 형식의 파괴. 파격적	훈독 **へる** 減る 줄다, 적어지다, 배고프다(自動) **へらす** 減らす 줄이다, 감하다(他動)
	減り張り 억양, 연극 내 관객과의 호흡
예) もっと大きい型のシャツはありませんか。 **치수**가 더 큰 셔츠는 없습니까?	예) 急に体重が減る場合は癌が疑える。 갑자기 체중이 **줄** 때는 암을 의심할 수 있다.

個 낱 개	效(効) 본받을 효
[JLPT N2(중급)] [小5] 부수 : 亻	[JLPT N2(중급)] [小5] 부수 : 力
음독 **コ** 個室 개인실 個人 개인 一個 한 개	음독 **コウ** 効果 효과 効率 효율 失効 실효
	훈독 **きく** 効く 효과가 있다, 유효히 작용하다(自動)
예) 個人の個性が認定される時期が至った。 개인의 개성이 인정받는 시기가 도래했다.	예) 難病にもよく効く薬を作り出すのが製薬会社の宿命である。 난치병에도 잘 듣는 약을 만들어내는 것이 제약회사의 숙명이다.

厚 두터울 후	耕 밭갈 경
[JLPT N2(중급)] [小5] 부수 : 厂	[JLPT N2(중급)] [小5] 부수 : 耒
음독 **コウ** 厚生労働省 후생노동성 濃厚 농후	음독 **コウ** 耕作 경작 耕作地 경작지 農耕 농경
훈독 **あつい** 厚い 두텁다, 이익이 많다 分厚い 두껍다	훈독 **たがやす** 耕す 논밭을 갈다
예) 厚労相の交代説が自民党内から出た。 후생노동대신의 교체설이 자민당 내에서 나왔다.	예) 婆ちゃんは夜明けから畑を耕します。 할머니는 새벽부터 밭을 갑니다.

航 배 항	鉱(鑛) 쇳돌 광
[JLPT N2(중급)] [小5] 부수 : 舟	[JLPT N2(중급)] [小5] 부수 : 金
음독 **コウ** 航海 항해 航路 항로 密航 밀항	음독 **コウ** 鉱業 광업 鉱石 광석 鉄鉱 철광
예) 大韓航空は4月から仁川と仙台との直行便を就航すると発表した。 대한항공은 4월부터 인천과 센다이와의 직행편을 취항한다고 발표했다.	예) 廃鉱の観光施設としての再活用だけが江原道の復興を期待できるだろう。 폐광의 관광시설로의 재활용만이 강원도의 부흥을 기대할 수 있을 것이다.

講 월 강	混 섞일 혼
[JLPT N2(중급)] [小5] 부수 : 言	[JLPT N2(중급)] [小5] 부수 : 氵
음독 **コウ** 講演 강연, 공연 講義 강의 聴講 청강	음독 **コン** 混血 혼혈 混雑 혼잡 混沌 혼돈
	훈독 **まじる** 混じる 섞이다, 사귀다(自動) **まざる** 混ざる 섞이다(自動) **まぜる** 混ぜる 넣어서 섞다, 혼합하다, 참견하다(他動) **こむ** 混む 붐비다, 혼잡하다(自動)
	混凝土 (コンクリート) 콘크리트
예) 衆議院は**講**和条約の批准を可決した。 중의원은 **강화**조약의 비준을 가결했다.	예) 蚕室はいつも人で**混**みます。 잠실은 항상 사람으로 **붐빕니다**.
査 조사할 사	再 두 재
[JLPT N2(중급)] [小5] 부수 : 木	[JLPT N2(중급)] [小5] 부수 : 冂
음독 **サ** 査察 사찰 巡査 순사 調査 조사	음독 **サイ** 再会 재회 再婚 재혼 再建 재건 **サ** 再来月 다다음달 再来週 다다음주 再来年 내후년
	훈독 ふたたび 再び 재차, 다시
	再従兄弟 (はとこ) 재종(육촌) 형제
예) 山田**巡査**部長が警部補と昇進した。 야마다 **순사부장(경사)**가 경부보(경위)로 승진했다.	예) **再び**帰国することはもうないだろう。 **다시** 귀국할 일은 이제 없겠지.
採 캘 채	史 사기 사
[JLPT N2(중급)] [小5] 부수 : 扌	[JLPT N2(중급)] [小5] 부수 : 口
음독 **サイ** 採血 채혈 採集 채집 伐採 벌채	음독 **シ** 史学 사학 史劇 사극 歴史 역사
훈독 とる 採る 뽑다, 채집하다, 채용하다(他動)	
예) 糖尿病だから毎日血を**採**って血糖をチェックしています。 당뇨가 있어 매일 피를 **뽑아** 혈당을 체크하고 있습니다.	예) 正しい**史**観って結局相対的な話ではないか。 올바른 **역사관**이라는 것도 결국 상대적인 이야기지 않아?

枝 가지 지	述 펼 술
[JLPT N2(중급)] [小5] 부수 : 木	[JLPT N2(중급)] [小5] 부수 : 辶
음독 シ 枝葉 지엽	음독 ジュツ 述語 술어 記述 기술 陳述 진술
훈독 えだ 枝 가지 枝豆 청태콩(에다마메)	훈독 のべる 述べる 말하다, 진술하다, 기술하다(他動)
예) ビールのおつまみには枝豆が最高です。 맥주 안주는 **청태콩(에다마메)**가 최고입니다.	예) 以上述べたよう、指摘した部分を今後の研究課題としたい。 이상 **기술한** 바와 같이, 지적한 부분을 추후의 연구 과제로 삼고 싶다.

準 준할 준	象 코끼리 상
[JLPT N2(중급)] [小5] 부수 : 氵	[JLPT N2(중급)] [小5] 부수 : 豕
음독 ジュン 準急 준급 準備 준비 基準 기준	음독 ショウ 象徴 상징 印象 인상 気象 기상 ゾウ 象 코끼리 象牙 상아
水準 수준기, 수평기	亀虫 노린재
예) MBCラジオの標準周波数はFM96.5MHzである。 MBC 라디오의 **표준** 주파수는 FM 96.5메가헤르츠다.	예) あの後輩は第一印象が悪すぎる。 저 후배는 **첫인상**이 너무나도 안 좋다.

賞 상줄 상	状(狀) 형상 상 / 문서 장
[JLPT N2(중급)] [小5] 부수 : 貝	[JLPT N2(중급)] [小5] 부수 : 犬
음독 ショウ 賞罰 상벌 賞状 상장 受賞 수상	음독 ジョウ 状況 상황 液状 액상 訴状 소장
예) 去年の入賞作品はここから展示されております。 작년의 **입상**작품은 여기부터 전시되어 있습니다.	예) 令状請求のため裁判所へ行きます。 **영장** 청구하러 법원에 갑니다.
勢 형세 세	税 세금 세
[JLPT N2(중급)] [小5] 부수 : 力	[JLPT N2(중급)] [小5] 부수 : 禾
음독 セイ 勢力 세력 気勢 기세 優勢 우세	음독 ゼイ 税金 세금 課税 과세 免税 면세
훈독 いきおい 勢い 기세, 당시 진행상	
伊勢 현재의 미에현 일대	
예) すごい勢いで逃走している車を追い掛けるパトカー。 무서운 **기세**로 도주하고 있는 차를 뒤쫓는 순찰차.	예) 米国は中国産バッテリの関税を最大350%引き上げすると明らかにした。 미국은 중국산 베터리의 **관세**를 최대 350퍼센트 인상한다고 밝혔다.
績 옷짤 적	接 이을 접
[JLPT N2(중급)] [小5] 부수 : 糸	[JLPT N2(중급)] [小5] 부수 : 扌
음독 セキ 業績 업적 成績 성적 紡績 방적	음독 セツ 接岸 접안 接待 접대 間接 간접
	훈독 つぐ 接ぐ 접하다, 이어 붙이다(他動)
예) 今月の売り上げ金額の実績、めっちゃ上げたね。 이번 달 판매금액 **실적**, 엄청나게 올렸네.	예) 停車場接近、新大阪駅停車、制限120キロ。 정차장 **접근**, 신오사카역 정차, 제한 120킬로미터.

設 베풀 설	総(總) 거느릴 총
[JLPT N2(중급)] [小5] 부수 : 言	[JLPT N2(중급)] [小5] 부수 : 糸
음독 セツ 設置 설치 設備 설비 建設 건설	음독 ソウ 総意 총의 総括 총괄 総武線 소부선(치바현 일대 JR 간선철도)
훈독 もうける 設ける 마련하다, 만들다, 설치하다(他動)	
	上総 현재의 치바현 중앙부 下総 현재의 치바현 북부
예) 施設管理の責任は自治体が持つ。 시설관리의 책임은 지방자치단체가 가진다.	예) 自民党の総選挙で岸田氏が総裁に選ばれた。 자민당 총선거에서 기시다 씨가 총재로 선출되었다.

造 지을 조	像 모양 상
[JLPT N2(중급)] [小5] 부수 : 辶	[JLPT N2(중급)] [小5] 부수 : 亻
음독 ゾウ 造花 조화 造船 조선 創造 창조	음독 ゾウ 映像 영상 現像 현상 仏像 불상
国造 세습 호족	
예) パスポートを偽造するのは重罪である。 여권을 위조하는 것은 중죄다.	예) 彼の胸像がデモで引き下ろされた。 그의 흉상이 시위로 끌어 내려졌다.

則 법 칙	測 잴 측
[JLPT N2(중급)] [小5] 부수 : 刂	[JLPT N2(중급)] [小5] 부수 : 氵
음독 **ソク** 則天去私 칙천거사(하늘의 뜻을 따르며 사심을 버림) 原則 원칙 変則 변칙	음독 **ソク** 測量 측량 測定 측정 推測 추측
	훈독 **はかる** 測る 무게나 길이 등을 재다(他動)
예) **規則**の守らない奴等は対しなくてもいい。 　　**규칙**을 지키지 않는 놈들은 상대하지 않아도 된다.	예) 台風の経路の**予測**は難しいです。 　　태풍 경로의 **예측**은 어렵습니다.
損 덜 손	**態 모습 태**
[JLPT N2(중급)] [小5] 부수 : 扌	[JLPT N2(중급)] [小5] 부수 : 心
음독 **ソン** 損失 손실 損害 손해 欠損 결손	음독 **タイ** 態勢 태세 態度 태도 状態 상태
훈독 **そこなう** 損なう 손상하다, 부수다, 기분을 상하게 하다(他動) 　　**そこねる** 増損ねる 손상하다, 건강을 해치다(他動)	
	態々 일부러, 특별히
예) スーツケースの**破損**した場合には、近くの職員までお問い合わせください。 　　캐리어가 **파손**된 경우에는 근처 직원에게 문의하여 주시기 바랍니다.	예) **受動態**と使役受け身の例文をよく覚えるのが自然な日本語を使う確率が高まります。 　　**수동태**와 사역수동의 예문을 잘 외우는 것이 자연스러운 일본어를 쓸 확률이 올라갑니다.
団(團) 둥글 단	**断(斷) 끊을 단**
[JLPT N2(중급)] [小5] 부수 : 口	[JLPT N2(중급)] [小5] 부수 : 斤
음독 **ダン** 団結 단결 団地 단지 入団 입단 　　**トン** 団栗 도토리 布団 이불	음독 **ダン** 断頭台 단두대 断食 단식 横断 횡단
	훈독 **たつ** 断つ 끊다, 자르다, 금기하다(他動) 　　**ことわる** 断わる 거절하다, 사퇴하다, 예고하다(他動)
団扇 부채 団居 둘러앉음, 단란	
예) **営団**地下鉄は東京メトロとして営業を続ける。 　　제도고속도교통영단(재무성 산하의 도쿄 관내 지하철 운영단체) 지하철은 도쿄메트로로 하여 운영을 계속한다.	예) たばこを**断った**人とは交際しないで。 　　담배 **끊은** 사람과는 상종하지 마라.

築 쌓을 축	貯 쌓을 저
[JLPT N2(중급)] [小5] 부수 : 竹	[JLPT N2(중급)] [小5] 부수 : 貝
음독 **チク** 築城 축성 建築 건축 新築 신축	음독 **チョ** 貯蔵 저장 貯蓄 저축 貯水池 저수지
훈독 **きずく** 築く 쌓아 올리다, 구축하다(他動)	
築地 토담 築地 매립지	
예) 信用カードの使用は信用を築く行為である。 신용카드 사용은 신용을 **쌓는** 행위다.	예) ちゃんと貯金したほうがいいよ。 제대로 **저금**하는 편이 좋아.

停 머무를 정	銅 구리 동
[JLPT N2(중급)] [小5] 부수 : 亻	[JLPT N2(중급)] [小5] 부수 : 金
음독 **テイ** 停止 정지 停学 정학 停電 정전	음독 **ドウ** 銅像 동상 銅板 동판 黄銅 황동
停止 정지	銅鑼 징(타악기)
예) 韓国は終戦ではなく停戦状態である。 한국은 종전이 아닌 **정전**상태에 있다.	예) 銅を狙った架線の切断事件が相次いでいます。 **구리**를 노린 가선(전선) 절단 사건이 계속되고 있습니다.

導 인도할 도	毒 독 독
[JLPT N2(중급)] [小5] 부수 : 寸	[JLPT N2(중급)] [小5] 부수 : 母
음독 **ドウ** 導入 도입 指導 지도 先導 선도	음독 **ドク** 毒 독 毒蛇 독사 消毒 소독
훈독 **みちびく** 導く 이끌다, 인도하다, 지도하다(他動)	
예) 21世紀には半導体が戦争のキーになるに違いない。 21세기에는 **반도체**가 전쟁의 열쇠가 됨이 틀림없다.	예) 彼女を毒殺した犯人はここにいます。 그녀를 **독살**한 범인이 여기 있습니다.

比 견줄 비	布 베 포
[JLPT N2(중급)] [小5] 부수 : 比	[JLPT N2(중급)] [小5] 부수 : 巾
음독 ヒ 比較 비교 比重 비중 対比 대비	음독 フ 布陣 포진 宣戦布告 선전포고 綿布 면포
훈독 くらべる 比べる 비교하다, 경쟁하다(他動)	훈독 ぬの 貧布 천, 옷감, 직물 麻布 삼베
比丘尼 비구니	搗布 감태
예) 前年に比べ、2倍ぐらい減少しました。 전년과 **비교하여** 2배 정도 감소하였습니다.	예) 大統領が新憲法を公布する。 대통령이 신헌법을 **공포**한다.

武 호반 무	復 회복할 복 / 다시 부
[JLPT N2(중급)] [小5] 부수 : 止	[JLPT N2(중급)] [小5] 부수 : 彳
음독 ブ 武士 무사 武力 무력 文武 문무 ム 武者 무사 荒武者 용맹한 무사, 난폭자	음독 フク 復帰 복귀 復活 부활 回復 회복
もののふ 武士 무사, 무인	
예) 西武線は武蔵の西側を運行する鉄道という意味である。 **세이부선**(도쿄 ~ 사이타마 간 사철)은 **무사시**(현재의 도쿄 부근)의 서쪽을 운행하는 철도라는 의미다.	예) 1年ぶりに首都を修復した。 1년 만에 수도를 **수복**했다.

複 겹칠 복	仏(佛) 부처 불
[JLPT N2(중급)] [小5] 부수 : 衤	[JLPT N2(중급)] [小5] 부수 : 亻
음독 フク 複雑 복잡 複数 복수 重複 중복	음독 ブツ 仏教 불교 念仏 염불 阿弥陀仏 아미타불
	훈독 ほとけ 仏 부처 仏様 부처님
	仏蘭西 불란서(프랑스)
예) 複写した資格証書は認めません。原本を持参してください。 **복사**된 자격증서는 인정하지 않습니다, 원본을 지참하여 주시기 바랍니다.	예) 仏大統領との首脳会談は明日行われる予定です。 **불란서**(프랑스) 대통령과의 수뇌회담은 내일 거행될 예정입니다.

粉 가루 분	編 엮을 편
[JLPT N2(중급)] [小5] 부수 : 米	[JLPT N2(중급)] [小5] 부수 : 糸
음독 **フン** 粉食 분식 粉末 분말 花粉 화분, 꽃가루	음독 **ヘン** 編集 편집 編成 편성 長編 장편
훈독 **こ** 粉 가루, 분말 汁粉 단팥죽 薄力粉 박력분 **こな** 粉 가루, 밀가루 粉々 산산조각	훈독 **あむ** 編む 엮다, 뜨다, 짜다(他動)
白粉 분	
예) 薬を飲み込むのが大変でいつも**粉薬**でお願いしています。 약을 넘기는 것이 어려워서 항상 **가루약**으로 부탁하고 있습니다.	예) 東京旅行の日程を**編もう**としていました。 도쿄 여행 일정을 **짜려** 했습니다.

防 막을 방	貿 무역 무
[JLPT N2(중급)] [小5] 부수 : ß	[JLPT N2(중급)] [小5] 부수 : 貝
음독 **ボウ** 防衛 방위 防止 방지 消防 소방	음독 **ボウ** 貿易 무역
훈독 **ふせぐ** 防ぐ 막다, 방어하다, 미리 저지하다(他動)	
防人 변방을 수비하던 병사 周防 현재의 야마구치현 동부 일대	
예) 無断横断の事故を**防ぐ**ため、中央分離帯を設置する。 무단횡단 사고를 **막기** 위해, 중앙분리대를 설치한다.	예) **貿易風**の強さの差で、エルニーニョ・ラニーニャ現象が現れる。 **무역풍**의 세기의 차이로, 엘리뇨·라니냐 현상이 발생한다.

暴 사나울 폭	綿 솜 면
[JLPT N2(중급)] [小5] 부수 : 日	[JLPT N2(중급)] [小5] 부수 : 糸
음독 **ボウ** 暴君 폭군 暴言 폭언 乱暴 난폭 **バク** 暴露 폭로	음독 **メン** 綿布 면포 綿密 면밀 純綿 순면
훈독 **あばれる** 暴れる 날뛰다, 설치다, 난폭히 굴다(自動) **あばく** 暴く 들추어내다, 폭로하다, 파헤치다(他動)	훈독 **わた** 綿 솜 真綿 풀솜
예) 財閥の裏面を**暴く**番組がいきなり消えた。 재벌의 뒷면을 **폭로하**는 방송이 갑자기 사라졌다.	예) たんぽぽには**綿毛**があります。 민들레에는 **솜털**이 있습니다.

輸 보낼 수	略 간략할·약할 략
[JLPT N2(중급)] [小5] 부수 : 車	[JLPT N2(중급)] [小5] 부수 : 田
음독 ユ 輸血 수혈 輸送 수송 運輸 운수	음독 リャク 略奪 약탈 略歴 약력 省略 생략
	余波 여파
예) 新型コロナウイルスによる海運業界の沈滞で輸出がめっきり減った。 코로나19로 인한 해운업계의 침체로 **수출**이 현저히 줄었다.	예) その高校生は無免許運転の疑いで略式起訴された。 그 고등학생은 무면허운전의 혐의로 **약식**기소되었다.

領 거느릴 령	歴(歷) 지낼 력
[JLPT N2(중급)] [小5] 부수 : 頁	[JLPT N2(중급)] [小5] 부수 : 止
음독 リョウ 領土 영토 領域 영역 首領 수령	음독 レキ 歴史 역사 歴代 역대 西暦 서력, 양력
예) 領事部では査証審査を担当しています。 **영사부**에서는 사증심사를 담당하고 있습니다.	예) 以前にも大麻の使用の容疑で逮捕された犯罪歴がある。 이전에도 대마 사용의 혐의로 체포된 **범죄력**(전과)가 있다.

胃 위장 위	域 지경 역
[JLPT N2(중급)] [小6] 부수 : 肉	[JLPT N2(중급)] [小6] 부수 : 土
음독 イ 胃 위, 위장 胃酸 위산 胃痛 위통	음독 イキ 域内 역내 区域 구역 西域 서역
예) 最近若者の胃癌発病率の上昇で内視鏡検査の重要性が高まっている。 최근 젊은이의 **위암** 발병률의 상승으로 내시경검사의 중요성이 높아지고 있다.	예) 韓国の自治体のなかでの広域市は、日本の「府」に当る。 한국의 지방자치단체 중 하나인 **광역시**는, 일본의 부에 해당한다.

宇 집 우	延 늘일 연
[JLPT N2(중급)] [小6] 부수 : 宀	[JLPT N2(중급)] [小6] 부수 : 廴
음독 **ウ** 宇宙 우주　気宇 기우, 기량　殿宇 전우, 전당	음독 **エン** 延焼 연소　延期 연기　蔓延 만연
	훈독 **のびる** 延びる 늘어나다, 연장되다(自動) **のべる** 延べる 펴다, 늘이다, 연기하다(他動) **のばす** 延ばす 연장시키다, 연기하다(他動)
	延縄 주낙(어업)
예) 米航空宇宙局は、来年に発射予定であった新宇宙顕微鏡プロジェクトを当面の間中止すると発表した。 **미 항공우주국**은 내년에 발사 예정이었던 신 **우주현미경** 프로젝트를 당분간 중지한다고 발표했다.	예) 仁川国際空港公社は、台風15号の接近に構え、今現在からの全ての飛行機の出発を延ばした。 인천국제공항공사는, 15호 태풍의 접근에 대비하여, 현재부터의 모든 비행기의 출발을 **연기하였다**.

灰 재 회	革 가죽 혁
[JLPT N2(중급)] [小6] 부수 : 火	[JLPT N2(중급)] [小6] 부수 : 革
음독 **カイ** 白色 회백색　石灰 석회	음독 **カク** 革新 혁신　改革 개혁　皮革 피혁
훈독 **はい** 灰 재　灰色 회색　火山灰 화산재	훈독 **かわ** 我革 가죽　革靴 가죽 구두 　　　　 紐革うどん 히모카와 우동
灰汁 잿물, 떫은맛	
예) 犯人は灰皿で頭を攻撃し殺害したのです。 범인은 재떨이로 머리를 공격해 살해한 것입니다.	예) 傘の革命の後、共産党は革命に賛同した政治家を逮捕した。 우산 **혁명** 이후, 공산당은 **혁명**에 찬동한 정치가를 체포했다.

干 방패 간 / 마를 건	巻(卷) 쇠뇌 권
[JLPT N2(중급)] [小6] 부수 : 干	[JLPT N2(중급)] [小6] 부수 : 口
음독 **カン** 干渉 간섭　干潮 간조　若干 약간	음독 **カン** 巻子本 두루마리 모양의 구형 책　圧巻 압권
훈독 **ほす** 干す 말리다, 물을 다 빼다(他動) **ひる** 干る 마르다, 드러나다, 다하다(自動)	훈독 **まく** 巻く 감다, 말다 / 휘감기다, 　　　　 숨이 가빠지다(自·他 両用) **まき** 巻 서적, 권, 감은 것　巻の一 제1권
若干 약간, 얼마큼	巻纖 두부나 우엉, 표고 등을 기름에 볶은 음식
예) 梅雨が終わらないから布団を干したいけど無理だ。 장마가 끝나지를 않으니 이불을 **말리고** 싶어도 무리.	예) アメリカでは竜巻による家屋被害が発生している。 미국에선 **회오리바람**(토네이도)에 의한 가옥 피해가 발생하고 있다.

簡 간략할 간	机 책상 궤
[JLPT N2(중급)] [小6] 부수 : 竹	[JLPT N2(중급)] [小6] 부수 : 木
음독 カン 簡潔 간결 簡便 간편 書簡 서간	음독 キ 机上 궤상, 탁상 机下 궤하 机辺 책상 옆
	훈독 つくえ 机 책상
예) コロナ禍の後、3年ぶりに開催される花火大会には大勢の人が集まると予想され、市役所では簡易トイレを30個所設置する. 코로나19 이후, 3년만에 개최되는 불꽃놀이에는 많은 사람이 모일 것으로 예상되어, 시청에서는 **간이** 화장실을 30곳 설치한다.	예) 強い揺れを感じたら机の下に隠れてください. 강한 진동을 느낀다면 **책상** 밑으로 숨어주시기 바랍니다.

胸 가슴 흉	敬 공경 경
[JLPT N2(중급)] [小6] 부수 : 月	[JLPT N2(중급)] [小6] 부수 : 攵
음독 キョウ 胸囲 가슴둘레 胸痛 흉통 度胸 배짱	음독 ケイ 敬意 경의 敬遠 고의사구 尊敬 존경
훈독 むね 胸 가슴 鳩胸 새가슴 むな 胸毛 가슴털 胸騒ぎ 두근대는 가슴으로 진정되지 않는 것	훈독 うやまう 敬う 존경하다, 숭상하다(他動)
예) 胸が痛い. **마음**이 아프다.	예) 彼はだれでも敬うべきの先生である. 그는 누구라도 **존경**해야 마땅한 선생님이다.

劇 심할 극	券 문서 권
[JLPT N2(중급)] [小6] 부수 : 刂	[JLPT N2(중급)] [小6] 부수 : 刀
음독 ゲキ 劇場 극장 劇薬 극약 演劇 연극	음독 ケン 証券 증권 食券 식권 旅券 여권
예) 9回の裏、土壇場で劇的なサヨナラホームラン勝利をあげました. 9회말 마지막 순간에 **극적**인 끝내기 홈런을 날렸습니다.	예) 東北新幹線「はやぶさ」は全車両指定席で乗車券のほか、特急券が必要です. 도호쿠신칸센 '하야부사'는 전차량 지정석이며 **승차권** 이외에도 **특급권**이 필요합니다.

紅 붉을 홍	骨 뼈 골
[JLPT N2(중급)] [小6] 부수 : 糸	[JLPT N2(중급)] [小6] 부수 : 骨
음독 コウ 紅白 홍백 紅茶 홍차 紅葉 홍엽, 단풍 ク 真紅 진홍색	음독 コツ 骨格 골격 骨子 골자 筋骨 근골
훈독 べに 紅 주홍 안료, 홍색, 연지 口紅 입술 연지 くれない 紅 다홍	훈독 ほね 骨 뼈, 뼈대 / 수고로움, 힘이 듦
紅蓮 홍련 紅葉 단풍	
예) 汝矣島公園には紅葉狩りに来た人だちで賑わう。 여의도공원에는 **단풍놀이**하러 온 사람들로 북적인다.	예) 骨のないチキンがいいです。 **뼈** 없는(순살) 치킨이 좋습니다.
砂 모래 사	冊(册) 책 책
[JLPT N2(중급)] [小6] 부수 : 石	[JLPT N2(중급)] [小6] 부수 : 冂
음독 サ 砂丘 사구 砂糖 설탕 熱砂 열사, 뜨거운 사막 シャ 土砂 토사	음독 サツ 冊子 책자 書冊 서책 別冊 별책 サク 冊封 책봉 短冊 수량이나 와카 등을 쓰는데 사용하는 종이
훈독 すな 砂 모래 砂場 모래밭	
砂利 자갈	冊子 두루마기 책, 에도시대 대중 소설
예) 土砂崩れに十分警戒が必要です。 **토사 붕괴**(산사태)에 충분히 경계하여야 합니다.	예) EBSの大学修学能力試験用の問題集が2冊ある。 EBS의 대학수학능력시험용 문제집이 **두 권** 있다.
詞 말 사	誌 기록할 지
[JLPT N2(중급)] [小6] 부수 : 言	[JLPT N2(중급)] [小6] 부수 : 言
음독 シ 歌詞 가사 作詞 작사 祝詞 축사	음독 シ 誌面 지면 雑誌 잡지 日誌 일지
祝詞 신 앞에 고하는 축문 台詞 대사	
예) 橋本文法による学校文法では、10品詞が立てられている。 하시모토 문법에 의한 학교현장에서의 문법교육에선 10**품사**가 설정되어 있다.	예) 有名女優の不倫の疑惑があると有力週刊誌が報道した。 유명 여배우의 불륜 의혹이 있다고 유력 **주간지**가 보도했다.

磁 자석 자	捨 버릴 사
[JLPT N2(중급)] [小6] 부수 : 石	[JLPT N2(중급)] [小6] 부수 : 扌
음독 **ジ** 磁石 자석 磁力 자기력 陶磁器 도자기	음독 **シャ** 捨象 사상(현상의 특성 이외의 요소를 제하는 것) 取捨 취사 喜捨 희사
	훈독 **すてる** 捨てる 버리다(他動)
예) 高麗青磁は東洋では有名だった。 고려청자는 동양에서는 유명했다.	예) ゴミのぽい捨てはだめです。 쓰레기를 **함부로 버려서**는 안 됩니다.

純 순수할 순	署(署) 마을 서
[JLPT N2(중급)] [小6] 부수 : 糸	[JLPT N2(중급)] [小6] 부수 : 罒
음독 **ジュン** 純真 순진 純粋 순수 不純 불순	음독 **ショ** 署長 서장 署名 서명 消防署 소방서
예) 金属アレルギーに一番なりにくいアクセサリは純金です。 금속 알러지가 가장 안 드는 액세서리는 **순금**입니다.	예) 神戸警察署で取り調べを受かっていた二人が逃走した。 고베 **경찰서**에서 취조를 받던 두 사람이 도주했다.

諸(諸) 모두 제	承 이길 승
[JLPT N2(중급)] [小6] 부수 : 言	[JLPT N2(중급)] [小6] 부수 : 手
음독 **ショ** 諸君 제군 諸国 제국, 여러 나라 諸般 제반	음독 **ショウ** 承継 승계 承諾 승낙 承知 알아들음, 동의
	훈독 **うけたまわる** 承る 聞く・引き受ける・承諾する의 겸양어(他動)
諸手 양손	
예) 入院した後からは諸手の力がない。 입원한 후부터는 **양손**에 힘이 없다.	예) 伝統工芸を継承しようとするが、受け継ぐ若者がいない。 전통공예를 **계승**하려고 하지만, 이어받는 젊은이가 없다.

将(將) 장수 장	蒸 찔 증
[JLPT N2(중급)] [小6] 부수 : 寸	[JLPT N2(중급)] [小6] 부수 : ++
음독 ショウ 将棋 장기 将来 장래 大将 대장	음독 ジョウ 蒸気 증기 蒸発 증발 燻蒸 훈증
	훈독 むす 蒸す 무덥다 / 찌다(自・他 両用) むれる 蒸れる 뜸들다, 찌다(自動) むらす 蒸らす 뜸들이다(他動)
女将 여주인, 마담	蒸籠 나무 찜통
예) 敗将は言い訳のないものだ。 패장은 변명이 없다.	예) 大体日本の夏は蒸し暑く感じられます。 대체로 일본의 여름은 무덥게 느껴집니다.

針 바늘 침	専(專) 오로지 전
[JLPT N2(중급)] [小6] 부수 : 金	[JLPT N2(중급)] [小6] 부수 : 寸
음독 シン 針路 침로 指針 지침 磁針 자침	음독 セン 専攻 전공 専属 전속 専用 전용
훈독 はり 針 바늘, 벌 등의 침 針金 철사	훈독 もっぱら 専ら 오로지
針孔 바늘구멍	
예) 時計の針が5を指している。 시계침이 5를 가리키고 있다.	예) 日本は各分野別での専門学校が盛んでいる。 일본은 분야별 전문학교가 성행하고 있다.

泉 샘 천	装(裝) 꾸밀 장
[JLPT N2(중급)] [小6] 부수 : 水	[JLPT N2(중급)] [小6] 부수 : 衣
음독 セン 泉水 샘물 温泉 온천 源泉 원천	음독 ソウ 装置 장치 服装 복장 変装 변장 ショウ 装束 장속 衣装 의장
훈독 いずみ 泉 샘, 샘물	훈독 よそおう 装う 치장하다, 옷차림하다, 꾸미다(他動)
和泉 현재의 오사카 남부 일대 黄泉 황천, 저승	
예) 九州にいくと温泉玉子たべないと。 규슈에 간다면 온천 달걀을 먹어야지.	예) 葬式に来たのにあんなに派手に装ったのはちょっとあれだよね。 장례식에 왔으면서 저렇게 화려하게 치장한 건 조금 그렇지 않아?

層(層) 층 층	蔵(藏) 감출 장
[JLPT N2(중급)] [小6] 부수 : 尸	[JLPT N2(중급)] [小6] 부수 : ++
음독 **ソウ** 層雲 층운 高層ビル 고층빌딩 断層 단층	음독 **ゾウ** 蔵書 장서 蔵匿 장닉, 은닉 貯蔵 저장
	훈독 **くら** 蔵 광, 창고 酒蔵 술 창고
	蔵王 자오 西蔵 서장 티베트
예) 経済の安定は中産層の安定から始まる。 경제의 안정은 **중산층**의 안정에서 출발한다.	예) 大蔵省は今の財務省である。 **대장성**은 지금의 재무성이다.

臓(臟) 오장 장	尊 높을 존
[JLPT N2(중급)] [小6] 부수 : 月	[JLPT N2(중급)] [小6] 부수 : 寸
음독 **ゾウ** 臓器 장기 心臓 심장 腎臓 신장, 콩팥	음독 **ソン** 尊敬 존경 尊大 존대, 거만 本尊 본존
	훈독 **たっとい** 尊い 고귀하다, 귀하다 **とうとい** 尊い 고귀하다, 귀하다 **たっとぶ** 尊ぶ 존경하다, 우러러 받들다(他動) **とうとぶ** 尊ぶ 존경하다, 우러러 받들다(他動)
예) 「君の膵臓をたべたい」という映画を見てすごく泣いてしまった。 '너의 **췌장**을 먹고 싶어'라는 영화를 보고 엄청나게 울어 버렸다.	예) 眞の民主主義というのは尊卑の別なしの社会である。 진정한 민주주의라고 하는 것은 **존비**의 차별이 없는 사회를 말한다.

担(擔) 멜 담	著(著) 나타날 저
[JLPT N2(중급)] [小6] 부수 : 扌	[JLPT N2(중급)] [小6] 부수 : ++
음독 **タン** 担当 담당 担任 담임 負担 부담	음독 **チョ** 著者 저자 著名 저명 顕著 현저
훈독 **かつぐ** 担ぐ 지다, 메다, 받들다(他動) **になう** 担う 짊어지다, 담당하다(他動)	훈독 **あらわす** 著わす 저술하다(他動) **いちじるしい** 著しい 현저하다, 두드러지다
担桶 거름통	
예) 将来の日本と韓国を担う若者たちを応援します。 장래의 일본과 한국을 **짊어지는** 젊은이들을 응원합니다.	예) 台湾の半導体産業が著しく成長しているのがわかる。 대만의 반도체 산업이 **두드러지게** 성장하고 있는 것을 알 수 있다.

庁(廳) 관청 청	党(黨) 무리 당
[JLPT N2(중급)] [小6] 부수 : 广	[JLPT N2(중급)] [小6] 부수 : 儿
음독 **チョウ** 庁舎 청사 官庁 관청 県庁 현청	음독 **トウ** 党派 당파 政党 정당 野党 야당
예) 東京都庁にも展望台がある。 도쿄도청에도 전망대가 있다.	예) 議院内閣制度の国は大体与党の党首が首相になる。 의원내각제도의 나라들은 대체로 여당의 당수가 수상이 된다.

届(届) 이를 계	乳 젖 유
[JLPT N2(중급)] [小6] 부수 : 尸	[JLPT N2(중급)] [小6] 부수 : 乚
	음독 **ニュウ** 乳牛 젖소 乳児期 유아기 乳液 유액
훈독 **とどく** 届く 닿다, 미치다, 이루어지다(自動) **とどける** 届ける 보내어주다, 신고하다(他動)	훈독 **ちち** 乳 젖, 유방 乳牛 젖소 **ち** 乳首 젖꼭지 乳房 유방 乳離れ 젖떼기, 정신적인 자립
	乳母 유모
예) 結婚届を提出するために県庁へ行ってくる。 혼인신고서를 제출하기 위해 현청에 다녀온다.	예) 牛乳の賞味期間は普段1週間である。 우유의 소비기한은 보통 한 주간이다.

脳(腦) 뇌 뇌	拝(拜) 절 배
[JLPT N2(중급)] [小6] 부수 : 月	[JLPT N2(중급)] [小6] 부수 : 扌
음독 **ノウ** 脳 뇌 脳髄 뇌수 頭脳 두뇌	음독 **ハイ** 拝見 배견 拝礼 배례 崇拝 숭배
	훈독 **おがむ** 拝む 공손히 절하다, 빌다(他動)
예) 日朝首脳会談が開かれる希望はもうないのか。 북일수뇌회담이 열리는 희망은 이제 없는 것인가.	예) 首相の靖国神社の参拝に関して、中国と韓国は遺憾の声名を出した。 수상의 야스쿠니 신사 참배와 관련하여, 중국과 한국은 유감 성명을 냈다.

並(竝) 나란히 병	片 조각 편
[JLPT N2(중급)] [小6] 부수 : 一	[JLPT N2(중급)] [小6] 부수 : 片
음독 **ヘイ** 並行 병행 並立 병립 並列 병렬	음독 **ヘン** 片々 얄팍함, 편편 片雲 조각구름 断片 단편
훈독 **なみ** 並み 예사로움, 보통, 평범 　　**ならぶ** 並ぶ 한 줄로 서다, 늘어서다(自動) 　　**ならべる** 並べる 늘어놓다, 비교하다, 　　　　　　　　　　　열거하다(他動) 　　**ならびに** 並びに 또한, 및	훈독 **かた** 片 둘 중의 하나, 한쪽 / 결말, 처리
예) 秋の並木はまるで黄色いトンネルみたいだ。 가을의 **가로수**는 마치 노란빛의 터널 같다.	예) お客さんが家にいくから、ちゃんと片付けな。 손님이 집에 가니까, 제대로 **정돈해놔라**.
補 도울 보	宝(寶) 보배 보
[JLPT N2(중급)] [小6] 부수 : 衤	[JLPT N2(중급)] [小6] 부수 : 宀
음독 **ホ** 補欠 보결 補充 보충 候補 후보	음독 **ホウ** 宝石 보석 家宝 가보 国宝 국보
훈독 **おぎなう** 補う 보충하다, 변상하다(他動)	훈독 **たから** 宝 보물, 돈 宝物 보물
補陀落 관세음보살의 거처라고 전해지는 산	
예) 刑法上の緊急避難が認められる場合、損害を補う義務が免除される。 형법상의 긴급피난이 인정되는 경우에는, 손해를 **변상할** 의무가 면제된다.	예) 変な夢を見たから、宝くじを買わないと。 이상한 꿈을 꾸었으니, **복권**을 사야 한다.
棒 막대 봉	枚 낱 매
[JLPT N2(중급)] [小6] 부수 : 木	[JLPT N2(중급)] [小6] 부수 : 木
음독 **ボウ** 棒グラフ 막대그래프 　　　　 棒読み 한자를 음독으로 내리읽는 것 　　　　 棍棒 곤봉	음독 **マイ** 枚 매, 장(단위) 枚数 매수 　　　　 大枚 거금, 많은 양
棒手振り 생선 등의 보부상, 어류 중개 상인	
예) 鉄棒で筋トレをよくします。 **철봉**에서 근력 단련을 자주 합니다.	예) 証明写真一枚を持参してください。 증명사진 **한 장**을 지참하여 주십시오.

郵 우편 우	預 맡길・미리 예
[JLPT N2(중급)] [小6] 부수 : 阝	[JLPT N2(중급)] [小6] 부수 : 頁
음독 **ユウ** 郵券 우표 郵政 우정 郵便 우편	음독 **ヨ** 預金 예금 預託 예탁 予備 예비
예) この近くに**郵貯**のATMはありますか。 이 근처에 **우체국** 예금의 ATM이 있나요?	예) 人に恐怖心を与えた**預言**がはずれた。 사람들에게 공포심을 줬던 **예언**이 빗나갔다.

幼 어릴 유	翌 다음날 익
[JLPT N2(중급)] [小6] 부수 : 幺	[JLPT N2(중급)] [小6] 부수 : 羽
음독 **ヨウ** 幼稚園 유치원 幼虫 유충 長幼序あり 장유유서	음독 **ヨク** 翌日 이튿날 翌朝 다음날 아침 翌翌日 다음다음 날
훈독 **おさない** 幼い 어리다, 유치하다	
예) 彼女は**幼**なじみでありながら初恋の相手でもある。 그녀는 **소꿉친구**이면서 첫사랑이기도 하다.	예) カード代の支払いを**翌月**に回した。 카드값의 지불을 **다음 달**로 돌렸다.

乱(亂) 어지러울 란	卵 알 란
[JLPT N2(중급)] [小6] 부수 : 乚	[JLPT N2(중급)] [小6] 부수 : 卩
음독 **ラン** 乱戦 난전, 혼전 混乱 혼란 反乱 반란	음독 **ラン** 卵黄 난황, 노른자 卵巣 난소 産卵 산란
훈독 **みだれる** 乱れる 어지러워지다, 문란해지다(自動) **みだす** 乱す 어지럽히다, 흩뜨리다(他動)	훈독 **たまご** 卵 달걀, 계란
예) 秩序を**乱す**者は厳罰に処する。 질서를 **어지럽히는** 놈은 엄벌에 처한다.	예) なんでチムジルバンで食べるゆで**卵**がそんなにおいしいだろう。 왜 찜질방에서 먹는 **삶은 달걀**이 그렇게 맛있을까?

裏 속 리	律 법 률
[JLPT N2(중급)] [小6] 부수 : 衣	[JLPT N2(중급)] [小6] 부수 : 彳
음독 リ 裏面 이면 表裏不同 표리부동 脳裏 뇌리	음독 リツ 律動 율동 規律 규율 不文律 불문율 リチ 律儀 의리가 두터움, 성실하고 정직함
훈독 うら 裏 뒤, 안감 　　　裏切る 배반하다, 예상에 어긋나다(他動)	
	呂律 말씨, 말투
예) 9回の裏, オリックスは最終の攻撃に入ります。 　　9회 말, 오릭스는 마지막 공격에 들어갑니다. (야구)	예) 外国人の旅券不所持は法律違反です。 　　외국인의 여권 미소지는 법률위반입니다.

5. 고급 한자 195자 (JLPT N1 수준)

汽 증기 기	弓 활 궁
[JLPT N1(고급)] [小2] 부수 : 氵	[JLPT N1(고급)] [小2] 부수 : 弓
음독 **キ** 汽車 기차 汽缶 기관	음독 **キ** 弓術 궁술 洋弓 양궁(アーチュリー)
	훈독 **ゆみ** 弓 활 弓矢 화살
	弓手 왼손
예) 昔の**汽車**を、鉄馬ともいう。 옛날의 **기차**를, 철마라고도 한다.	예) 韓国民族は**弓**の民族ともいえるほど、五輪の優勝歴が多い。 한국민족은 **활**의 민족이라고 불리는 정도로, 올림픽 우승경력이 많다.

矢 화살 시	刀 칼 도
[JLPT N1(고급)] [小2] 부수 : 矢	[JLPT N1(고급)] [小2] 부수 : 刀
음독 **シ** 一矢 화살 한 개 嚆矢 최초, 효시	음독 **トウ** 刀剣 도검 刀工 도공, 대장장이
훈독 **や** 矢 화살 矢印 화살표	훈독 **かたな** 刀 칼
	剃刀 손톱깎이
예) 一**矢**をむくいる。 **화살 한 개**를 돌려주다(보복하다).	예) この手術、おれが**執刀**する。 이 수술, 내가 **집도**한다.

級 미칠 급	詩 시 시
[JLPT N1(고급)] [小3] 부수 : 糸	[JLPT N1(고급)] [小3] 부수 : 言
음독 **キュウ** 級友 급우 高級 고급 同級生 동급생	음독 **シ** 詩歌 시가 詩人 시인 漢詩 한시
예) 初級の人だと嘗めたが、試合に勝った. **초급**인줄 알고 우습게 봤지만, 시합에서 이겼다.	예) 美しく書かれた定型詩ですね. 아름답게 쓰인 **정형시**네요.

事 일 사	暑(暑) 더울 서
[JLPT N1(고급)] [小3] 부수 : 亅	[JLPT N1(고급)] [小3] 부수 : 日
음독 **ジ** 事件 사건 事務 사무 工事 공사 **ズ** 好事家 호사가(어떠한 물건에 꽂힌 사람)	음독 **ショ** 暑気 여름 더위 猛暑 맹더위 大暑 대서
훈독 **こと** 事 일, 것, 사실 事柄 사정 事なく 무사하게	훈독 **あつい** 暑い 덥다 暑さ 더위
예) 事ごとに争って、どうする気なのよ. **사사건건** 싸워서 어쩔 거야.	예) 暑い夏には、電気代が心配となる. **더운** 여름에는 전기세가 걱정된다.

昭 밝을 소	整 가지런할 정
[JLPT N1(고급)] [小3] 부수 : 日	[JLPT N1(고급)] [小3] 부수 : 攵
음독 **ショウ** 昭和 쇼와 시대(1926~1989)	음독 **セイ** 整備 정비 整理 정리 調整 조정
	훈독 **ととのえる** 整える 조정하다, 가지런히 하다(他動) **ととのう** 整う 가지런해지다, 정돈되다(自動)
예) 昭和の日は4月29日である. **쇼와**의 날은 4월 29일이다.	예) 試験の前にはコンディションをよく整えるのが重要だ. 시험 전에는 컨디션을 잘 **조절하는** 것이 중요하다.

第 차례 제	丁 밭두둑 정
[JLPT N1(고급)] [小3] 부수 : 竹	[JLPT N1(고급)] [小3] 부수 : 一
음독 **ダイ** 第一 제일 次第 다음 及第 급제	음독 **チョウ** 丁数 책의 쪽수, 짝수 三丁目 3번가 **テイ** 丁酉 정유(십간십이지) 丁寧 친절함, 정중함
	丁稚 견습생
예) お前の課題はは**落第点**だ。 너의 과제는 **낙제점**이다.	예) 甲乙丙**丁**の順に並ぶことを干支という。 갑을병**정** 순으로 늘리는 것을 간지라 한다.

帳 장막 장	笛 피리 적
[JLPT N1(고급)] [小3] 부수 : 巾	[JLPT N1(고급)] [小3] 부수 : 竹
음독 **チョウ** 帳簿 장막 通帳 통장 手帳 수첩	음독 **テキ** 警笛 경적 汽笛 기적 鼓笛 피리와 북
	훈독 **ふえ** 笛 피리 草笛 풀피리 口笛 휘파람
蚊帳 모기장	
예) 火事で**通帳**が全部燃えてしまった。 화재로 **통장**이 전부 타버렸다.	예) 警察官が**警笛**を吹きながら犯人に追い付いた。 경찰관이 **경적**을 불며 범인을 따라잡았다.

豆 콩 두	羊 양 양
[JLPT N1(고급)] [小3] 부수 : 豆	[JLPT N1(고급)] [小3] 부수 : 羊
음독 **トウ** 豆腐 두부 豆乳 두유 納豆 낫토 **ズ** 大豆 대두 伊豆 시즈오카현 동남부 지방	음독 **ヨウ** 羊毛 양털 牧羊 목양, 양치기 羊頭狗肉 양두구육
훈독 **まめ** 豆 콩 豆炭 조개탄 味噌豆 메주콩	훈독 **ひつじ** 羊 양 牡羊座 양자리(별자리)
小豆 팥	山羊 산양
예) 彼女は**納豆**が好きだが、僕はあんまり好きではない。 그녀는 **낫토**를 좋아하지만, 난 별로 좋아하지 않는다.	예) **羊**が一匹、**羊**が二匹、**羊**が三匹。 **양**이 한 마리, **양**이 두 마리, **양**이 세 마리. (잠이 잘 안 올 때 양을 센다는 문화에서 비롯함)

案 책상 안	媛 여자 원
[JLPT N1(고급)] [小4] 부수 : 木	[JLPT N1(고급)] [小4] 부수 : 女
음독 アン 案内 안내 案外 의외 改正案 개정안	음독 エン 才媛 재원(재녀)
案山子 허수아비, 무능한 사람	愛媛県 에히메현
예) テロを糾弾する決議案が可決された。 테러를 규탄하는 **결의안**이 가결되었다.	예) 愛媛県の蜜柑がおいしい。 **에히메현**의 귤이 맛있다.

岡 언덕 강	芽 싹 아
[JLPT N1(고급)] [小4] 부수 : 山	[JLPT N1(고급)] [小4] 부수 : ++
	음독 ガ 発芽 발아 肉芽 육아 麦芽 맥아
훈독 おか 岡 언덕, 구릉 / 옆 静岡県 시즈오카현 福岡県 후쿠오카현	훈독 はたす 果たす 다하다, 달성하다, 죽이다(他動) はてる 果てる 끝내다, 죽다(自動)
예) 福岡と釜山を往復する快速船の運航が再開されました。 **후쿠오카**와 부산을 왕복하는 쾌속선 운항이 재개되었습니다.	예) その時から恋が芽生えました。 그때부터 사랑이 **싹텄**습니다.

賀 하례할 하	街 거리 가
[JLPT N1(고급)] [小4] 부수 : 貝	[JLPT N1(고급)] [小4] 부수 : 行
음독 ガ 賀 치하, 축하 慶賀 경하 加賀 현재의 이시카와현 일대 佐賀県 사가현	음독 ガイ 街頭 가두 市街 시가 商店街 상점가 カイ 街道 가도
	훈독 まち 街 번화한 거리, 상점가 花街 유흥가
예) 金沢は「加賀宝生」という歴史を持っていて能楽が盛んでいる。 가나자와는 '**加賀**宝生(카가번 일대의 연극지류)'라고 불리는 역사를 가지고 있어 노(연극)가 발달되어 있다.	예) 住宅街で銃撃事件が発生し、警察は住民の緊急待避作戦に入った。 **주택가**에서 총격사건이 발생하여, 경찰은 주민의 긴급대피작전에 들어갔다.

潟 개펄 석	岐 갈림길 기
[JLPT N1(고급)] [小4] 부수 : 氵	[JLPT N1(고급)] [小4] 부수 : 山
	음독 **キ** 岐路 기로 多岐 다기, 복잡함
훈독 **かた** 干潟 간석지, 개펄 新潟県 니가타현	
	岐阜県 기후현
예) 新潟の酒は美味しいので有名です。 니가타의 사케는 맛있어서 유명합니다.	예) 嶺東高速道路の分岐点で玉突き事故が起こった。 영동고속도로 **분기점**에서 연쇄 추돌 사고가 발생했다.

旗 기 기	器(器) 그릇 기
[JLPT N1(고급)] [小4] 부수 : 方	[JLPT N1(고급)] [小4] 부수 : 口
음독 **キ** 旗 깃발(기) 旗鼓 군대 反旗 반기	음독 **キ** 器具 기구 器量 기량 食器 식기
훈독 **はた** 旗 깃발(기) 白旗 백기 旗日 국기 게양일	훈독 **うつわ** 器 그릇, 용기, 기구
	土器 토기
예) ホテルのロビーには太極旗と日の丸、星条旗が掲げられていた。 호텔 로비에는 **태극기**와 **일장기**, **성조기**가 걸려 있었다.	예) 二十歳にもう司法試験に受かるって、彼は大臣の器だ。 스무 살에 벌써 사법고시에 붙다니, 그는 장관**감**이다.

挙(擧) 들 거	鏡 거울 경
[JLPT N1(고급)] [小4] 부수 : 手	[JLPT N1(고급)] [小4] 부수 : 金
음독 **キョ** 挙用 거용 挙手 거수 選挙 선거	음독 **キョウ** 鏡台 화장대 反射鏡 반사경 望遠鏡 망원경
훈독 **あげる** 挙げる 팔들다, 거행하다(他動) **あがる** 挙がる 오르다, 올라가다(自動)	훈독 **かがみ** 鏡 거울 手鏡 손거울
	眼鏡 안경
예) 公武執行妨害の容疑で検挙となった。 공무집행방해의 혐의로 **검거**되었다.	예) 鏡に映った顔と写真に写っている顔と全く違う。 **거울**에 비친 얼굴과 사진에 찍힌 얼굴이 전혀 다르다.

熊 곰 웅		郡 고을 군	
[JLPT N1(고급)] [小4] 부수 : 灬		[JLPT N1(고급)] [小4] 부수 : 阝	
		음독 **グン** 郡 군(행정구역) 郡県制度 군현 제도	
훈독 **くま** 熊 곰 熊の胆 웅담			
		郡 군, 고을(현재의 군)	
예) 金沢大学のキャンパス内には**熊**が発見されています。 가나자와대학 캠퍼스 안에서는 **곰**이 발견되고 있습니다.		예) 新空港の工事を反対する**郡民**のデモで、道路が通行止めとなっている。 신공항 공사에 반대하는 **군민**의 시위로, 도로가 통행 금지 되었다.	
径(徑) 지름길 경		結 맺을 결	
[JLPT N1(고급)] [小4] 부수 : 彳		[JLPT N1(고급)] [小4] 부수 : 糸	
음독 **ケイ** 口径 구경 直径 직경 半径 반경		음독 **ケツ** 結構 훌륭함, 꽤 結論 결론 連結 연결	
		훈독 **むすぶ** 結ぶ 잇다, 매다(自·他 両用) **ゆう** 結う 매다, 묶다, 머리를 땋다(他動) **ゆわえる** 結わえる 매다, 묶다(他動)	
		結願 결원	
예) 50**口径**の拳銃が駅のロッカーで発見されました。 50**구경**의 권총이 역의 물품보관함에서 발견되었습니다.		예) 母は毎朝お**結**びを握る。 엄마는 매일 아침 **주먹밥**을 만든다.	
健 굳셀 건		功 공 공	
[JLPT N1(고급)] [小4] 부수 : 亻		[JLPT N1(고급)] [小4] 부수 : 力	
음독 **ケン** 健康 건강 健投 건투 強健 강건		음독 **コウ** 功績 공적 功名 공명 成功 성공 **ク** 功徳 공덕	
훈독 **すこやか** 健やか 건강함, 튼튼함			
健気 본인 몸을 돌보지 않으면서 씩씩함			
예) **健**やかに育ってほしい。 건강하게 자라다오.		예) 数十年の**功労**を認め、この感謝状を授与する。 수십 년의 **공로**를 인정하여 이 감사장을 수여한다.	

康 편안 강	佐 도울 좌
[JLPT N1(고급)] [小4] 부수 : 广	[JLPT N1(고급)] [小4] 부수 : 亻
음독 **コウ** 健康 건강 安康 안강 小康状態 소강상태	음독 **サ** 補佐 보좌 陸佐 육좌(우리의 육군 영관)
훈독 **やす** 康 편안, 평화	
예) 健康を維持するのは禁煙から始まる。 **건강**을 유지하는 것은 금연으로부터 시작한다.	예) 土佐藩は今の山口県である。 **도사 번**은 지금의 야마구치현이다.

差 다를 차	崎 험할 기
[JLPT N1(고급)] [小4] 부수 : 工	[JLPT N1(고급)] [小4] 부수 : 山
음독 **サ** 差異 차이 差別 차별 誤差 오차	
훈독 **さす** 差す 가리다, 쓰다 / 밀려오다, 나타나다(自·他 両用)	훈독 **さき** 崎 곶 長崎県 나가사키현 川崎 가나가와현 가와사키시
예) 傘を差しながらの自転車運転は危ない。 우산을 **쓰면서** 자전거 운전하는 건 위험하다.	예) 江戸時代には長崎を「崎陽」とも言った。 에도시대에는 **나가사키**를 '기양'이라고도 했다.

氏 성씨 씨	司 맡을 사
[JLPT N1(고급)] [小4] 부수 : 氏	[JLPT N1(고급)] [小4] 부수 : 口
음독 **シ** 氏族 씨족 氏名 성명 姓氏 성씨	음독 **シ** 司会 사회 司令 사령 上司 상사
훈독 **うじ** 氏 성씨, 가문 氏神 마을의 수호신	
杜氏 주조(酒造), 장류 기술자	下司 하급 관리
예) 昔は氏族社会だった。 옛날에는 **씨족**사회였다.	예) 今回の司会はソヒさんにしようか。 이번 **사회**는 서희 양으로 할까?

滋 붙을 자	鹿 사슴 록
[JLPT N1(고급)] [小4] 부수 : 氵	[JLPT N1(고급)] [小4] 부수 : 鹿
음독 **ジ** 滋味 깊은 맛　滋養 자양	
	훈독 **か** 馬鹿 바보 　　**しか** 鹿 사슴　鹿笛 사슴 유인용 피리
	馴鹿 순록
예) 滋強飲料の値上げで会社員からの不満が出てきた。 　　자양강장 음료의 가격 인상으로 회사원으로부터의 불만이 나왔다.	예) 奈良県では鹿がバスを塞いで遅刻することもあります。 　　나라현에서는 **사슴**이 버스를 막아서서 지각하는 일도 있습니다.
松 소나무 송	唱 부를 창
[JLPT N1(고급)] [小4] 부수 : 木	[JLPT N1(고급)] [小4] 부수 : 口
음독 **ショウ** 松竹梅 소나무와 대나무 그리고 매화나무	음독 **ショウ** 唱歌 창가　合唱 합창　提唱 제창
훈독 **まつ** 初松 소나무　松原 솔밭　松脂 송진	훈독 **となえる** 唱える 소리내어 읽다, 외치다(他動)
松魚 가다랑어	
예) お正月にはみんな門松を飾り付けていますね。 　　설날에는 다들 **가도마쓰**(새해에 문앞에 두는 소나무 장식)를 꾸미고 있네요.	예) 憲法裁判所の前で違憲判決が無効だと唱えた。 　　헌법재판소 앞에서 위헌 판결이 무효라고 **주장했다**.
縄(繩) 새끼줄 승	井 우물 정
[JLPT N1(고급)] [小4] 부수 : 糸	[JLPT N1(고급)] [小4] 부수 : 二
음독 **ジョウ** 縄文 조몬(새끼줄 무늬)　捕縄 포승줄	음독 **ショウ** 天井 천장 　　**セイ** 市井 시정, 항간　油井 유정
훈독 **なわ** 縄 새끼, 줄　縄張り 세력 범위 　　沖縄県 오키나와현	훈독 **い** 井・井戸 우물　井手 보, 둑
예) ダイエットには縄跳びが一番だ。 　　다이어트에는 **줄넘기**가 최고다.	예) この井戸はもう汚染されて新しいのを掘るしかない。 　　이 **우물**은 이미 오염되어서 새로 팔 수밖에 없다.

節(節) 마디 절	倉 곳간 창
[JLPT N1(고급)] [小4] 부수 : 竹	[JLPT N1(고급)] [小4] 부수 : 人
음독 セツ 節気 절기　季節 계절　節約 절약 　　　セチ お節料理 일본 전통 명절 음식	음독 ソウ 倉庫 창고　倉皇 허둥대는 모습　穀倉 곡창
훈독 ふし 節 대나무 마디, 관절	훈독 くら 倉 창고　倉敷料 창고 보관료
예) 節約するためには、何よりもお小遣い帳を書くのがいい。 절약하기 위해서는, 무엇보다도 용돈기입장을 적는 것이 좋다.	예) 倉の中に鼠がいっぱいいる。 창고 안에 쥐가 엄청 있다.

隊 무리 대	沖 바다 충
[JLPT N1(고급)] [小4] 부수 : 阝	[JLPT N1(고급)] [小4] 부수 : 氵
음독 タイ 隊員 대원　隊列 대열　部隊 부대	음독 チュウ 沖天 충천(하늘 높이 오름)
	훈독 おき 沖 먼바다　三陸沖 산리쿠오키(이와테 및 미야기현 일대의 먼바다)　沖縄県 오키나와현
예) 自衛隊に入りたい気持は小学校の頃からずっと持っていました。 자위대에 들어가고 싶다는 마음은, 초등학교 시절부터 쭉 가지고 있었습니다.	예) 2011年の東日本大震災は三陸沖を震源とした。 2011년 동일본대지진은 산리쿠오키를 진원으로 하였다.

典 법 전	德(徳) 덕 덕
[JLPT N1(고급)] [小4] 부수 : 八	[JLPT N1(고급)] [小4] 부수 : 彳
음독 テン 典拠 전거　式典 식전　古典 고전	음독 トク 德行 덕행　德望 덕망　悪徳 악덕
예) 皇室典範の改定をめぐって、宮内庁でディベートが行われている。 황실전범의 개정을 둘러싸고, 궁내청에서 논쟁이 행해지고 있다.	예) 交通道徳はみんなの安全のための約束である。 교통도덕은 모두의 안전을 위한 약속이다.

奈 어찌 나	梨 배 리
[JLPT N1(고급)] [小4] 부수 : 大	[JLPT N1(고급)] [小4] 부수 : 木
음독 **ナ** 奈落 나락 奈良県 나라현	
	훈독 **なし** 梨 과일의 배 梨の木 배나무
奈何 여하, 어떤가	梨花 이화
예) 難波から奈良まで急行で40分ぐらいかかります。 난바에서 **나라**까지 급행으로 40분 정도 걸립니다.	예) 大雨で梨の値段が倍となった。 큰비로 **배** 가격이 배가 되었다.

梅(梅) 매화 매	博 넓을 박
[JLPT N1(고급)] [小4] 부수 : 木	[JLPT N1(고급)] [小4] 부수 : 十
음독 **バイ** 梅花 매화 紅梅 홍매 松竹梅 송죽매	음독 **ハク** 博愛 박애 博識 박식 博士号 박사학위 **バク** 博奕 노름 博徒 노름꾼 賭博 도박
훈독 **うめ** 梅 매화, 매실 梅酒 매실주	
梅雨 장마	博士 박사 博多 하카타(현 후쿠오카시 일대)
예) 梅毒の患者数がいきなり急増した。 **매독** 환자의 수가 갑자기 급증했다.	예) 博士号を取るまで10年かかった。 **박사학위**를 따기까지 10년이 걸렸다.

票 표 표	標 표할 표
[JLPT N1(고급)] [小4] 부수 : 示	[JLPT N1(고급)] [小4] 부수 : 木
음독 **ヒョウ** 票決 표결 通票 통표(폐색) 投票 투표	음독 **ヒョウ** 標的 표적 標本 표본 目標 목표
	標縄 금줄 道標 길잡이, 도표, 이정표
예) 憲法改定に関する国民投票の現在の投票率は5割を越えている。 헌법개정과 관련한 국민투표의 현재 **투표율**은 5할을 넘기고 있다.	예) こちらの新しいモデルのバスは世界バス標準モデルとして選ばれました。 이쪽의 새로운 모델의 버스는 세계버스 **표준**모델로 선정되었습니다.

養 기를 양	衛(衞) 지킬 위
[JLPT N1(고급)] [小4] 부수 : 食	[JLPT N1(고급)] [小5] 부수 : 行
음독 **ヨウ** 養育 양육 養分 양분 休養 휴양	음독 **エイ** 衛生 위생 衛兵 위병 護衛 호위
훈독 **やしなう** 養う 기르다, 양육하다, 배양하다(他動)	
	衛士 궁궐 및 신궁의 방위병 近衛 근위병
예) 父さんは婿養子で、苗字が変わったんですよ。 아버지는 **데릴사위**여서 성씨가 바뀌었어요.	예) 地球の衛星は月である。 지구의 **위성**은 달이다.

益(益) 더할 익	応(應) 응할 응
[JLPT N1(고급)] [小5] 부수 : 皿	[JLPT N1(고급)] [小5] 부수 : 心
음독 **エキ** 益鳥 익조 国益 국익 利益 이익 　　 **ヤク** 益体 쓸모없음, 변변치 못함 御利益 공덕	음독 **オウ** 応援 응원 応答 응답 対応 대응
	훈독 **こたえる** 応える 응하다, 부응하다(自動)
益荒男 대장부	順応 순응 反応 반응
예) 公益を優先するので、個人の基本権は一部 制限される場合がある。 **공익**을 우선시하기에 개인의 기본권은 일부 제한될 경우가 있다.	예) 声援に応え、逆転タイムリーを放った。 성원에 **보답하여**, 역전 적시타를 날렸다.

往 갈 왕	桜(櫻) 앵두나무 앵
[JLPT N1(고급)] [小5] 부수 : 彳	[JLPT N1(고급)] [小5] 부수 : 木
음독 **オウ** 往復 왕복 往来 왕래 右往左往 우왕좌왕	음독 **オウ** 桜花 벚꽃(앵화) 観桜 벚꽃 구경 桜桃 앵두
	훈독 **さくら** 桜 벚꽃 桜色 연분홍색
	桜桃 버찌, 앵두
예) 往々あの踏切で人身事故が起きる。 **왕왕(때때로)** 저 건널목서 인명사고가 생긴다.	예) 桜ひらひら舞い降りて落ちて (SAKURA - いきもの がかり) **벚꽃** 살랑살랑 춤추듯 내려앉아 (이키모노가카리의 SAKURA 곡 중에서)

仮(假) 거짓 가	価(價) 값 가
[JLPT N1(고급)] [小5] 부수: 亻	[JLPT N1(고급)] [小5] 부수: 亻
음독 カ 仮称 가칭 仮説 가설 仮面 가면 ケ 仮病 꾀병 虚仮 거짓, 바보	음독 カ 価格 가격 価値 가치 評価 평가
훈독 かり 仮 임시, 일시적, 가짜 仮処分 가처분 仮名 가나 仮令 설령, 가령	훈독 あたい 価 값, 가격
예) 3回の挑戦で漸く仮免をもらった。 3번의 도전으로 겨우 가면허를 받았다.	예) 米FRBは物価の調節を名分とする基準金利の値上げを決定した。 미연방준비제도는 물가의 조절을 명분으로 하는 기준금리의 인상을 결정했다.

幹 줄기 간	眼 눈 안
[JLPT N1(고급)] [小5] 부수: 干	[JLPT N1(고급)] [小5] 부수: 目
음독 カン 幹部 간부 幹事 간사 語幹 어간	음독 ガン 眼圧 안압 眼目 안목 檢眼 검안 ゲン 開眼 개안
훈독 みき 幹 줄기, 주요 부분	훈독 まなこ 眼 눈, 눈알 どんぐり眼 왕눈 血眼 혈안
麻幹 겨릅대(껍질을 벗긴 삼대)	眼鏡 안경
예) ソウルの市内バスは、幹線路線のバスの色を青色にした。 서울 시내버스는, 간선노선의 버스 색깔을 파란색으로 했다.	예) 眼が広くないと運転が難しく感じるしかない。 시야가 넓지 않으면 운전이 어렵게 느껴질 수밖에 없다.

紀 벼리 기	基 터 기
[JLPT N1(고급)] [小5] 부수: 糸	[JLPT N1(고급)] [小5] 부수: 土
음독 キ 紀元 기원 世紀 세기 日本書紀 일본서기	음독 キ 基金 기금 基準 기준 塩基性 염기성
	훈독 もと 基 디딤돌, 기초 もとい 基 근본, 기초
	基督 기독(크리스트)
예) 白亜記には恐竜が生きていた。 백악기에는 공룡이 살고 있었다.	예) 車両基地に無断侵入した疑いで逮捕されました。 차량기지에 무단침입했다는 용의로 체포되었습니다.

寄 부칠 기	義 뜻 의
[JLPT N1(고급)] [小5] 부수 : 宀	[JLPT N1(고급)] [小5] 부수 : 羊
음독 **キ** 寄託 기탁 寄付 기부 寄与 기여	음독 **ギ** 義務 의무 義理 의리 信義 신의
훈독 **よる** 寄る 접근하다, 다가가다, 미치다(自動) 　　**よせる** 寄せる 밀려오다 / 옆으로 대다, 　　　　　　　　의지하다(自・他 両用)	
寄席 만남이나 재담을 들려주는 장소	
예) その倉庫には塩酸があるから**近寄る**な。 　그 창고에는 염산이 있으니까 **가까이 가**지 마라.	예) 3時間待って買ったプレゼントだけど、**喜ん**でくれるかな。 　3시간 기다려 산 선물인데, **기뻐해** 주려나.

救 구할 구	句 글귀 구
[JLPT N1(고급)] [小5] 부수 : 攵	[JLPT N1(고급)] [小5] 부수 : 口
음독 **キュウ** 救急車 구급차 救済 구제 救命 구명	음독 **ク** 句集 하이쿠 등을 모은 책 　　　　語句 어구 文句 문구
훈독 **すくう** 救う 구하다, 구원하다, 살리다(他動)	
예) 防災はたくさんの命を**救う**ための一番簡単な方法かもしれません。 　방재는 많은 이들의 생명을 **구하기** 위한 가장 간단한 방법일지도 모릅니다.	예) この打球は**文句**なし、先制ホームランは巨人がとります。 　이 타구는 **말할 필요 없습니다**. 선제 홈런은 요미우리가 가져갑니다.

経(經) 지날 경	潔 깨끗할 결
[JLPT N1(고급)] [小5] 부수 : 糸	[JLPT N1(고급)] [小5] 부수 : 氵
음독 **ケイ** 経度 경도(자오선) 経費 경비 　　　　東経135度 동경 135도(서울) 　　**キョウ** 四書五經 사서오경 読経 독경	음독 **ケツ** 潔白 결백 潔癖 결벽 簡潔 간결
훈독 **へる** 経る 시간이 흐르다, 거치다(自動)	훈독 **いさぎよい** 潔い 깨끗하다, 떳떳하다, 미련이 없다
예) **経済**の悪化は出産率に影響を与える。 　**경제**의 악화는 출산율에 영향을 미친다.	예) **潔**かった彼の態度が急変した。 　**떳떳하던** 그의 태도가 급변했다.

檢(検) 검사할 검	故 옛 고
[JLPT N1(고급)] [小5] 부수 : 木	[JLPT N1(고급)] [小5] 부수 : 攵
음독 ケン 検査 검사　検事 검사(검찰) 　　　　地検 지방검찰청	음독 コ 故事 고사　故人 고인　事故 사고
	훈독 ゆえ 故 까닭, 사정, 내력　何故 왜, 무엇 때문에
検非違使 헤이안 시대 사법관직　検見 간평(看坪)	何故 어째서, 왜
예) 元検事総長が大統領候補となったのは前代未聞のことである。 전 **검찰총장**이 대통령 후보가 된 것은 전대미문의 일이다.	예) 故郷に戻り立派な家を建てたい。 **고향**으로 돌아가 훌륭한 집을 짓고 싶다.

護 도울 호	興 일 흥
[JLPT N1(고급)] [小5] 부수 : 言	[JLPT N1(고급)] [小5] 부수 : 臼
음독 ゴ 護衛 호위　護送 호송　保護 보호	음독 コウ 興行 흥행　興亡 흥망　振興 진흥 　　　　キョウ 興味 흥미　感興 감흥　遊興 유흥
	훈독 おこる 興る 흥하다, 일어나다(自動) 　　　　おこす 興す 일으키다, 흥하게 하다(他動)
예) 看護施設の増設はこの村の住民の宿願だった。 **간호** 시설의 증설은 이 마을 주민의 숙원이었다.	예) 電気自動車の新風を興したモデルがこちらです。 전기자동차의 신바람을 **일으킨** 모델이 이 모델입니다.

災 재앙 재	酸 실 산
[JLPT N1(고급)] [小5] 부수 : 火	[JLPT N1(고급)] [小5] 부수 : 酉
음독 サイ 災害 재해　災難 재난　火災 화재	음독 サン 惨敗 산패　酸素 산소　炭酸 탄산
훈독 わざわい 災い 재앙, 재난, 화	훈독 すい 酸い 시다, 산미가 있다
예) 東日本大震災で我々の日常は歴史になってしまった。 동일본**대지진으로 인한 재앙**으로 우리의 일상은 역사가 되고 말았다.	예) 酸いも甘いもかみ分ける。 **쓴맛** 단맛 다 알다(세상 물정을 잘 알다).

士 선비 사	志 뜻 지
[JLPT N1(고급)] [小5] 부수: 士	[JLPT N1(고급)] [小5] 부수: 心
음독 シ 士大夫 사대부 士気 사기 学士 학사(학위)	음독 シ 志願 지원 志望 지망 三国志 삼국지
	훈독 こころざす 志す 뜻하다, 뜻을 두다(自·他 両用) こころざし 志 뜻, 마음, 친절
海士 해녀 博士 박사	
예) 逮捕されるとき、弁護士を選任する権利を告知するのをミランダ警告という。 체포당할 때, 변호사를 선임할 권리를 고지하는 것을 미란다 원칙이라 한다.	예) 学に志していたが、経済的な問題で諦めた。 학문에 뜻을 두었지만, 경제적인 문제로 포기했다.

飼(飼) 기를 사	舎(舍) 집 사
[JLPT N1(고급)] [小5] 부수: 食	[JLPT N1(고급)] [小5] 부수: 舌
음독 シ 飼育 사육 飼養 사양 飼料 사료	음독 シャ 舎監 사감 駅舎 역사 寄宿舎 기숙사
훈독 かう 飼う 기르다, 치다(他動)	
	田舎 시골 学舎 학교
예) 猫を飼いたいけど、ルームメートに猫アレルギーがあるので断念した。 고양이를 키우고 싶지만, 룸메이트에게 고양이 알러지가 있어 단념했다.	예) 寄宿舎の門限は0時30分までです。 기숙사 통금은 0시 30분입니다.

謝 사례할 사	授 줄 수
[JLPT N1(고급)] [小5] 부수: 言	[JLPT N1(고급)] [小5] 부수: 扌
음독 シャ 謝罪 사죄 謝絶 사절 感謝 감사	음독 ジュ 授業 수업 授受 수수 教授 교수
훈독 あやまる 謝る 사죄하다, 사과하다, 사절하다(他動)	훈독 さずかる 授かる 내려 주시다, 하사해주시다(自動) さずける 授ける 내려 주다, 하사하다, 전수하다 (他動)
예) 新陳代謝を促進するための研究が続いている。 신진대사를 촉진하기 위한 연구가 계속되고 있다.	예) 息子に秘法を授ける。 아들에게 비법을 전수하다.

修 닦을 수	序 차례 서
[JLPT N1(고급)] [小5] 부수 : 亻	[JLPT N1(고급)] [小5] 부수 : 广
음독 **シュウ** 修飾 수식 修好 수호 履修 이수 　　　**シュ** 修行 수행	음독 **ジョ** 序幕 서막 序列 서열 順序 순서
훈독 **おさまる** 修まる 닦아지다, 바르게 되다(自動) 　　　**おさめる** 修める 닦다, 수양하다(他動)	
예) 2024学年度大学修学能力試験が全国同時で行われました。 　 2024학년도 대학**수학**능력시험이 전국 동시에 행해졌습니다.	예) 法務省は秩序の確立を目標している。 　 법무성은 **질서**의 확립을 목표로 하고 있다.

証(證) 증거 증	条(條) 조목 조
[JLPT N1(고급)] [小5] 부수 : 言	[JLPT N1(고급)] [小5] 부수 : 木
음독 **ショウ** 証拠 증거 証明 증명 免許証 면허증	음독 **ジョウ** 条件 조건 条文 조문 条約 조약
	発条 용수철, 스프링
예) 我が企業は来年からニューヨーク証券取引所に上場することになりました。 　 우리 기업은 내년부터 뉴욕 **증권** 거래소에 상장하기로 하였습니다.	예) 文化財周辺の開発を規制する条項を再検討する。 　 문화재 주변의 개발을 규제하는 **조항**을 재검토한다.

織 짤 직	製 지을 제
[JLPT N1(고급)] [小5] 부수 : 糸	[JLPT N1(고급)] [小5] 부수 : 衣
음독 **ショク** 織機 직기, 베틀 染織 염직 紡織 방직 　　　**シキ** 組織 조직	음독 **セイ** 製作 제작 製紙 제지 複製 복제
훈독 **おる** 織る 짜다, 짜맞추어 만들다(他動) 織物 직물	
예) 絹を織る技術は中国から来ました。 　 비단 **짜는** 기술은 중국에서 왔습니다.	예) 母の特製ソース、もう全部使っちゃった。 　 엄마의 **특제** 소스, 이제 다 써버렸다.

素 흴 소	属(屬) 엮을 속
[JLPT N1(고급)] [小5] 부수 : 糸	[JLPT N1(고급)] [小5] 부수 : 尸
음독 ソ 素質 소질 酸素 산소 平素 평소 　　ス 素顔 맨얼굴 素肌 맨피부 素姓 가문, 태생	음독 ゾク 属国 속국 属性 속성 軍属 군속
素人 초심자, 아마추어	
예) 水素爆発の恐れがあるため緊急避難指示が出された。 수소폭발의 우려가 있기에 긴급피난지시가 내려졌다.	예) 君の姓名と所属を言え。 네 성명과 **소속**을 말하라.

率 비율 률 / 거느릴 솔	張 베풀 장
[JLPT N1(고급)] [小5] 부수 : 玄	[JLPT N1(고급)] [小5] 부수 : 弓
음독 ソツ 率先 솔선 引率 인솔 軽率 경솔 　　リツ 確率 확률 能率 능률 千分率 천분율(퍼밀)	음독 チョウ 張力 장력 拡張 확장 主張 주장
훈독 ひきいる 率いる 거느리다, 통솔하다(他動)	훈독 はる 張る 뻗다, 깔리다 / 　　　　　　　펴다, 펼치다(自・他 両用) 　　ひっぱる 引っ張る 끌다, 끌어당기다(他動)
	尾張 현재의 아이치현 서부 지역
예) 打率は3割4分9厘、本塁打は3本記録しています。 타율은 .349, 홈런은 3개 기록하고 있습니다.	예) パスポート不所持の容疑で渋谷警察署に引っ張られました。 여권 미소지의 혐의로 시부야경찰서에 **끌려갔습니다**.

提 끌 제	独(獨) 홀로 독
[JLPT N1(고급)] [小5] 부수 : 扌	[JLPT N1(고급)] [小5] 부수 : 犭
음독 テイ 提案 제안 提示 제시 前提 전제	음독 ドク 独身 독신 独自 독자 独白 독백 単独 단독
훈독 さげる 提げる 손에 들다(他動)	훈독 ひとり 独り 혼자, 홀로 独り者 독신자
提灯 초롱불 提子 작은 냄비 모양의 손잡이 주전자	独楽 팽이 独逸 독일
예) この番組はご覧のスポンサーの提供で送りします。 이 방송은 보시는 광고주의 **제공**으로 보내드립니다.	예) 何が不満なのかずっと独り言を言っている。 뭐가 불만인지 계속 **혼잣말**을 하고 있다.

燃 탈 연	肥 살찔 비
[JLPT N1(고급)] [小5] 부수 : 火	[JLPT N1(고급)] [小5] 부수 : 月
음독 **ネン** 燃焼 연소 燃料 연료 内燃機関 내연기관	음독 **ヒ** 肥満 비만 肥大 비대 肥前 나가사키현 일대
훈독 **もえる** 燃える 타다(自動) 　　　　 燃えるゴミ 소각용 쓰레기 　　**もやす** 燃やす 태우다, 연소시키다(他動) 　　**もす** 燃す 태우다, 타게 하다(他動)	훈독 **こえる** 肥える 살찌다, 비옥해지다(自動) 　　**こえ** 肥 비료, 거름, 분뇨 　　**こやす** 肥やす 살찌우다, 비옥하게 하다(他動) 　　**こやし** 肥やし 거름
예) 瓶と缶は**燃えない**ゴミで排出してください。 　　병과 캔은 **타지 않는** (매립용)쓰레기로 배출하여 주시기 바랍니다.	예) 火山灰は土を**肥やし**たりもします。 　　화산재는 땅을 **비옥하게** 하기도 합니다.

評 평할 평	弁(辨・瓣・辯) 고깔 변
[JLPT N1(고급)] [小5] 부수 : 言	[JLPT N1(고급)] [小5] 부수 : 廾
음독 **ヒョウ** 評価 평가 評定 평정 好評 호평	음독 **ベン** 弁別 변별 弁当 도시락 抗弁 항변
	花弁 꽃잎
예) **評判**の車を予約するにはだいぶ時間がかかりそうだ。 　　**인기 있는** 차를 예약하는 데는 상당한 시간이 걸릴 듯하다.	예) **関西弁**、ちょっとかわいいかも。 　　**간사이 사투리**, 조금 귀여울지도.

保 지킬 보	墓 무덤 묘
[JLPT N1(고급)] [小5] 부수 : 亻	[JLPT N1(고급)] [小5] 부수 : 土
음독 **ホ** 保安 보안 保育 보육 確保 확보	음독 **ボ** 墓域 묘역 墓所 묘소 陵墓 능묘
훈독 **たもつ** 保つ 가지다, 지키다 / 유지되다, 견디다 　　　　　(自・他 両用)	훈독 **はか** 墓 무덤, 묘비 墓参り 성묘 墓場 산소
日保ち 오래 보존할 수 있음	
예) 立憲民主党は**健保**の改革を推進する党論を採択した。 　　입헌민주당은 **건강보험**의 개혁을 추진하는 당론을 채택했다.	예) 彼の**墓石**には、没前に好きだった「名探偵コナン」の江戸川コナンのキャラクターが刻んでいる。 　　그의 **묘석**에는, 생전에 좋아했던 '명탐정 코난'의 에도가와 코난 캐릭터가 새겨져 있다.

豊(豐) 풍년 풍	脈 줄기 맥
[JLPT N1(고급)] [小5] 부수 : 豆	[JLPT N1(고급)] [小5] 부수 : 月
음독 **ホウ** 豊富 풍부 豊年 풍년 　　　　織豊時代 오다 노부나가와 도요토미 　　　　히데요시의 시대(安土桃山時代)	음독 **ミャク** 脈 맥 脈拍 맥박 　　　　脈なし 이성에 관한 호감이 없음
훈독 **ゆたか** 豊か 풍족함, 넉넉함, 여유 있는	
豊後 현재의 오이타현 지역 일대	水脈 수맥
예) 家が豊かで、バスを一回も乗ったことがありません。 　집이 좀 살아서, 버스를 한 번도 타본 적이 없습니다.	예) 急症の場合にはホルモン剤を静脈注射する。 　급성의 경우에는 호르몬제를 정맥주사한다.

異 다를 이	遺 남길 유
[JLPT N1(고급)] [小6] 부수 : 田	[JLPT N1(고급)] [小6] 부수 : 辶
음독 **イ** 異常 이상 異端 이단 怪異 괴이	음독 **イ** 遺憾 유감 遺棄 유기 後遺症 후유증 　　　　**ユイ** 遺言 유언
훈독 **こと** 異にする 달리하다(他動) 　　　　異なる 다르다, 같지 않다(自動)	
예) 変異株コロナウイルスに対応する新ワクチンの接種が全国ワクチンセンターで始まりました。 　변종 바이러스에 대응하는 신 백신 접종이 전국 백신 센터에서 시작되었습니다.	예) 2億円にあたる遺産の相続税は最大およそ半分の1億円になる見通した。 　2억 엔에 달하는 유산의 상속세는 최대 반액에 달하는 1억 엔이 될 전망이다.

沿 따를 연	恩 은혜 은
[JLPT N1(고급)] [小6] 부수 : 氵	[JLPT N1(고급)] [小6] 부수 : 心
음독 **エン** 沿岸 연안 沿線 연선 沿革 연혁	음독 **オン** 恩 은혜 恩人 은인 恩返し 보은
훈독 **そう** 沿う 따르다, 주위에 있다(自動)	
예) 海岸線に沿って走る新幹線を見ていると、わくわくします。 　해안선을 따라 달리는 신칸센을 보고 있으면 설렙니다.	예) 何時も恩師の教えは忘れないようにしています。 　언제나 은사의 가르침은 잊지 않도록 하고 있습니다.

我 나 아	拡(擴) 넓힐 확
[JLPT N1(고급)] [小6] 부수 : 戈	[JLPT N1(고급)] [小6] 부수 : 扌
음독 **ガ** 我田引水 아전인수 我流 아류 自我 자아	음독 **カク** 拡散 확산 拡大 확대 軍拡 군비 확장
훈독 **われ** 我々 우리 我知らず 나도 모르게, 무의식적으로 **わ** 我が家 우리 집 我が社 우리 회사	
예) **我が日の本は島国よ 朝日かがよう海に**(横浜市歌・森鴎外作詞) **우리나라 일본**은 섬나라 아침해가 빛나는 바다에 (요코하마시가, 모리 오가이 작사)12)	예) 東京ドムは夜10時からはの**拡声器**を使う応援を禁止しております。 도쿄돔은 밤 10시 이후의 **확성기**를 사용한 응원을 금지하고 있습니다.

閣 집 각	株 그루 주
[JLPT N1(고급)] [小6] 부수 : 門	[JLPT N1(고급)] [小6] 부수 : 木
음독 **カク** 拡散閣議 각의 閣僚 각료 天守閣 천수각(성의 망루)	
	훈독 **かぶ** 株 그루터기, 포기, 주 株式 주식
예) 安部元**内閣総理大臣**の死亡が確認されました。 아베 전 **내각총리대신**의 사망이 확인되었습니다.	예) オミクロン**株**の更なる変異が次々報告されている。 **오미크론 변이주**의 계속되는 변이가 차례차례 보고되고 있다.

看 볼 간	揮 휘두를 휘
[JLPT N1(고급)] [小6] 부수 : 目	[JLPT N1(고급)] [小6] 부수 : 扌
음독 **カン** 看護 간호 看破 간파 看板 간판	음독 **キ** 揮毫 휘호, 염필 指揮 지휘 発揮 발휘
看做す 간주하다, 보다, 가정하다(他動)	
예) **看病**保険がないと後で金の問題に直面するかもしれまい。 **간병**보험이 없다면 나중에 돈 문제에 직면할지도 모른다.	예) **揮発油**と軽油はエンジンの燃料になる。 **휘발유**와 경유는 엔진의 연료가 된다.

---

12) 昭和(쇼와)시대부터 요코하마시의 애향심을 기르기 위해 실시된 요코하마시가의 필수교육이 현재도 요코하마 시내의 초중고교 일대에서 지속되고 있다.

貴 귀할 귀	郷(鄕) 시골 향
[JLPT N1(고급)] [小6] 부수 : 貝	[JLPT N1(고급)] [小6] 부수 : ß
음독 **キ** 貴族 귀족 貴重 귀중 富貴栄華 부귀영화	음독 **キョウ** 郷土 향토 郷里 고향 異郷 타향 **ゴウ** 近郷 근향(도시에 가까운 시골) 在郷 시골, 지방
훈독 **たっとい** 貴い 소중하다, 귀중하다, 신분이 높다 **とうとい** 貴い 소중하다, 귀중하다, 신분이 높다 **たっとぶ** 貴ぶ 공경하다, 존중하다(他動) **とうとぶ** 貴ぶ 공경하다, 존중하다(他動)	
貴方 당신	故郷 고향
예) 少数の意見も貴ぶのが民主主義である。 소수의 의견도 **존중하는** 것이 민주주의다.	예) 板門店に行く国道1号線には望郷の歌の歌詞が刻んである岩がある。 판문점으로 가는 국도 1호선에는 **망향**의 노래 가사가 새겨 있는 바위가 있다.

筋 힘줄 근	系 이어맬 계
[JLPT N1(고급)] [小6] 부수 : 竹	[JLPT N1(고급)] [小6] 부수 : 糸
음독 **キン** 筋肉 근육 筋力 근력 鉄筋 철근	음독 **ケイ** 系統 계통 系列 계열 体系 체계
훈독 **すじ** 筋 힘줄, 줄, 선 大筋 대강, 대략적인 줄거리	
예) 国語の試験での文学パートは、作品の粗筋をよく把握していると易しく感じられる。 국어 시험에서의 문학 파트는, 작품의 **줄거리**를 잘 파악하고 있으면 쉽게 느껴진다.	예) 世界初の高速鉄道専用車両であった0系が今年営業運転を終える。 세계 최초의 고속철도 전용차량이었던 **0계** 차량이 올해 영업운전을 끝낸다.

激 격할 격	穴 굴 혈
[JLPT N1(고급)] [小6] 부수 : 氵	[JLPT N1(고급)] [小6] 부수 : 穴
음독 **ゲキ** 激戦 격전 激動 격동 感激 감격	음독 **ケツ** 穴居 혈거 墓穴 묘혈
훈독 **はげしい** 激しい 정도가 심하다, 격렬하다	훈독 **あな** 穴 구멍
예) 関東には激しい雨が降るでしょう。 관동 지방에는 **격렬한** 비가 내리겠습니다.	예) 百貨店で買ったシャツに穴があいた。 백화점에서 산 셔츠에 **구멍**이 났다.

絹 비단 견	憲 법 헌
[JLPT N1(고급)] [小6] 부수 : 糸	[JLPT N1(고급)] [小6] 부수 : 心
음독 ケン 絹布 견포 人権 인견	음독 ケン 憲章 헌장 憲法 헌법 立憲 입헌
훈독 きぬ 絹 비단 絹織物 견직물	
紅絹 홍견	
예) 昔には絹がお金だった。 옛날에는 **비단**이 돈이었다.	예) 護憲措置の発表後、全国では独裁打倒を唱える学生だちが道に出た。 **호헌**조치의 발표 후, 전국에서 독재타도를 외치는 학생들이 거리로 나왔다.

源 근원 원	厳(嚴) 엄할 엄
[JLPT N1(고급)] [小6] 부수 : 氵	[JLPT N1(고급)] [小6] 부수 : 丷
음독 ゲン 源泉 원천 震源 진원 電源 전원	음독 ゲン 厳格 엄격 厳重 엄중 威厳 위엄 ゴン 荘厳 장엄
훈독 みなもと 源 기원, 근원, 미나모토씨(일본 4대 본성)	훈독 おごそか 厳か 엄숙함 きびしい 厳しい 엄하다, 심하다 厳しさ 엄함, 심함
예) 源氏物語は紫式部が書いた世界初の小説である。 **겐지모노가타리**는 무라사키 시키부가 쓴 세계 최초의 소설이다.	예) 日韓関係の厳しい状況の中、両国の平和と経済的な協力のため、様々な交流を重ねている。 한일관계가 **엄중한** 상황 속에서도, 양국의 평화와 경제적인 협력을 위해 여러 교류를 더하고 있다.

己 몸 기	后 임금 후
[JLPT N1(고급)] [小6] 부수 : 己	[JLPT N1(고급)] [小6] 부수 : 口
음독 コ 一己 자기 혼자 自己 자기 利己 이기 キ 克己 극기 知己 지기	음독 コウ 后妃 후비 皇后 황후 皇太后 황태후
훈독 おのれ 己 자기, 저, 이놈	
예) 敵を知れ己を知れば、百戦危うからず。 지피**지기**면 백전불패.	예) 則天武后は中国の歴史で唯一の女性君主である。 **측천무후**는 중국 역사에서 유일한 여성 군주이다.

孝 효도 효	皇 임금 황
[JLPT N1(고급)] [小6] 부수 : 子	[JLPT N1(고급)] [小6] 부수 : 白
음독 **コウ** 孝行 효행 孝心 효심 不孝 불효	음독 **コウ** 皇帝 황제 皇室 황실 上皇 상황 **オウ** 法皇 법황
	天皇 천황, 일왕
예) 今の時代で「反哺の孝」って遠い話ではないか。 지금 시대에 '**반포지효**'라는 말이 먼 이야기가 아닐까?	예) **皇室**典範では、天皇の後継は男性だけとして定められている。 **황실전범**에는, 天皇의 후계는 남자 만에 해당한다고 정해져 있다.

鋼 강철 강	穀(穀) 곡식 곡
[JLPT N1(고급)] [小6] 부수 : 金	[JLPT N1(고급)] [小6] 부수 : 禾
음독 **コウ** 鋼材 강재 鋼鉄 강철 鋳鋼所 제강소	음독 **コク** 穀物 곡물 穀類 곡류 米穀 미곡
훈독 **はがね** 鋼 강철	
예) 北海道室蘭市には、三菱**製鋼**の大きい製作所がある。 홋카이도 무로란시에는 미쓰비시**제강**의 큰 제철소가 있다.	예) **雑穀**で御飯を炊くのが血糖管理に有利です。 **잡곡**으로 밥을 짓는 것이 혈당관리에 유리합니다.

裁 재단할 재	策 꾀 책
[JLPT N1(고급)] [小6] 부수 : 衣	[JLPT N1(고급)] [小6] 부수 : 竹
음독 **サイ** 裁断 재단 裁判 재판 決裁 결재	음독 **サク** 策定 책정 策略 책략 対策 대책
훈독 **たつ** 裁つ 마르다, 재단하다(他動) **さばく** 裁く 판가름하다, 중재하다(他動)	
예) 東京**家裁**は同姓結婚を禁止する法律について**合憲**と判決した。 도쿄 **가정재판소(가정법원)**은 동성결혼을 금지하는 법률에 관하여 합헌이라 판결했다.	예) 直ちに**政策**的な金融支援を実施せよ! 지금 즉시 **정책적**인 금융지원을 실시하라!

蚕(蠶) 누에고치 잠	至 이를 지
[JLPT N1(고급)] [小6] 부수 : 虫	[JLPT N1(고급)] [小6] 부수 : 至
음독 **サン** 蚕業 잠업 蚕食 잠식 養蚕 양잠	음독 **シ** 至急 지급, 매우 급함 夏至 하지 冬至 동지
훈독 **かいこ** 蚕 누에, 비단	훈독 **いたる** 至る 이르다, 도달하다, 닥치다(自動)
沙蚕 갯지렁이 蚕豆 누에콩	冊子 두루마기 책, 에도시대 대중 소설
예) 蚕室にはロッテワールドがある. 잠실에는 롯데월드가 있다.	예) 至急至急、中京3です。マル援願います。 긴급합니다, 나카교 3번 순찰차입니다. 지원 바랍니다.

視(視) 볼 시	射 쏠 사
[JLPT N1(고급)] [小6] 부수 : 見	[JLPT N1(고급)] [小6] 부수 : 寸
음독 **シ** 視覚 시각 視力 시력 警視 경시(우리의 경정급)	음독 **シャ** 射殺 사살 射出 사출 放射線 방사선
	훈독 **いる** 射る 쏘다, 맞히다(他動)
예) 視力がいいです。 시력이 좋습니다.	예) アラートが出ました、北朝鮮からミサイルが発射された模様です。 국민 보호에 관한 정보가 나왔습니다, 북한으로부터 미사일이 **발사**된 모양입니다.

尺 자 척	樹 나무 수
[JLPT N1(고급)] [小6] 부수 : 尸	[JLPT N1(고급)] [小6] 부수 : 木
음독 **シャク** 尺度 척도 尺貫法 척관법	음독 **ジュ** 樹木 수목 樹立 수립 街路樹 가로수
短尺 글씨를 쓰거나 물건에 매달 때 쓰는 종이	
예) この地図の縮尺は10万分の一である。 이 지도의 **축척**은 십만분의 일이다.	예) あそこが柴田さんの果樹園ですか。 저곳이 시바타상의 **과수원**입니까?

宗 마루 종	就 나아갈 취
[JLPT N1(고급)] [小6] 부수 : 宀	[JLPT N1(고급)] [小6] 부수 : 尢
음독 シュウ 宗教 종교 宗派 종파 改宗 개종 　　 ソウ 宗家 종가 宗族 종족 詩宗 시종, 시인	음독 シュウ 就寝 취침 就任 취임 去就 거취 　　 ジュ 成就 성취
	훈독 つく 就く 들다, 오르다, 취임하다(他動) 　　 つける 就ける 자리에 오르게 하다, 　　　　　　　　　　 종사시키다(他動)
	就中 그중에서도, 특히
예) 朝鮮太宗の諱は「芳遠」である。 　 조선태종의 휘는 '방원'이다.	예) 2階の全席がビジネスクラスであるエアバス380 　 機種は明後日就航です。 　 2층 전 좌석이 비즈니스석인 에어버스 380기종은 모 　 레 취항합니다.
衆 무리 중	従(從) 좇을 종
[JLPT N1(고급)] [小6] 부수 : 血	[JLPT N1(고급)] [小6] 부수 : 彳
음독 シュウ 衆寡 중과, 다수와 소수 聴衆 청중 　　 シュ 衆生 중생	음독 ジュウ 従事 종사 従順 종순 服従 복종 　　 ショウ 従容 종용 　　 ジュ 従一位 종일품 従三位 종삼품
	훈독 したがう 従う 따르다, 쏠리다(自動) 　　 したがえる 従える 따르게 하다, 거느리다(他動)
下衆 상놈	従兄弟 사촌 형제
예) 日本国憲法第七条により衆議院を解散する。 　 일본국 헌법 제7조에 의거하여 중의원을 해산한다.	예) 指示に従えなさい。 　 지시에 따르시오.
縦(縱) 세로 종	縮 줄일 축
[JLPT N1(고급)] [小6] 부수 : 糸	[JLPT N1(고급)] [小6] 부수 : 糸
음독 ジュウ 縦横 종횡 縦断 종단 操縦 조종	음독 シュク 縮小 축소 縮図 축도 短縮 단축
훈독 たて 縦 세로 縦波 종파	훈독 ちぢむ 縮む 주름지다, 줄어들다(自動) 　　 ちぢまる 縮まる 오그라들다, 짧아지다(自動) 　　 ちぢめる 縮める 줄이다, 움츠리다(他動) 　　 ちぢれる 縮れる 오그라지다, 주름지다, 작아지다 　　　　　　　　　　 (自動) 　　 ちぢらす 縮らす 오그라들게 하다(他動)
縦令 가령, 설령	縮緬 오글쪼글한 비단
예) 縦に立って一名ずつ入ってください。 　 세로로 서서 한 명씩 들어와 주십시오.	예) 変な薬に飲まされ、体が縮んでしまった。 　 이상한 약을 먹고 몸이 줄어들어 버렸다.

熟 익을 숙	傷 다칠 상
[JLPT N1(고급)] [小6] 부수 : 灬	[JLPT N1(고급)] [小6] 부수 : 亻
음독 **ジュク** 熟慮 숙려 熟練 숙련 成熟 성숙	음독 **ショウ** 傷害 상해 外傷 외상 負傷 부상
훈독 **うれる** 熟れる 과일 등이 익다, 여물다(自動)	훈독 **きず** 傷 상처, 흠집 古傷 오래된 상처 **いたむ** 傷む 아프다, 괴롭다(自動) いためる 傷める 아프게 하다, 고통을 주다(他動)
熟寝 숙면	火傷 화상, 타격을 입음
예) よく熟れた柿をアイスで食べると珍味です。 잘 **익은** 감을 아이스로 먹으면 진미입니다.	예) 心が傷む。 마음에 **상처 입다**.
障 막을 장	仁 어질 인
[JLPT N1(고급)] [小6] 부수 : 阝	[JLPT N1(고급)] [小6] 부수 : 亻
음독 **ショウ** 障害 장해 障壁 장벽 故障 고장	음독 **ジン** 仁愛 인애 仁義 인의 寛仁 관인 **ニ** 仁王 인왕 亜麻仁油 아마인유, 아마기름
훈독 **さわる** 障る 방해가 되다, 해롭다(自動)	
気障 같잖음, 언짢음	
예) 寝ないと明日の旅行に障るよ。 자지 않으면 내일 여행에 **지장**이 있을 거야.	예) ソウルの四つの城門の名には仁義礼智の四端が入っている。 서울의 4개 성문의 이름에는 **인의예지**의 사단이 들어가 있다.
垂 드리울 수	推 밀 추
[JLPT N1(고급)] [小6] 부수 : 土	[JLPT N1(고급)] [小6] 부수 : 扌
음독 **スイ** 垂直 수직 胃下垂 위하수, 위 처짐 懸雍垂 목젖	음독 **スイ** 推移 추이 推進 추진 推薦 추천
훈독 **たれる** 垂れる 늘어지다 / 늘어뜨리다(自・他 両用) **たらす** 垂らす 늘어뜨리다, 듣게 하다(他動)	훈독 **おす** 推す 헤아리다, 밀다, 추진시키다(他動)
垂り柳 수양버들	
예) いくら暑いか犬だちが全部舌を垂れている。 얼마나 더운지 개들이 전부 혀를 **늘어뜨리고** 있다.	예) 地震の規模を示すマグニチュードは7.5と推定されています。 지진의 규모를 나타내는 매그니튜드는 7.5로 **추정**되고 있습니다.

寸 마디 촌	盛 성할 성
[JLPT N1(고급)] [小6] 부수 : 寸	[JLPT N1(고급)] [小6] 부수 : 皿
음독 **スン** 寸刻 촌각 寸法 치수 寸寸 조각조각	음독 **セイ** 盛会 성대한 모임 盛大 성대 隆盛 융성 **ジョウ** 繁盛 번성
	훈독 **もる** 盛る 쌓아 올리다, 담다(他動) 盛り上がる 솟아오르다, 　　　　　　기세 등이 높아지다(自動) **さかる** 盛る 교미하다, 번창하다, 　　　　　　활발해지다(自動) **さかん** 盛ん 성함, 기세 좋음, 번성함
一寸 조금, 얼마	
예) 十寸で一尺となる。 　　10촌으로 1척이 된다.	예) 江戸時代には歌舞伎が盛んでいました。 　　에도시대에는 가부키가 왕성했습니다.
聖 성인 성	誠 정성 성
[JLPT N1(고급)] [小6] 부수 : 耳	[JLPT N1(고급)] [小6] 부수 : 言
음독 **セイ** 聖書 성서 聖人 성인 神聖 신성	음독 **セイ** 誠意 성의 誠実 성실 忠誠 충성
	훈독 **まこと** 誠 진실, 진심, 성의 / 참말로, 정말로
예) カトリックでは世界諸所で聖母病院を運営している。 　　가톨릭은 세계 여러 곳에서 **성모**병원을 운영하고 있다.	예) 本日もご来店いただき、誠にありがとうございます。 　　오늘도 가게에 방문해주시어 **진심으로** 감사드립니다.
舌 혀 설	宣 베풀 선
[JLPT N1(고급)] [小6] 부수 : 舌	[JLPT N1(고급)] [小6] 부수 : 宀
음독 **ゼツ** 舌人 고대의 통역인 舌癌 설암 口舌 구설	음독 **セン** 宣教 선교 宣告 선고 宣伝 선전
훈독 **した** 舌 혀 舌先 혀끝	
百舌 때까치(조류)	
예) 両党は本会議で舌戦を戦わした。 　　양당은 본회의에서 **설전**을 벌였다.	예) オリンピック大会の開催を宣言します。 　　올림픽 대회의 개최를 **선언**합니다.

染 물들 염	錢(銭) 돈 전
[JLPT N1(고급)] [小6] 부수 : 木	[JLPT N1(고급)] [小6] 부수 : 金
음독 セン 染色 염색 染料 염료 汚染 오염	음독 セン 銭湯 공중목욕탕 金銭 금전 銅銭 동전
훈독 そまる 染まる 물들다(自動) そめる 染める 들이다, 먹을 먹이다, 칠하다(他動) しみる 染みる 스며들다, 번지다, 아프다(自動) しみ 染み 얼룩, 검버섯	훈독 ぜに 銭 돈 小銭 잔돈, 용돈 銭占 돈을 던지며 치는 점
예) 就活する時からは髪を黒に染める方がいい。 취업 활동할 때부터 머리를 검게 **물들이는** 편이 좋다.	예) 千円札をちょっと小銭に換えていただけますか。 천엔짜리를 조금 **잔돈**으로 바꿀 수 있을까요?
善 착할 선	奏 연주 주
[JLPT N1(고급)] [小6] 부수 : 口	[JLPT N1(고급)] [小6] 부수 : 大
음독 ゼン 善悪 선악 善処 선처 慈善 자선	음독 ソウ 奏効 주효, 효과가 나타남 演奏 연주 合奏 합주
훈독 よい 善い 좋다	훈독 かなでる 奏でる 연주하다, 춤추다(他動)
善知鳥 흰수염바다오리	
예) 今日日本と韓国の**親善試合**があります。 오늘 일본과 한국의 **친선경기**가 있습니다.	예) 小学校の頃から新羅琴を**奏**でていました。 초등학교 시절부터 가야금을 **연주하고** 있었습니다.
創 비롯할 창	操 잡을 조
[JLPT N1(고급)] [小6] 부수 : 刂	[JLPT N1(고급)] [小6] 부수 : 扌
음독 ソウ 創造 창조 創作 창작 独創 독창	음독 ソウ 操作 조작 操縦 조종 節操 절조
훈독 つくる 創る 처음 만들다(他動)	훈독 みさお 操 지조, 정조, 절개 あやつる 操る 조종하다, 다루다(他動)
예) 読売新聞は1874年に**創刊**しました。 요미우리신문은 1874년에 **창간**하였습니다.	예) ソウル地下鉄3号線の水西**操**車場での人身事故で運転を見合わせています。 서울 지하철 3호선 수서역 **조차장**에서의 인명사고로 운전을 잠시 정지하고 있습니다.

誕 낳을·거짓 탄	暖 따뜻할 난
[JLPT N1(고급)] [小6] 부수 : 言	[JLPT N1(고급)] [小6] 부수 : 日
음독 **タン** 誕生 탄생 虚誕 허탄	음독 **ダン** 暖房 난방 暖流 난류 温暖前線 온난전선
	훈독 **あたたか** 暖かだ 따뜻하다 　　**あたたかい** 暖かい 따뜻하다 　　**あたたまる** 暖まる 따뜻해지다(自動) 　　**あたためる** 暖める 따뜻하게 하다(他動)
	暖簾 포렴
예) 誕生日 おめでとう。 　　생일 축하해.	예) 部屋を暖めてするのには温突が最高です。 　　방을 **따뜻하게** 하는 것으로는 온돌이 최고입니다.

宙 집 주	忠 충성 충
[JLPT N1(고급)] [小6] 부수 : 宀	[JLPT N1(고급)] [小6] 부수 : 心
음독 **チュウ** 宙返り 공중제비 宇宙 우주	음독 **チュウ** 忠勤 충실히 근무 忠実 충실 不忠 불충
	忠実 진실, 성실, 부지런함
예) 試験にどの文章が出るか分からないから、宙で読むしかない。 　　시험에 어떤 문장이 나올지 모르니까, **암기해서** 읽을 수밖에 없다.	예) 「忠臣蔵」は林先生の授業でよく出た記憶がある。 　　'쥬신구라(에도 시대에 일어난 아코 사건을 바탕으로 만들어진 분라쿠 및 가부키 공연)'는 임선생님의 수업에서 자주 나왔던 기억이 있다.

腸 창자 장	潮 밀물 조
[JLPT N1(고급)] [小6] 부수 : 月	[JLPT N1(고급)] [小6] 부수 : 氵
음독 **チョウ** 腸炎 장염 胃腸 위장 浣腸 관장	음독 **チョウ** 潮流 조류 風潮 풍조 干潮 간조
	훈독 **しお** 潮 바닷물, 좋은 기회 潮風 바닷바람
海鼠腸 해삼의 창자, 해삼창젓	
예) 盲腸炎で緊急手術に入った。 　　맹장염으로 긴급수술에 들어갔다.	예) ここは潮足が早いから気をつけた方がいい。 　　여기는 **조석간만의 속도**가 빠르니까 조심하는 편이 좋다.

賃 품삯 임	敵 대적할 적
[JLPT N1(고급)] [小6] 부수 : 貝	[JLPT N1(고급)] [小6] 부수 : 攵
음독 **チン** 賃金 임금 賃上げ 임금 인상 家賃 집세	음독 **テキ** 敵手 적수 敵軍 적군 匹敵 필적
	훈독 **かたき** 敵 싸우는 상대, 경쟁자, 원수 敵役 악역
예) 八王子までの運賃は840円です。 하치오지(도쿄도)까지의 운임은 840엔입니다.	예) 宿敵日本と準決勝で対決することになりました。 숙적 일본과 준결승에서 대결하게 되었습니다.

展 펼 전	討 칠 토
[JLPT N1(고급)] [小6] 부수 : 尸	[JLPT N1(고급)] [小6] 부수 : 言
음독 **テン** 展開 전개 展示 전시 発展 발전	음독 **トウ** 討伐 토벌 征討 정토 検討 검토
	훈독 **うつ** 討つ 베어 죽이다, 토벌하다(他動)
예) 新薬は進展を見せているのですか。 신약은 **진전**을 보이고 있나요?	예) 自由討論会を明日行います。 자유 **토론회**를 내일 거행합니다.

糖 사탕 당	納 들일 납
[JLPT N1(고급)] [小6] 부수 : 米	[JLPT N1(고급)] [小6] 부수 : 糸
음독 **トウ** 糖分 당분 砂糖 설탕 製糖 제당	음독 **ノウ** 納入 납입 納涼 납량 収納 수납 **ナッ** 納豆 낫토(발효식품) 納得 납득 **ナ** 納屋 헛간 **ナン** 納戸 의복이나 세간 등을 수납하는 방 **トウ** 出納 출납
	훈독 **おさまる** 納まる 수납되다, 걷히다(自動) **おさめる** 納める 바치다, 거두다, 받아들이다(他動)
예) 最近、若者の中でも糖尿病の患者がいるそうだ。 최근에 젊은이 사이에서도 **당뇨병** 환자가 있는 모양이다.	예) 相続税を納めるには金額が多すぎる。 상속세를 **내기**에는 금액이 너무 많다.

派 갈래 파	肺 허파 폐
[JLPT N1(고급)] [小6] 부수 : 氵	[JLPT N1(고급)] [小6] 부수 : 月
음독 ハ 派閥 파벌 派生 파생 分派 분파	음독 ハイ 脳肺 뇌폐 肺炎 폐렴 心肺 심폐
예) 中国語も全然わからないのに上海に派遣された。 중국어도 전혀 모르는데 상해로 **파견**되었다.	예) たばこは肺癌の近道である。 담배는 **폐암**의 지름길이다.

俳 배우 배	班 나눌 반
[JLPT N1(고급)] [小6] 부수 : 亻	[JLPT N1(고급)] [小6] 부수 : 王
음독 ハイ 俳句 하이쿠(5·7·5의 17음으로 된 정형시) 俳優 배우	음독 ハン 首班 수반(반에서의 수석) 救護班 구호반
예) 王先生の訳した俳句は心を安定してくれる。 왕선생님이 번역한 **하이쿠**는 마음을 안정시켜 준다.	예) 班長の命令を逆らう気なのか。 **반장**의 명령을 거스를 생각인가.

批 비평할 비	秘(祕) 숨길 비
[JLPT N1(고급)] [小6] 부수 : 扌	[JLPT N1(고급)] [小6] 부수 : 禾
음독 ヒ 批判 비판 批評 비평 高批 상대방의 비평	음독 ヒ 秘書 비서 秘密 비밀 神秘 신비
	훈독 ひめる 秘める 숨기다, 간직하다, 내포하다(他動)
예) 英庶民院は欧州連合の脱退案を批准した。 영국 서민원(하원)은 유럽연합의 탈퇴안을 **비준**했다.	예) 今日の会議録はしばらく秘めることにしましょう。 오늘 회의록은 당분간 **비밀로 하는** 것으로 합시다.

俵 나누어줄 표	奮 떨칠 분
[JLPT N1(고급)] [小6] 부수 : 亻	[JLPT N1(고급)] [小6] 부수 : 大
음독 **ヒョウ** 一俵 한 가마 土俵 씨름판	음독 **フン** 奮起 분기 奮発 분발 興奮 흥분
훈독 **たわら** 俵 쌀 등을 담는 가마, 섬	훈독 **ふるう** 奮う 떨치다, 용기를 내다(自動)
예) デモの土俵に上がったのは大統領の有力候補である金氏だった。 시위 **현장**에 나간 것은 대통령 유력후보인 김씨였다.	예) コロナ禍で3年間の商売が奮わない。 코로나로 인한 악재로 3년간의 장사가 **시원찮다**.

陛 대궐섬돌 폐	幕 장막 막
[JLPT N1(고급)] [小6] 부수 : 阝	[JLPT N1(고급)] [小6] 부수 : 巾
음독 **ヘイ** 陛下 폐하	음독 **マク** 幕 막 暗幕 암막 天幕 천막 **バク** 幕府 막부 幕末 막부 말기 幕僚 막료
예) 教皇とダライラマのよう、ある宗教の最高指導者には「陛下」ではなく「聖下」を使う。 교황과 달라이라마와 같이, 어느 종교의 최고지도자에게는 '**폐하**'가 아닌 '성하'를 사용한다.	예) 鎌倉幕府の初代征夷大将軍は源頼朝である。 가마쿠라 **막부**의 초대 정이대장군은 미나모토노 요리토모다.

密 빽빽할 밀	盟 맹세 맹
[JLPT N1(고급)] [小6] 부수 : 宀	[JLPT N1(고급)] [小6] 부수 : 皿
음독 **ミツ** 密会 밀회 密室 밀실 秘密 비밀	음독 **メイ** 盟主 맹주 加盟 가맹 連盟 연맹
예) 密航船の発見したら110番に通報しよう。 **밀항선**을 발견한다면 경찰(110번)에 신고하자.	예) 中国と北朝鮮は軍事的な血盟関係である。 중국과 북한은 군사적 **혈맹**관계다.

模 본뜰 모

[JLPT N1(고급)] [小6] 부수 : 木

음독 **モ** 模型 모형 模範 모범 模倣 모방
　　 ボ 規模 규모

相模 현재의 가나가와현 일대

예) 震度と地震の**規模**は概念から異なる。
　　진도와 지진의 **규모**는 개념부터 다르다.

訳(譯) 통번역할 역

[JLPT N1(고급)] [小6] 부수 : 言

음독 **ヤク** 訳 역, 번역 訳者 역자 翻訳 번역

훈독 **わけ** 訳 까닭, 사연 内訳 내역

예) 正しい文法の勉強なしには、**誤訳**するに違いない。
　　올바른 문법 공부 없이는 **오역**하기가 틀림없다.

覧(覽) 볼 람

[JLPT N1(고급)] [小6] 부수 : 見

음독 **ラン** 観覧 관람 一覧 일람 展覧会 전람회

예) なぜなのかこの文書を**閲覧**しようとすると拒否されますよ。
　　어째서인지 이 문서를 **열람**하려 하면 거부당합니다.

臨 임할 림

[JLPT N1(고급)] [小6] 부수 : 臣

음독 **リン** 臨海 임해 臨界点 임계점 君臨 군림

훈독 **のぞむ** 臨む 향하다, 임하다, 만나다(自動)

예) 韓国では正門を南に**臨む**のが普通です。
　　한국에선 정문을 남쪽을 **향하게** 하는 것이 보통입니다.

朗(朗) 밝을 랑

[JLPT N1(고급)] [小6] 부수 : 月

음독 **ロウ** 朗月 낭월 朗読 낭독 明朗 명랑

훈독 **ほがらか** 朗らか 쾌활한 모양, 날씨가 쾌청함

예) 彼は真面目で**朗らかな**人です。
　　그는 성실하며 **명랑한** 사람입니다.

6. JLPT에 자주 출제되지 않는 등급 외 한자 6자

里 마을 리	畑 화전 전 (일본 고유한자)
[JLPT 등급 외] [小2] 부수: 里	[JLPT 등급 외] [小3] 부수: 火
음독 リ　里程標 이정표　海里 해리　千里眼 천리안	
훈독 さと　里 마을, 시골　里心 고향 생각, 향수	훈독 はた　畑 밭　田畑 논밭　畑作 밭농사 　　　はたけ　畑 밭, 전문 분야 　　　　　　畑水練 전혀 도움이 안 되는 훈련
巴里 프랑스 파리	
예) 小さな山里から上京する。 작은 산골 마을에서 상경하다.	예) 人生って、畑違いの仕事さえあればやるしかないものだ。 인생이라는 게 전문 분야가 아닌 일이라도 있다면 할 수밖에 없는 것이다.

茨 지붕 일 자	埼 갑 기
[JLPT 등급 외] [小4] 부수: ++	[JLPT 등급 외] [小4] 부수: 土
훈독 いばら　茨 가시나무, 식물의 가시 　　　　　茨城県 이바라키현	훈독 さい　埼玉県 사이타마현
예) 筑波大学は茨城県にある。 쓰쿠바대학은 이바라키현에 있다.	예) 埼京線の快速電車は毎日満員電車だからあまり乗りたくない。 사이쿄선(사이타마 ~ 도쿄 간 JR 간선철도)의 쾌속열차는 매일 만원이니까 별로 타기 싫다.

栃 상수리나무 회 (일본 고유한자)	阜 언덕 부
[JLPT 등급 외] [小4] 부수: 木	[JLPT 등급 외] [小4] 부수: 阜
음독 トチ　栃の木 칠엽수　栃木県 도치기현	음독 フ　岐阜県 기후현
예) 栃木県は苺が有名です。 도치기현은 딸기가 유명합니다.	예) 岐阜県には新幹線の停車駅がない。 기후현에는 신칸센 정차역이 없다.

3부

일본어 학습한자 익히기

본 3부에서는 상위 2부에서 살펴본 일본 학습한자 1,026자를 재차 확인해보고, 독음에 따른 한일 간의 한자음 차이에 관해 고찰해본다. 일본과 달리 한국에서의 한자는 1자 1음을 원칙으로 하고 있으며, 하위와 같이 대체적으로 한일 간 한자 발음의 차이 및 유사점을 확인할 수 있다.* 학습자가 자신만의 방법으로 본 3부 내용을 숙지한다면 실제 시험 현장에서나 일본어를 사용해야 할 현장에서 모르는 한어가 나오더라도 어느 정도 유추가 가능할 것이다.

---

* 하소정 외 1인(2018)에서는, 한국의 한자음은 대체로 당나라 말기에 들어온 음이 고착화되어 있고, 일본에서는 남북조시대 오나라에서 들어온 '오음'과 당나라 때 들어온 '한음'이 중심이 되고 있다고 지적한다. 이러한 점은 한음과 같이 동시대에 들어온 음이다 보니 유사성을 띠는 경우 또한 존재한다 할 수 있다.

기초 한자 82자 (JLPT N5 수준)

漢字	한국독음	漢字	한국독음	漢字	한국독음	漢字	한국독음	漢字	한국독음	漢字	한국독음	漢字	한국독음
一	일	右	우	雨	우	円	원	下	하	火	화	学	학
イチ・イツ		ウ・ユウ		ウ		エン		カ・ゲ		カ		ガク	
気	기	九	구	休	휴	金	금/김	月	월	見	견	五	오
キ・ケ		キュウ・ク		キュウ		キン・コン		ゲツ・ガツ		ケン		ゴ	
校	교	左	좌	三	삼	山	산	子	자	四	사	七	칠
コウ		サ		サン		サン		シ・ス		シ		シチ	
車	차/거	出	출	女	녀	小	소	上	상	人	인	水	수
コウ		シュツ・スイ		ジョ・ニョ・ニョウ		ショウ		ジョウ・ショウ		ジン・ニン		スイ	
生	생	千	천	川	천	先	선	早	조	大	대	男	남
セイ・ショウ		セン		セン		セン		ソウ・サッ		ダイ・タイ		ダイ・タイ	
中	중	天	천	土	토	二	이	日	일	入	입	年	년
チュウ・ジュウ		テン		ド・ト		ニ		ニチ・ジツ		ニュウ		ネン	
白	백	八	팔	百	백	木	목	本	본	名	명	六	육
ハク・ビャク		ハチ		ヒャク		ボク・モク		ホン		メイ・ミョウ		ロク	
何	하	外	외	間	간	午	오	後	후	語	어	工	공
カ		ガイ・ゲ		カン・ケン		ゴ		ゴ・コウ		ゴ		コウ・ク	
行	행/항	高	고	国	국	今	금	時	시	書	서	食	식
コウ・ギョウ・アン		コウ		コク		コン・キン		ジ		ショ		ショク・ジキ	

西	서	前	전	長	장	電	전	東	동	読	독	南	남
セイ・サイ		ゼン		チョウ		デン		トウ		ドク・トク・トウ		ナン・ナ	
半	반	父	부	分	분	聞	문	米	미	母	모	北	북배
ハン		フ		ブン・フン・ブ		ブン・モン		ベイ・マイ		ボ		ホク	
毎	매	万	만	友	우	来	래	話	화				
マイ		マン・バン		コウ		ライ		ワ					

초급 한자 159자 (JLPT N4 수준)

音	음	花	화	空	공	犬	견	口	구	字	자	手	수
オン・イン		カ・ゲ		クウ		ケン		コウ・ク		ジ		シュ	
正	정	青	청	夕	석	赤	적	足	족	町	정	田	전
セイ・ショウ		セイ・ショウ		セキ		セキ・シャク		ソク		チュウ		デン	
文	문	目	목	立	립	力	력	夏	하	家	가	歌	가
ブン・モン		モク・ボク		リツ・リュウ		リョク・リキ		カ・ゲ		カ・ケ		カ	
画	화	会	회	海	해	楽	락악요	帰	귀	牛	우	魚	어
ガ・カク		カイ・エ		カイ		ガク・ラク		キ		ギュウ		ギョ	
京	경	強	강	教	교	近	근	兄	형	計	계	元	원
ギュウ・ケイ		キョウ・ゴウ		キョウ		キン		ケイ・キョウ		ケイ		ゲン・ガン	
言	언	古	고	公	공	広	광	考	고	黒	흑	作	작
ゲン・ゴン		コ		コウ		コウ		コウ		コク		サク・サ	
止	지	姉	자	思	사	紙	지	自	자	室	실	社	사
シ		シ		シ		シ		ジ・シ		シツ		シャ	
秋	추	週	주	春	춘	少	소	場	장	色	색	心	심
シュウ		シュウ		シュン		ショウ		ジョウ		ショク・シキ		シン	

漢字	한글	読み	漢字	한글	読み	漢字	한글	読み	漢字	한글	読み	漢字	한글	読み	漢字	한글	読み
新	신	シン	親	친	シン	図	도	ズ・ト	切	절	セツ・サイ	走	주	ソウ	体	체	タイ・テイ
台	대	ダイ・タイ	地	지	チ・ジ	知	지	チ	茶	다 차	チャ・サ	昼	주	チュウ	鳥	조	チョウ
朝	조	チョウ	通	통	ツウ・ツ	弟	제	テイ・ダイ・デ	店	점	テン	冬	동	トウ	答	답	トウ
同	동	ドウ	道	도	ドウ・トウ	肉	육	ニク	売	매	バイ	買	매	バイ	風	풍	フウ・フ
歩	보	ホ・ブ・フ	方	방	ホウ	妹	매	マイ	明	명	メイ・ミョウ	夜	야	ヤ	野	야	ヤ
用	용	ヨウ	曜	요	ヨウ	理	리	リ	悪	악 오	アク・オ	安	안	アン	医	의	イ
意	의	イ	院	원	イン	運	운	ウン	駅	역	エキ	界	계	カイ	開	개	カイ
漢	한	カン	起	기	キ	究	구	キュウ	急	급	キュウ	宮	궁	キュウ・グウ・ク	去	거	キョ・コ
業	업	ギョウ・ゴウ	研	연	ケン	仕	사	シ・ジ	死	사	シ	使	사	シ	始	시	シ
指	지	シ	主	주	シュ・ス	終	종	シュウ	習	습	シュウ	集	집	シュウ	住	주	ジュウ
重	중	ジュウ・チョウ	真	진	シン	世	세	セイ・セ	送	송	ソウ	族	족	ゾク	待	집	タイ
代	대	ダイ・タイ	題	제	ダイ	着	착	チャク・ジャク	転	전	テン	度	도	ド・ト・タク	動	동	ドウ
発	발	ハツ・ホツ	病	병	ビョウ・ヘイ	品	품	ヒン	服	복	フク	物	물	ブツ・モツ	勉	면	ベン
味	미	ミ	問	문	モン	有	유	ユウ・ウ	洋	양	ヨウ	旅	려	リョ	以	이	イ

英	영	建	건	験	험	試	시	借	차	的	적	伝	전
エイ		ケン・コン		ケン・ゲン		シ		シャク		テキ		デン	
努	노	特	특	飯	반	不	불·부	別	별	料	료	質	질
ド		トク		ハン		フ・ブ		ベツ		リョウ		シツ・シチ・チ	
貸	대	堂	당	映	영	私	사	姿	자				
タイ		ドウ		エイ		シ		シ					

초중급 한자 326자 (JLPT N3 수준)

王	왕	耳	이	十	십	石	석	草	초	引	인	園	원
オウ		ジ		ジュウ・ジッ		セキ・シャク・コク		ソウ		イン		エン	
遠	원	科	과	回	회	絵	회	活	활	顔	안	記	기
エン・オン		カ		カイ・エ		カイ・エ		カツ		ガン		キ	
形	형	原	원	交	교	光	광	合	합	才	재	市	시
ケイ・ギョウ		ゲン		コウ		コウ		ゴウ・ガッ・カッ		サイ		シ	
首	수	数	원	声	성	晴	청	雪	설	船	선	組	조
シュ		スウ・ス		セイ・ショウ		セイ		セツ		セン		ソ	
多	다	太	태	直	직	点	점	当	당	頭	두	内	내
タ		タイ・タ		チョク・ジキ		テン		トウ		トウ・ズ・ト		ナイ・ダイ	
馬	마	番	번	鳴	명	暗	암	育	육	員	원	飲	음
バ		バン		メイ		アン		イク		イン		イン	
泳	영	横	횡	化	화	寒	한	感	감	館	관	期	기
エイ		オウ		カ・ケ		カン		カン		カン		キ・ゴ	
客	객	球	구	曲	곡	局	국	銀	은	苦	고	具	구
キャク・カク		キュウ		キョク		キョク		ギン		ク		グ	

君	군	係	계	決	결	向	향	幸	행	港	항	号	호
クン		ケイ		ケツ		コウ		コウ		コウ		ゴウ	
歯	치	次	차	持	지	式	식	実	실	写	사	者	자
シ		ジ・シ		ジ		シキ		ジツ		シャ		シャ	
守	수	取	취	酒	주	受	수	宿	숙	所	소	助	자
シュ・ス		シュ		シュ		ジュ		シュク		ショ		ジョ	
消	소	商	상	勝	승	乗	승	申	신	身	신	神	신
ショウ		ショウ		ショウ		ジョウ		シン		シン		シン・ジン	
深	심	進	진	昔	석	全	전	相	상	想	상	息	식
シン		シン		セキ・シャク		ゼン		ソウ・ショウ		ソウ・ソ		ソク	
速	속	他	타	打	타	対	대	談	담	注	주	調	조
ソク		タ		ダ		タイ・ツイ		ダン		チュウ		チョウ	
追	추	定	정	庭	정	都	도	投	투	登	등	等	등
ツイ		テイ・ジョウ		テイ		ト・ツ		トウ		トウ・ト		トウ	
配	배	箱	상	反	반	悲	비	美	미	表	표	負	부
ツイ		はこ (훈)		ハン・ホン・タン		ヒ		ビ		ヒョウ		フ	
部	부	福	복	平	평	返	반	放	방	命	명	面	면
ブ		フク		ヘイ・ビョウ		ヘン		ホウ		メイ・ミョウ		メン	
役	역	薬	약	由	유	遊	유	予	예	葉	엽	陽	양
ヤク・エキ		ヤク		ユ・ユウ・ユイ		ユウ・ユ		ヨ		ヨウ		ヨウ	
様	양	落	락	流	류	両	량	礼	례	列	렬	路	로
ヨウ		ラク		リュウ・ル		リョウ		レイ・ライ		レツ		ロ	
和	양	愛	애	位	위	加	가	果	과	害	해	覚	각
ワ・オ		アイ		イ		カ		カ		ガイ		カク	

完	완	官	관	関	관	観	관	願	원	機	기	議	의
カン		カン		カン		カン		ガン		キ		ギ	
求	구	泣	읍	給	급	漁	어	共	공	景	경	欠	결
キュウ		キュウ		キュウ		ギョ・リョウ		キョウ		ケイ		ケツ	
好	호	候	후	最	최	昨	작	察	찰	参	참	産	산
コウ		コウ		サイ		サク		サツ		サン		サン	
散	산	残	잔	治	치	辞	사	失	실	種	종	笑	소
サン		ザン		ジ・チ		ジ		シツ		シュ		ショウ	
信	신	成	성	静	정	席	석	積	적	折	절	説	설
シン		セイ・ジョウ		セイ・ジョウ		セキ		セキ		セツ		セツ・ゼイ	
戦	전	選	선	然	연	争	쟁	巣	소	束	속	側	측
セン		セン		ゼン・ネン		ソウ		ソウ		ソク		ソク	
続	속	単	단	置	치	徒	도	働 こくじ(国字)	동	熱	열	念	념
ゾク		タン		チ		ト		ドウ		ネツ		ネン	
敗	패	阪	판	飛	비	必	필	夫	부	付	부	富	부
ハイ		ハン		ヒ		ヒツ		フ・フウ		フ		フ・フウ	
変	변	便	편변	法	법	望	망	牧	목	末	말	満	만
ヘン		ベン・ヒン		ホウ・ハッ・ホッ		ボウ・モウ		ボク		マツ・バツ		マン	
未	미	民	민	約	약	要	요	利	리	良	량	類	류
ミ		ミン		ヤク		ヨウ		リ		リョウ		ルイ	
冷	랭	例	례	連	련	老	로	労	로	因	인	易	이역
レイ		レイ		レン		ロウ		ロウ		イン		エキ・イ	
演	연	可	가	過	과	解	해	格	격	確	확	慣	관
エン		カ		カ		カイ・ゲ		カク・コウ		カク		カン	

漢字	韓	漢字	韓	漢字	韓	漢字	韓	漢字	韓	漢字	韓	漢字	韓
規	규	喜	희	居	거	許	허	件	건	険	험	限	한
キ		キ		キョ		キョ		ケン		ケン		ゲン	
現	현	構	구	告	고	妻	처	際	제	在	재	財	재
ゲン		コウ		コク		サイ		サイ		ザイ		ザイ・サイ	
罪	죄	殺	살/쇄	雑	잡	賛	찬	支	지	師	사	資	자
ザイ		サツ・サイ・セツ		ザツ・ゾウ		サン		シ		シ		シ	
示	시	似	사	識	식	術	술	招	초	常	상	情	정
ジ・シ		ジ		シキ		ジュツ		ショウ		ジョウ		ジョウ・セイ	
職	직	制	제	性	성	政	정	精	정	責	책	絶	절
ショク		セイ		セイ・ショウ		セイ・ショウ		セイ・ショウ		セキ		ゼツ	
祖	조	増	증	程	정	適	적	統	통	得	득	任	임
ソ		ゾウ		テイ		テキ		トウ		トク		ニン	
能	능	破	파	犯	범	判	판	版	판	非	비	費	비
ノウ		ハ		ハン		ハン・バン		ハン		ヒ		ヒ	
備	비	貧	빈	婦	부	報	보	務	무	夢	몽	迷	미
ビ		ヒン・ビン		フ		ホウ		ム		ム		メイ	
余	여	容	용	留	류	割	할	危	위	疑	의	吸	흡
ヨ		ヨウ		リュウ・ル		カツ		キ		ギ		キュウ	
供	공	勤	근	警	경	権	권	呼	호	誤	오	降	강/항
キョウ・ク		キン・ゴン		ケイ		ケン・ゴン		コ		ゴ		コウ	
刻	각	困	곤	座	좌	済	제	若	약	収	수	処	처
コク		コン		ザ		サイ		ジャク・ニャク		シュウ		ショ	
除	제	洗	세	窓	창	存	존	退	퇴	宅	택/댁	探	탐
ジョ・ジ		セン		ソウ		ソン・ゾン		タイ		タク		タン	

段	단	値	치	頂	정	痛	통	難	난	認	인	背	배
ダン		チ		チョウ		ツウ		ナン		ニン		ハイ	
晩	만	否	부	腹	복	閉	폐	暮	모	訪	방	亡	망
バン		ヒ		フク		ヘイ		ボ		ホウ		ボウ・モウ	
忘	망	優	우	欲	욕	論	론						
ボウ		ユウ		ヨク		ロン							

중급 한자 258자 (JLPT N2 수준)

貝	패	玉	옥	糸	사	森	삼	村	촌	竹	죽	虫	충
かい (훈)		ギョク		シ		シン		ソン		チク		チュウ	
林	림	羽	우	雲	운	角	각	丸	환	岩	암	戸	호
リン		ウ		ウン		カク		ガン		ガン		コ	
黄	황	谷	곡	細	세	算	산	寺	사	弱	약	星	성
コウ・オウ		コク		サイ		サン		ジ		ジャク		セイ・ショウ	
線	선	池	지	麦	맥	毛	모	門	문	委	위	央	앙
セン		チ		バク		モウ		モン		イ		オウ	
屋	옥	温	온	荷	하	階	계	岸	안	橋	교	区	구
オク		オン		カ		モウ		ガン		キョウ		ク	
軽	경	血	혈	県	현	庫	고	湖	호	根	근	祭	제
ケイ		ケツ		ケン		コ・ク		コ		コン		サイ	
皿	명	州	주	拾	습/십	章	장	植	식	炭	탄	短	단
さら (훈)		シュウ		シュウ・ジュウ		ショウ		ショク		タン		タン	
柱	주	鉄	철	島	도	湯	탕	童	동	農	농	波	파
チュウ		テツ		トウ		トウ		ドウ		ノウ		ハ	

倍	배	坂	판	板	판	皮	피	鼻	비	筆	필	氷	빙
バイ		ハン		ハン・バン		ヒ		ビ		ヒツ		ヒョウ	
秒	초	油	유	緑	록	練	련	衣	의	印	인	栄	영
ビョウ		ユ		リョク・ロク		レン		イ		イン		エイ	
塩	염	億	억	貨	화	課	과	改	개	械	계	各	각
エン		オク		カ		カ		カイ		カイ		カク	
管	관	希	희	季	계	協	협	競	경	極	극	訓	훈
カン		キ		キ		キョウ		キョウ・ケイ		キョク・ゴク		クン	
軍	군	群	군	芸	예	固	고	香	향	菜	채	材	재
グン		グン		ゲイ		コ		コウ・キョウ		サイ		ザイ	
札	찰	刷	쇄	児	아	周	주	祝	축	順	순	初	초
サツ		サツ		ジ・ニ		シュウ		シュク・シュウ		ジュン		ショ	
焼	소	照	조	城	성	臣	신	省	성	清	청	浅	천
ショウ		ショウ		ジョウ		シン・ジン		セイ・ショウ		セイ・ショウ		セン	
卒	졸	孫	손	帯	대	達	달	仲	중	兆	조	低	저
ソツ		ソン		タイ		タツ		チュウ		セイ・ショウ		テイ	
底	저	灯	등	府	부	副	부	兵	병	辺	변	包	포
テイ		トウ		フ		フク		ヘイ・ヒョウ		ヘン		ホウ	
無	무	勇	용	浴	욕	陸	륙	量	량	輪	륜	令	령
ム・ブ		ユウ		ヨク		リク		リョウ		リン		レイ	
録	록	圧	압	囲	위	移	이	永	영	営	영	液	액
ロク		アツ		イ		イ		エイ		エイ		エキ	
河	하	快	쾌	額	액	刊	간	技	기	逆	역	久	구
カ		カイ		ガク		カン		ギ		ギャク		キュウ・ク	

旧	구	境	경	均	균	禁	금	型	형	減	감	個	개
キュウ		キョウ・ケイ		キン		キン		ケイ		ゲン		コ	
効	효	厚	후	耕	경	航	항	鉱	광	講	강	混	혼
コウ		コウ		コウ		コウ		コウ		コウ		コン	
査	사	再	재	採	채	史	사	枝	지	述	술	準	준
サ		サイ・サ		サイ		シ		シ		ジュツ		ジュン	
象	상	賞	상	状	상장	勢	세	税	세	績	적	接	접
ショウ・ゾウ		ショウ		ジョウ		セイ		ゼイ		セキ		セツ	
設	설	総	총	造	조	像	상	則	칙	測	측	損	손
セツ		ソウ		ゾウ		ゾウ		ソク		ソク		ソン	
態	태	団	단	断	단	築	축	貯	저	停	정	銅	동
タイ		ダン・トン		ダン		チク		チョ		テイ		ドウ	
導	도	毒	독	比	비	布	포	武	무	復	복부	複	복
ドウ		ドク		ヒ		フ		ブ・ム		フク		フク	
仏	부	粉	분	編	편	防	방	貿	무	暴	폭	綿	면
ブツ		フン		ヘン		ボウ		ボウ		ボウ・バク		メン	
輸	수	略	략	領	령	歴	력	胃	위	域	역	宇	우
ユ		リャク		リョウ		レキ		イ		イキ		ウ	
延	연	灰	회	革	혁	干	간건	巻	권	簡	간	机	궤
エン		カイ		カク		カン		カン		カン		キ	
胸	흉	敬	경	劇	극	券	권	紅	홍	骨	골	砂	사
キョウ		ケイ		ゲキ		ケン		コウ・ク		コツ		サ・シャ	
冊	책	詞	사	誌	지	磁	자	捨	사	純	순	署	서
サツ・サク		シ		シ		ジ		シャ		ジュン		ショ	

諸	제	承	승	将	장	蒸	증	針	침	専	전	泉	천
ショ		ショウ		ショウ		ジョウ		シン		セン		セン	
装	장	層	층	蔵	장	臓	장	尊	존	担	담	著	저
ソウ・ショウ		ソウ		ゾウ		ゾウ		ソン		タン		チョ	
庁	청	党	당	届	장	乳	유	脳	뇌	拝	배	並	병
チョウ		トウ		とどく・とどける (훈)		ニュウ		ノウ		ハイ		ヘイ	
片	편	補	보	宝	보	棒	봉	枚	매	郵	우	預	예
ヘン		ホ		ホウ		ボウ		マイ		ユウ		ヨ	
幼	유	翌	익	乱	란	卵	란	裏	리	律	률		
ヨウ		ヨク		ラン		ラン		リ		リツ・リチ			

고급 한자 195자 (JLPT N1 수준)

汽	기	弓	궁	矢	시	刀	도	級	급	詩	시	事	사
キ		キ		シ		トウ		キュウ		シ		ジ・ズ	
暑	서	昭	소	整	정	第	제	丁	정	帳	장	笛	적
ショ		ショウ		セイ		トウ		チョウ・テイ		チョウ		テキ	
豆	두	羊	양	案	안	媛	원	岡	정	芽	아	賀	하
トウ・ズ		ヨウ		アン		エン		おか (훈)		ガ		ガ	
街	가	潟	석	岐	기	旗	기	器	기	挙	거	鏡	경
ガイ・カイ		かた (훈)		キ		キ		キ		キョ		キョウ	
熊	웅	郡	군	径	경	結	결	健	건	功	공	康	강
くま (훈)		グン		ケイ		ケツ		ケン		コウ・ク		コウ	
佐	좌	差	차	崎	기	氏	씨	司	사	滋	자	鹿	록
サ		サ		さき (훈)		シ		シ		ジ		か・しか (훈)	

松	송	唱	창	縄	승	井	정	節	절	倉	창	隊	대
ショウ		ショウ		ジョウ		ショウ・セイ		セツ・セチ		ソウ		タイ
沖	충	典	전	徳	덕	奈	나	梨	리	梅	매	博	박
チュウ		テン		トク		ナ		なし (훈)		バイ		ハク・バク
票	표	標	표	養	양	衛	위	益	익	応	응	往	왕
ヒョウ		ヒョウ		ヨウ		エイ		エキ・ヤク		オウ		オウ
桜	앵	仮	가	価	가	幹	간	眼	안	紀	기	基	기
オウ		カ・ケ		カ		カン		ガン・ゲン		キ		キ
寄	기	義	의	救	구	句	간	経	경	潔	결	検	검
キ		ギ		キュウ		ク		ケイ・キョウ		ケツ		ケン
故	고	護	호	興	흥	災	재	酸	산	士	사	志	지
コ		ゴ		コウ・キョウ		サイ		サン		シ		シ
飼	사	舎	사	謝	사	授	수	修	수	序	서	証	증
シ		シャ		シャ		ジュ		シュウ・シュ		ジョ		ショウ
条	조	織	직	製	제	素	소	属	수	率	률/솔	張	장
ジョウ		ショク・シキ		セイ		ソ・ス		ゾク		ソツ・リツ		チョウ
提	제	独	독	燃	연	肥	비	評	평	弁	변	保	보
テイ		ドク		ネン		ヒ		ヒョウ		ベン		ホ
墓	묘	豊	풍	脈	연	異	이	遺	유	沿	연	恩	은
ボ		ホウ		ミャク		イ		イ・ユイ		エン		オン
我	아	拡	확	閣	각	株	주	看	간	揮	휘	貴	귀
ガ		カク		カク		かぶ (훈)		カン		キ		キ
郷	향	筋	근	系	계	激	격	穴	혈	絹	견	憲	헌
キョウ・ゴウ		キン		ケイ		ゲキ		ケツ		ケン		ケン

源	원	厳	엄	己	기	后	후	孝	효	皇	황	鋼	강
ゲン		ゲン・ゴン		コ・キ		コウ		コウ		コウ・オウ		コウ	
穀	곡	裁	재	策	책	蚕	잠	至	지	視	시	射	사
コク		サイ		サク		サン		シ		シ		シャ	
尺	척	樹	수	宗	종	就	취	衆	중	従	종	縦	종
シャク		ジュ		シュウ・ソウ		シュウ・ジュ		シュウ・シュ		ジュウ・ショウ・ジュ		ジュウ	
縮	축	熟	숙	傷	상	障	장	仁	인	垂	수	推	추
シュク		ジュク		ショウ		ショウ		ジン・ニ		スイ		スイ	
寸	촌	盛	성	聖	성	誠	성	舌	설	宣	선	染	염
スン		セイ・ジョウ		セイ		セイ		ゼツ		セン		セン	
銭	전	善	선	奏	주	創	창	操	조	誕	탄	暖	난
セン		ゼン		ソウ		ソウ		ソウ		タン		ダン	
宙	주	忠	충	腸	장	潮	조	賃	임	敵	적	展	전
チュウ		チュウ		チョウ		チョウ		チン		テキ		テン	
討	토	糖	당	納	납	派	파	肺	폐	俳	배	班	반
トウ		トウ		ノウ・ナッ・ナ・ナン・トウ		ハ		ハイ		ハイ		ハン	
批	비	秘	비	俵	표	奮	분	陛	폐	幕	막	密	밀
ヒ		ヒ		ヒョウ		フン		ヘイ		マク・バク		ミツ	
盟	맹	模	모	訳	역	覧	람	臨	림	朗	랑		
メイ		モ・ボ		ヤク		ラン		リン		ロウ			

JLPT 등급 외 한자 6자

里	리	畑 こくじ (国字)	전	茨	자	埼	기	栃 こくじ (国字)	회	阜	부
リ		はた・はたけ (훈)		いばら (훈)		さい (훈)		トチ		フ	

일본 학습한자 일람

[JLPT N5(기초)] 82자

1학년 (49자)
一 右 雨 円 下 火 学 気 九 休 金 月 見 五 校 左 三 山 子 四 七 車 出 女 小 上 人 水 生 千 川 先 早 大 男 中 天 土 二 日 入 年 白 八 百 木 本 名 六

2학년 (33자)
何 外 間 午 後 語 工 行 高 国 今 時 書 食 西 前 長 電 読 南 半 父 分 聞 米 母 北 毎 万 友 来 話

[JLPT N4(초급)] 159자

1학년 (18자)
音 花 空 犬 口 字 手 正 青 夕 赤 足 町 田 文 目 立 力

2학년 (71자)
夏 家 歌 画 会 海 楽 帰 牛 魚 京 強 教 近 兄 計 元 言 古 公 広 考 黒 作 止 姉 思 紙 自 室 社 秋 週 春 少 場 色 心 新 親 図 切 走 体 台 地 知 茶 昼 鳥 朝 通 弟 店 冬 答 同 道 肉 売 買 風 歩 方 妹 明 夜 野 用 曜 理

3학년 (50자)
悪 安 医 意 院 運 駅 界 開 漢 起 究 急 宮 去 業 研 仕 死 使 始 指 主 終 習 集 住 重 真 世 送 族 待 代 題 着 転 度 動 発 病 品 服 物 勉 味 問 有 洋 旅

4학년 (14자)
以 英 建 験 試 借 的 伝 努 特 飯 不 別 料

5학년 (3자)
質 貸 堂

6학년 (3자)
映 私 姿

[JLPT N3(초중급)] 326자

1학년 (5자)
王 耳 十 石 草

2학년 (33자)
引 園 遠 科 回 絵 活 顔 記 形 原 交 光 合 才 市 首 数 声 晴 雪 船 組 多 太 直 点 当 頭 内 馬 番 鳴

3학년 (96자)
暗 育 員 飲 泳 横 化 寒 感 館 期 客 球 曲 局 銀 苦 具 君 係 決 向 幸 港 号 歯 次 持 式 実 写 者 守 取 酒 受 宿 所 助 消 商 勝 乗 申 身 神 深 進 昔 全 相 想 息 速 他 打 対 談 注 調 追 定 庭 都 投 登 等 配 箱 反 悲 美 表 負 部 福 平 返 放 命 面 役 薬 由 遊 予 葉 陽 様 落 流 両 礼 列 路 和

4학년 (81자)
愛 位 加 果 害 覚 完 官 関 観 願 機 議 求 泣 給 漁 共 景 欠 好 候 最 昨 察 参 産 散 残 治 辞 失 種 笑 信 成 静 席 積 折 説 戦 選 然 争 巣 束 側 続 単 置 徒 働 熱 念 敗 阪 飛 必 夫 付 富 変 便 法 望 牧 末 満 未 民 約 要 利 良 類 冷 例 連 老 労

5학년 (68자)
因 易 演 可 過 解 格 確 慣 規 喜 居 許 件 險 限 現 構 告 妻 際 在 財 罪 殺 雜 贊 支 師 資 示 似 識 術 招 常 情 職 制 性 政 精 責 絶 祖 增 程 適 統 得 任 能 破 犯 判 版 非 費 備 貧 婦 報 務 夢 迷 余 容 留

6학년 (43자)
割 危 疑 吸 供 勤 警 權 呼 誤 降 刻 困 座 濟 若 收 処 除 洗 窓 存 退 宅 探 段 値 頂 痛 難 認 背 晚 否 腹 閉 暮 訪 亡 忘 優 欲 論

[JLPT N2(중급)] 258자

1학년 (8자)
貝 玉 糸 森 村 竹 虫 林

2학년 (18자)
羽 雲 角 丸 岩 戸 黃 谷 細 算 寺 弱 星 線 池 麦 毛 門

3학년 (41자)
委 央 屋 温 荷 階 岸 橋 区 軽 血 県 庫 湖 根 祭 皿 州 拾 章 植 炭 短 柱 鉄 島 湯 童 農 波 倍 坂 板 皮 鼻 筆 氷 秒 油 緑 練

4학년 (60자)
衣 印 榮 塩 億 貨 課 改 械 各 管 希 季 協 競 極 訓 軍 群 芸 固 香 菜 材 札 刷 兒 周 祝 順 初 燒 照 城 臣 省 清 浅 卒 孫 帯 達 仲 兆 低 底 灯 府 副 兵 辺 包 無 勇 浴 陸 量 輪 令 錄

5학년 (73자)
圧 囲 移 永 営 液 河 快 額 刊 技 逆 久 旧 境 均 禁 型 減 個 効 厚 耕 航 鉱 講 混 査 再 採 史 枝 述 準 象 賞 状 勢 稅 績 接 設 総 造 像 則 測 損 態 団 断 築 貯 停 銅 導 毒 比 布 武 復 複 仏 粉 編 防 貿 暴 綿 輸 略 領 歷

6학년 (58자)
胃 域 宇 延 灰 革 干 巻 簡 机 胸 敬 劇 券 紅 骨 砂 冊 詞 誌 磁 捨 純 署 諸 承
将 蒸 針 専 泉 装 層 蔵 臓 尊 担 著 庁 党 届 乳 脳 拝 並 片 補 宝 棒 枚 郵 預
幼 翌 乱 卵 裏 律

[JLPT N1(고급)] 195자

2학년 (4자)
汽 弓 矢 刀

3학년 (12자)
級 詩 事 暑 昭 整 第 丁 帳 笛 豆 羊

4학년 (43자)
案 媛 岡 芽 賀 街 潟 岐 旗 器 挙 鏡 熊 郡 径 結 健 功 康 佐 差 崎 氏 司 滋 鹿
松 唱 縄 井 節 倉 隊 沖 典 徳 奈 梨 梅 博 票 標 養

5학년 (49자)
衛 益 応 往 桜 仮 価 幹 眼 紀 基 寄 義 救 句 経 潔 検 故 護 興 災 酸 士 志 飼
舎 謝 授 修 序 証 条 織 製 素 属 率 張 提 独 燃 肥 評 弁 保 墓 豊 脈

6학년 (87자)
異 遺 沿 恩 我 拡 閣 株 看 揮 貴 郷 筋 系 激 穴 絹 憲 源 厳 己 后 孝 皇 鋼 穀
裁 策 蚕 至 視 射 尺 樹 宗 就 衆 従 縦 縮 熟 傷 障 仁 垂 推 寸 盛 聖 誠 舌 宣
染 銭 善 奏 創 操 誕 暖 宙 忠 腸 潮 賃 敵 展 討 糖 納 派 肺 俳 班 批 秘 俵 奮
陛 幕 密 盟 模 訳 覧 臨 朗

[JLPT 등급 외] 6자

里 畑 茨 埼 栃 阜

■ 참고문헌

北原保雄編(2020)『明鏡国語辞典 第三版』大修館書店.
公益財団法人 日本漢字能力検定協会(2023)『漢字ペディア』(2023)
公益財団法人 日本国際教育支援協会・独立行政法人 国際交流基金(2023)「JLPT」
林史典(1977)「日本における漢字」(『岩波日本語講座8 文字』所収), 岩波書店.
林史典(1982)「日本の漢字音」(『日本語の世界4 日本の漢字』所収), 中央公論社.
松本隆(1993)『日本語能力試験1級に出る重要単語集』アルク.
文部科学省(2023)『学習指導要領「生きる力」』
Chomsky(1965): チョムスキー『文法理論の諸相』安井稔訳, 1970.
李成圭(2003)『日本語 語彙Ⅰ - 日本語 実用文法의 展開 Ⅱ-』不二文化.
李成圭·權善和(2019)『개정판 현대일본어 문법연구Ⅱ』시간의물레.
李成圭·崔民曛(2022)『일본어 구어역 요한묵시록의 언어학적 분석 Ⅰ』시간의물레.
하소정·이경철(2018) "대응규칙을 통한 일본한자음 지도법 - ㄱ·ㅎ 계열을 중심으로 -"
　　　　　　　　　『일본문화연구 65』 pp.325-345.

■ 저자 소개

최민기(崔珉暎)

인하대학교 일본언어문화학과 수업조교(담당교수 박강훈)

1998년 경상북도 경산시 출생

2017년 경산고등학교 졸업

2024년 인하대학교 졸업예정

[현] 교육부·한국장학재단 인문100년 국가우수장학생(전공탐색유형 / 4년 전액)

한국장학재단 인재육성사업 다문화·탈북학생 멘토링 멘토장학생(인천해양과학고 파견)

[전] 2020학년도 제40대 인하대학교 일본언어문화학과 학생회장

일본 가쿠슈인대학(学習院大学) GCA연수 수료

일본 가나자와대학(金沢大学) 해외학점교류 수료

일본 외무성 초청 JENESYS2022 대학생 Cool Japan 리포터

인천광역시청 주관 인하멘토링 일본어교육 부문 멘토장학생(인성여고 파견)

(저서) 『일본어 구어역 요한묵시록의 언어학적 분석 Ⅰ』 시간의물레. (2022) 〈공저〉

초판인쇄	2023년 08월 28일
초판발행	2023년 08월 31일
옮 긴 이	최 민 기
발 행 인	권 호 순
발 행 처	시간의물레
등록번호	제2021-000194(제1-3148호)
신고연월일	2002년 12월 9일
주 소	경기도 파주시 숲속노을로 150, 708-701
전 화	031-945-3867
팩 스	031-945-3868
전자우편	timeofr@naver.com
홈페이지	http://www.mulretime.com
I S B N	978-89-6511-446-8 (93700)
정 가	18,000원

*잘못된 책은 교환해 드립니다.